LE RAPPORT OMERTÀ 2002

Sophie Coignard

avec la collaboration de

Sébastien Fontenelle   Olivia Recasens
Laurent Valdiguié   Florence Autret
Christophe Labbé   Emmanuel Saint-Martin
Antoine Aurel

LE RAPPORT OMERTÀ 2002

Albin Michel

ISBN : 2-226-13072-1

Sommaire

Introduction

Des rapports, il en existe sur de nombreux thèmes : la géopolitique, l'état du monde, la sexualité, les comptes de la Sécurité sociale...

Rien, en revanche, sur un sujet qui intéresse pourtant les Français au premier chef : l'état de la démocratie, la ligne de partage entre transparence et opacité, la lutte – souvent inégale – entre information et communication. *Le Rapport Omertà* veut combler ce vide. Passer au crible une actualité aux figures imposées, éclairer ses zones d'ombre, débusquer ses faux-semblants.

Certes, la Cour des comptes, la COB (Commission des opérations de bourse), le CSM (Conseil supérieur de la magistrature) et bien d'autres sont tenus de publier annuellement les morceaux choisis de leurs observations et investigations. Quand elles n'omettent pas purement et simplement ce devoir de publicité, ces institutions ne prennent pas le risque, dans un ouvrage susceptible de tomber entre toutes les mains, d'aborder de front les sujets les plus sensibles. Et, bien élevées, elles ne donnent jamais de noms. Pour être magistrats, les auteurs et éditeurs de ces pavés n'en restent pas moins hauts fonctionnaires. Ils nous disent tout, mais tout sur rien.

Le Rapport Omertà prend le contre-pied de ces prétendues règles de bienséance, vraies gardiennes du silence. Il sélectionne puis raconte les histoires les plus exemplaires, les plus sensibles, les plus cachées de l'année écoulée. Il donne au lecteur des outils pour décrypter l'actualité et contester l'information officielle. Et, dès que la loi française l'y autorise – ce qui représente en soi une terrible contrainte –, il n'hésite pas à citer des noms, au risque de déplaire.

En 1999, *L'Omertà française* a tant agacé les «étouffeurs» que beaucoup d'entre eux n'ont pas su garder le silence. En manifestant leur bruyante hostilité, ils ont bien involontairement contribué à ce que ce livre échappe au sort que beaucoup lui promettaient: l'enterrement discret. Avec Alexandre Wickham, nous ne les remercierons jamais assez de tous leurs petits gestes.

Dans l'année qui a suivi, nous avons reçu beaucoup de courrier de nos lecteurs, beaucoup plus, à succès égal, que pour d'autres livres. En dehors de l'exposé de cas personnels, deux types de réactions revenaient fréquemment.

«Que peut-on faire? Et vous, que proposez-vous?» Difficile de répondre à ce genre de questions. Nous ne sommes pas des responsables politiques, chargés de proposer et de mettre en œuvre, mais des observateurs, aussi neutres que possible, de la réalité française. Nous ne roulons pour personne, ni lors des élections passées, ni à l'occasion de la présidentielle à venir.

Second commentaire, souvent lu: «Votre livre, c'est très bien. Mais rien ne change. Tout continue comme avant.» Ce n'est pas tout à fait vrai. Lorsque nous avons écrit *L'Omertà française*, les fonds secrets, par exemple, représentaient un sujet tabou et, surtout, une institution que rien ne semblait pouvoir ébranler, un lubrifiant nécessaire au fonctionnement de la République. À l'automne 2001, pourtant, la partie de cet argent furtif destinée à un usage politique discrétionnaire disparaît. Ne subsiste que celle affectée aux opérations spéciales, et encore, avec un contrôle renforcé. Il serait angélique de considérer que Lionel Jospin a initié cette réforme de gaieté de cœur. Il y a été acculé par l'actualité.

En France, les coups de canif dans la loi du silence ne sont infligés que sous la contrainte. De l'opinion publique notamment. C'est pourquoi *Le Rapport Omertà* veut jouer, chaque année, le rôle du guetteur. Relever ce que les autres ont pudiquement oublié de souligner. S'attaquer à la désinformation, à la confusion des pouvoirs et des intérêts, à la fausse transparence. Toutes ces manies bien françaises qui concernent la politique et la justice, bien sûr, mais aussi l'économie, l'éducation, la santé ou la science. Pour explorer cette vaste sphère, *Le Rapport Omertà* a fait appel à l'expertise de journalistes spécialisés ou de témoins privilégiés. Ce livre est donc le fruit du travail de toute une équipe.

Pour sa première édition, quelques indications sur son «mode d'emploi» s'imposent. D'abord une chronologie, journal des événements, grands ou petits, publics ou inédits, qui ont, au cours de l'année 2001, participé de l'omertà française. Puis une série de dossiers approfondis, sur les thèmes les plus saillants, les plus importants ou les plus méconnus de ces douze derniers mois. Enfin, quelques «récits d'initiés» qui nous parlent librement de la politique, de la télévision, de l'argent sale ou de la science. Et, en guise de conclusion, un «baromètre» qui permettra, au fil des années, de mesurer les avancées ou les bonds en arrière accomplis.

Le sujet est donc grave et l'objectif ambitieux. Mais heureusement, l'omertà française, dans son arrogance routinière, prête souvent à sourire ou à rire. Éditorialistes prétentieux, décideurs tétanisés par leur propre image, éminences obsédées par l'argent et stratèges empêtrés dans leurs ruses dissimulatrices accomplissent alors, bien involontairement, une mission inattendue : nous distraire, parfois.

Le journal de l'année 2001

Un livre dont le contenu passe inaperçu, des déclarations pour endormir l'opinion publique, des récompenses distribuées aux chevaliers de l'omertà, des rapports qui organisent la fausse transparence, et puis, de temps à autre, quelques progrès... Au jour le jour, les événements, grands ou petits, publics ou inédits, qui ont pavé l'actualité de l'année.

1er Présumés innocents

La loi sur la présomption d'innocence, votée le 15 juin 2000, entre en vigueur. Sur le papier, l'idée est magnifique : qui, en conscience, s'opposerait à ce qu'un citoyen soit traité en innocent jusqu'à ce qu'un procès statue sur son éventuelle culpabilité ? Le problème, anticipé par de nombreux magistrats, c'est que ce texte risque de combler d'aise tous les professionnels de la délinquance en col blanc. Si, en effet, la présence d'un avocat au début de la garde à vue peut se défendre, l'obligation d'informer au bout de six mois les personnes placées en garde à vue dans le cadre d'une enquête préliminaire pose plus de questions.

«Dans les affaires financières ou de trafic de stupéfiants, par exemple, il arrive que l'on ait besoin de temps pour remonter la filière depuis la périphérie, explique ce haut magistrat. Six mois après la notification des charges liées à sa garde à vue, n'importe qui peut demander au procureur de statuer sur les poursuites. Il faut alors organiser un débat contradictoire entre le parquet et l'ancien mis en garde à vue. Ce qui revient à lui ouvrir le dossier. Et lui permet de tenir ses commanditaires au courant de l'état d'avancement de l'enquête. Quand on sait que la grande majorité des enquêtes préliminaires durent plus de dix-huit mois, il y a de quoi s'inquiéter. Et comme d'habitude, l'habillage est parfait : il s'agit de s'aligner sur l'exigence de la Cour européenne des Droits de l'homme, qui réclame un "délai raisonnable" de la procédure. Cela se conçoit pour les affaires simples. Mais celles qui mettent en œuvre des réseaux de blanchiment par exemple sont très difficiles à démêler.»

En général très bien accueillie par la presse, cette loi a été présentée comme un immense progrès en matière de liberté. Personne ou presque ne s'est penché sur ses «effets secondaires». Les juges qui se trouvent en première ligne dans les «affaires» interprètent ce texte comme le résultat d'une volonté politique de rogner les pouvoirs du juge d'instruction, d'augmenter ses contraintes afin qu'il soit autant préoccupé de la forme que du fond (voir le dossier sur les nullités de procédure, p. 127). Les informations judiciaires sur des affaires complexes ne pourront que se prolonger encore un peu plus... et offrir ainsi à tous les contempteurs des juges d'instruction un argument supplémentaire pour les discréditer et exiger une réforme qui supprime cette fonction.

17 Réserves à l'Élysée

Le président n'est pas d'accord avec les nominations dans la haute magistrature. Il fait savoir à Matignon qu'en substance rien ne se fera tant que son protégé Alexandre Benmakhlouf, ex-procureur général de Paris et ancien conseiller de Jacques Chirac à la mairie de Paris, ne sera pas recasé correctement. Des fuites soigneusement organisées en informent les médias. Il s'agit de suggérer que Chirac bloque la cohabitation pour de misérables raisons «politiciennes».

Ce blocage laisse vacant le poste de directeur des affaires criminelles et des grâces. Élisabeth Guigou, avant son départ pour le ministère des Affaires sociales, s'est occupée personnellement du cas du titulaire de ce poste, Yves Charpenel, en disgrâce parce qu'il ne la tenait pas suffisamment informée de l'avancement des dossiers sensibles. Une grave faute en effet. Mais sur ce sujet, silence radio. Drapé de lin blanc, le gouvernement ne veut surtout pas montrer qu'il a lui aussi un œil sur le déroulement des procédures «sensibles».

La petite bouderie élyséenne ne se dissipera que le 8 mars. Deux mois et demi de perdus… ou de gagnés! Et un nouveau directeur, Robert Finielz, jusqu'alors procureur général à Fort-de-France, qui sait ce qui l'attend.

29 Vache folle, l'info en ligne

Les mesures de précaution se resserrent sur la consommation de viande bovine. Désormais, celle-ci ne pourra provenir que de bovins âgés de moins de 30 mois ou d'animaux plus âgés mais soumis à un test de dépistage ESB qui se sera révélé négatif.

Pour connaître les informations les plus récentes et les plus pointues sur la crise de la vache folle, la meilleure source passe désormais par l'Internet. Pas par le site du ministère de l'Agriculture, qui persiste à ne publier que de laconiques communiqués de presse : sur l'agenda de l'année 2000 du site gouvernemental, on trouve plus facilement un communiqué sur un stage de bûcherons roumains dans l'ouest de la France qu'un suivi précis de l'ESB.

Mais voilà, l'Internet a horreur du vide. Plusieurs sites se sont donc créés, afin de fournir une information aussi exhaustive que possible sur la question. Parmi ces initiatives, privées et bénévoles, la plus remarquable est sûrement celle de Pierre Lavie. Depuis 1999, ce vétérinaire, «coordinateur ESB» pour le département de Haute-Loire, anime un site régulièrement remis à jour (www.perso.infonie. fr/vetolavie). On y trouve une chronologie détaillée, des précisions sur les signes cliniques, l'étendue de la maladie, sans oublier une carte animée qui répertorie les cas d'ESB avérés en France. Autant d'informations que le ministère de l'Agriculture trouve peut-être superflu de communiquer.

2   Associations, hypocrisie et corruption

On se prépare à célébrer le centenaire de la loi de 1901 sur les associations. L'intérêt général, le bénévolat, les dons généreux, tout cela semble fort louable.

Comme à leur habitude, les *Dossiers de l'Ifrap*[1] s'adonnent au politiquement incorrect pour démonter le mythe du tout associatif, qui fonctionne à plein puisque 95 % des Français, selon un sondage CSA, ont une image favorable de ces institutions.

Sans doute ne savent-ils pas que l'intérêt général, le bénévolat, les dons généreux n'ont qu'un lointain rapport avec le business associatif à la française. Quelques chiffres suffisent à le prouver. Les subventions publiques représentent en France 93 % des ressources du secteur «sans but lucratif», contre 40 % en Italie, 35 % en Grande-Bretagne et 30 % aux États-Unis. Et 6 % des associations drainent 80 % des fonds publics. Contrairement au discours dominant, ces structures représentent donc rarement un contre-pouvoir en raison de leur fragile indépendance financière.

Conséquence logique: la voix des donateurs, dont la contribution se réduit à 7 % du financement, est fort peu écoutée. Et les bénévoles, on ne le dit pas assez, ne représentent que 17 % des collaborateurs des associations, où le salariat est devenu le statut le plus courant.

Et quel statut! Parce qu'elles sont parfois – souvent? – des excroissances d'une administration nationale ou locale, ces petites cellules autonomes n'en font qu'à leur tête. En vrac: le Comité des œuvres sociales de Levallois-Perret versait à une de ses sommités un salaire mensuel net de 3459 euros (22693 francs) pour un mi-temps, octroyait des prêts en tout genre à son personnel et réglait en liquide des achats de «bijoux», « blousons» ou encore des «dépenses pressing»; une mission régionale de coordination du commerce extérieur, chargée de soutenir les exportations des entreprises locales, versait plus de 10 976 euros (72 000 francs) par mois à son directeur, fonctionnaire détaché de la chambre de commerce et d'industrie; et quand celui-ci a reçu la Légion d'honneur, l'association, royale, a payé les 85 000 francs qu'ont coûté les festivités; l'association Paris-Événements, présidée par Bernard Bled, ex-directeur de cabinet de Jean Tiberi, et qui avait choisi pour trésorier Jean-José Gramond, chef de cabinet du maire, recevait entre 40 et 60 millions de francs de subventions annuelles de la mairie de Paris, tout en bénéficiant de personnels et de locaux mis à disposition par la municipalité. La chambre régionale des comptes, contrôlant cette association à la fin de l'an 2000, s'est interrogée sur la destination de cet argent. Les grands fleuves donnent parfois naissance à de petites rivières. L'une d'elles, très en cour dans le microcosme médiatique, est celle du metteur en scène Robert Hossein. Quel rapport avec la mairie de Paris? Eh bien Paris-Événements, justement! L'association, généreuse, avait subventionné à hauteur de 879 000 francs le spectacle de Robert Hossein sur de Gaulle. Quel rapport, dites-vous encore? De Gaulle, le RPR, Jean Tiberi, les municipales de 2001, ça vous dit quelque chose?

Depuis le milieu des années 80, la Cour et les chambres régionales des comptes ont produit plus de 200 documents pour alerter le pouvoir et l'opinion sur les associations aux comptes douteux. Certains ont été transmis à la justice. Sans grand résultat. Mais ce bilan atterrant n'a pas donné à réfléchir à toutes les sommités chargées de préparer la célébration du forcément vertueux «tiers-secteur» (l'économie théoriquement sociale et non lucrative). L'une des pistes à suivre pour moraliser ce milieu est pourtant élémentaire : obliger les associations à publier leurs comptes, comme les entreprises commerciales privées. Ce serait bien le moins, en effet, pour des organisations financées à titre essentiel par de l'argent public.

6 Encore un prix pour TF 1

Maire de Paris pour quelques semaines encore, Jean Tiberi se délecte de congratuler quelques stars de l'audiovisuel. C'est la remise du prix Roland Dorgelès, du nom de cet écrivain combattant de la guerre de 14. Il récompense, ainsi que le précise le communiqué de la mairie de Paris, « des professionnels de l'audiovisuel qui illustrent le mieux la langue française ». Cette année, les heureux lauréats sont Patrick Poivre d'Arvor et Philippe Bouvard, deux orfèvres du beau langage.

Tous les ans, la mairie de Paris semble avoir à cœur de ne pas oublier TF 1. En 1998, c'était Claire Chazal, la présentatrice des journaux du week-end ; en 1999, Jean-Pierre Pernaut, qui officie au 13 heures. En 2000, même Jean-Claude Narcy, l'éternel remplaçant, y a eu droit.

L'association de tous ces grands noms avec la défense de la langue française est déjà réjouissante. Mais le meilleur réside dans l'excellence de la Direction générale de l'information et de la communication de la capitale, qui compte des dizaines de collaborateurs, mais qui écrit Jean-Pierre PERNOD comme le pastis.

15 Le journalisme de mépris

Donc, Alfred Sirven est de retour parmi nous. Et son carnet d'adresses n'a plus de secret pour nous, après le fameux scoop de François Labrouillère dans *Paris Match*. Mais un journaliste au-dessus de toute pulsion, qui sait se dominer, traite avec la plus grande condescendance ce concurrent mal élevé. Laurent Joffrin, directeur de la rédaction du *Nouvel Observateur*, écrit donc un éditorial intitulé «Le journalisme de pilori». Lui, ce «coup-là», il ne l'aurait pas fait. Car pour Laurent Joffrin, le carnet d'adresses de celui qui fut l'homme le plus recherché de France ne livre aucune information. Ne renseigne en rien sur ses réseaux, ses connexions, ses connivences éventuelles. «La liste des noms figurant dans l'agenda appartient en effet à la catégorie des informations hautement douteuses», écrit-il. Douteuses? Il s'agit pourtant d'un document authentique, ce que l'éditorialiste circonspect ne conteste pas. Non, ce qu'il déplore, c'est que de pauvres innocents puissent voir leur nom ainsi étalé dans les pages du magazine, alors qu'ils n'auraient rien à voir avec les affaires de l'ancien numéro 2 d'Elf. Petites querelles entre confrères.

Laurent Joffrin fait implicitement un pari osé: celui de la niaiserie du lecteur, incapable de faire la différence entre un simple numéro de standard de bureau, qui n'engage à rien (c'est le cas du député DL François d'Aubert, par exemple, dont seules les coordonnées à l'Assemblée nationale sont consignées) et un alignement de cinq numéros — de domicile, de maison de campagne, etc. (comme, par exemple, pour Charles Pasqua et son fils Pierre). Des moralisateurs rabat-joie pourraient appeler cela du «journalisme de mépris».

26 Grève de forçats

C'est une «lutte» qui ne coûte pas trop cher à ceux qui la livrent. Et qui, en plus, leur rapportera gros. Les «damnés de la terre» dont il est question ont pas mal défrayé la chronique depuis quelques années, puisqu'il s'agit des magistrats des tribunaux de commerce. Ces honnêtes bénévoles

– non professionnels de la chose, faut-il le rappeler? – ont donc décidé de se mettre en grève. Ils ne supportent pas le projet de loi qui va bientôt être discuté à l'Assemblée nationale et qui remet en cause leur aptitude à décider seuls du sort des entreprises en difficulté.

Après des années de scandales en cascade, une commission d'enquête parlementaire a en effet rendu un rapport des plus sévères. Son président, le député socialiste François Colcombet, a, en conséquence, rédigé un projet de loi qui prévoit notamment que des magistrats professionnels siégeront aux côtés de ces juges élus par leurs pairs, et donc sujets à de nombreux conflits d'intérêts. Les affaires dans lesquelles l'un quelconque de ces magistrats est en même temps lié au concurrent direct ou au candidat repreneur d'une entreprise en règlement judiciaire sont en effet légion. Remettre un peu d'impartialité dans ce milieu semble un minimum vital pour les entreprises qui doivent s'y frotter.

La «lutte» dure plus d'un mois. Émaillée de faits d'armes parfois drolatiques. Ainsi du «cri» poussé par Gilbert Costes, président du tribunal de commerce de Paris, dans les colonnes du *Monde*: «Assez d'humiliations», tonne cet homme blessé, qui prend la défense de «3 000 hommes et femmes qui ont consacré leur temps, leur compétence et leur dévouement à rendre justice». On en pleurerait presque. «Ces hommes et ces femmes, poursuit Gilbert Costes, ont décidé aujourd'hui de briser le silence qu'ils s'étaient imposé.» Va-t-on enfin connaître l'état véritable des tribunaux de commerce, des réseaux – notamment maçonniques – qui les habitent, des proximités parfois scabreuses qui s'y développent? Eh bien non. Briser le silence, en l'espèce, c'est lutter contre la «discrimination» dont ils deviendraient les victimes avec l'arrivée annoncée de magistrats professionnels.

Ce texte ne sera pas considéré comme burlesque par tout le monde. Le 23 mars, la garde des Sceaux Marylise Lebranchu cède à la fronde en renonçant à la participation de magistrats professionnels dans certains domaines. Lesquels ? Oh, des questions banales, accessibles au commun des mortels : les dossiers relevant du droit boursier, du droit des sociétés, du droit de la concurrence.

MARS

1er Les rois de la « gonflette »

C'est un peu à eux que semble rendre hommage *Sciences et Avenir*. « L'événement du mois », pour cette publication à vocation scientifique, tient dans l'avis rendu par l'Afssa (Agence française de sécurité sanitaire des aliments) à propos de la créatine, considérée comme inutile pour soutenir l'effort sportif et comme potentiellement cancérogène. Ce magazine évoque, en titre, une « désinformation d'État », rien de moins. Thierry Souccar, l'auteur de l'article, nous promet des « révélations » : la créatine, lui ont assuré plusieurs « experts » (les bons, pas ceux de l'Afssa), est anodine. La preuve, il y en a dans toutes les viandes. Pas dans les mêmes proportions, ce qui n'est pas précisé. Ces « révélations » occupent les pages 7 à 10 du numéro.

Un peu plus loin, en page 71 exactement, une page de pub est intitulée « interdit de vieillir ». Elle vante, via les mérites supposés de la DHEA (déhydroépiandrostérone), ceux de la lettre d'informations *Nutranews*, qui « informe ses lecteurs sur les dernières nouveautés de la supplémentation nutritionnelle » et renvoie sur le site http://www.supersmart.com/nutranews, qui vend aussi... de la créatine.

6   Guigou face aux ingrats

Ingrats électeurs! Le 18 mars, au second tour des municipales, les Avignonnais accorderont à peine 40 % des voix à
la candidate socialiste, Élisabeth Guigou, contre 60 % à la
maire sortante RPR, Marie-Josée Roig, qui n'est pas au
demeurant une grosse pointure politique. La ministre de
l'Emploi et de la Solidarité ne s'est pourtant pas économi-
sée pour ce qu'elle espère être sa future ville (qui a l'avantage d'être proche de sa résidence secondaire du Luberon).
Le 6 mars, soit douze jours avant le scrutin, un communiqué du ministère de l'Emploi et de la Solidarité annonce
laconiquement que le centre hospitalier d'Avignon vient
d'obtenir l'autorisation d'installer un appareil IRM (ima-
gerie par résonance magnétique). Ce type d'autorisation
est délivré au compte-gouttes en raison du prix (762 245
euros, au bas mot 5 millions de francs) et du coût d'exploitation de ce type d'appareil.

Un message d'espoir pour les électeurs de Seine-Saint-
Denis, département notoirement sous-doté en matériel
médical, qui vont peut-être pouvoir remercier leur nouvelle dame patronnesse, autoparachutée dans la circons-
cription, plus sûre, de Bondy, en vue des législatives.

18   Le palmarès des condamnés

Dès le premier tour des municipales, il a fallu se faire une
raison : les Français aiment leurs ripoux ou présumés tels
par la justice. Mais attention, à condition qu'il s'agisse de
« ripoux de proximité ». De ceux qui rendent des services,
trouvent une HLM pas cher pour loger la famille, dénichent
un boulot pour le petit dernier, bref, pratiquent un clien-
télisme peu tempéré. Bien sûr, on plaisante en utilisant le
mot de « ripoux », en espérant que la dérision reste autorisée
dans ce pays.

À Istres, dans les Bouches-du-Rhône, en tout cas, le socialiste François Bernardini se présentait en candidat libre à la mairie. Condamné pour abus de confiance après avoir détourné des fonds de deux associations paramunicipales d'Istres, justement, l'ancien premier secrétaire de la puissante fédération socialiste des Bouches-du-Rhône s'était fait exclure de son parti. Il s'est pourvu en cassation après avoir vu sa condamnation alourdie à dix-huit mois de prison avec sursis, 400 000 francs d'amende et cinq ans d'inéligibilité par la cour d'appel d'Aix-en-Provence le 27 juin 2001. Il a balayé l'investi du PS dès le premier tour et devancé son adversaire de droite resté en lice pour le second tour.

À Levallois, revoilà le très distingué Patrick Balkany, celui qui employait femmes de ménage et jardiniers de la mairie à son domicile, et qui reste mis en examen pour trafic d'influence dans le dossier des HLM des Hauts-de-Seine. Il triomphe avec huit points d'avance sur le maire sortant.

À Goussainville (Eure-et-Loir), dans la grande banlieue parisienne, c'est une personnalité moins connue qui prend elle aussi sa revanche. Élisabeth Hermanville avait été condamnée à dix-huit mois de prison avec sursis et cinq ans d'inéligibilité – elle n'avait pas fait appel – pour avoir fait dérober des ordinateurs de la mairie après sa défaite lors du précédent scrutin de 1995.

André Labarrère, lui, n'a jamais été condamné. Il est donc présumé innocent. Mais le maire de Pau collectionne pas moins de quatre mises en examen pour «diffamation, usurpation de fonction, usage de faux et prise illégale d'intérêts». Ce qui ne l'a pas empêché de rempiler, dès le premier tour, pour un sixième mandat.

Cette touchante harmonie, que l'on pourrait enrichir par d'autres exemples, est troublée par un échec. Jacques Mellick, condamné à cinq ans d'inéligibilité pour faux témoignage et subornation de témoin dans l'affaire OM-VA, où il s'était illustré en fournissant un faux alibi à Bernard Tapie, faisait son grand come-back à Béthune. Et le voilà qui arrive en tête au premier tour, avec 44 % des suffrages. Las! il a finalement été battu de justesse par le maire sortant, son ancien adjoint.

23 Le recours de M. Zeau

Le 23 mars, Charles Pasqua est réélu à la présidence du conseil général des Hauts-de-Seine. La liesse qui accompagne cette intronisation est toutefois gâtée par les soucis judiciaires de son héros: les juges de l'«Angolagate» ne laissent aucun répit à son entourage et se rapprochent de lui. Or, Charles Pasqua est aussi député européen. Un heureux état qui, entre autres bienfaits, dispense une large immunité: les gardes à vue, contrôle judiciaire et, a fortiori, détention provisoire ne peuvent venir ternir le moral de l'ancien ministre.

Seulement voilà: Charles Pasqua a toujours annoncé que pour conserver la présidence des Hauts-de-Seine, opulente forteresse, il renoncerait à son mandat européen pour cause de cumul. Et donc, à la précieuse immunité. Cornélien.

Heureusement, M. Zeau va arriver. Ce sourcilleux habitant des Hauts-de-Seine a déposé auprès du tribunal administratif de Paris un recours en annulation des élections cantonales dans les Hauts-de-Seine. Tant que l'affaire n'est pas jugée, en première instance et jusqu'au Conseil d'État, Charles Pasqua n'est pas sûr de pouvoir demeurer président du conseil général. Et n'est pas, par conséquent, tenu de démissionner de son siège européen.

28 Chirac convoqué!

La nouvelle fracassante barre la Une du *Parisien.* Le juge Éric

Halphen, en charge de l'enquête sur les HLM de Paris, vient d'adresser à Jacques Chirac, palais de l'Élysée, une lettre de convocation en qualité de témoin. Le Château, où la nouvelle a provoqué des réunions très matinales, s'empresse de publier un communiqué indiquant que « compte tenu des règles constitutionnelles, le président de la République ne peut déférer à une telle convocation, contraire au principe de la séparation des pouvoirs comme aux exigences de la continuité de l'État ». Très chère Constitution !

AVRIL

1ᵉʳ Le procès de la transparence

La revue *Pouvoirs* intitule son numéro 97 « Transparence et secret ». Nos politologues démarrent en fanfare. À les lire, la transparence est pour la démocratie une menace qui n'a rien à envier à la corruption… si ce n'est pire. C'est l'avocat et académicien Jean-Denis Bredin qui assure l'introduction et donne le ton.

Son raisonnement s'articule à peu près ainsi, en cinq actes :

• Le règne de la transparence (où l'a-t-il constaté ? Dans le lourd secret maintenu sur le patrimoine des hommes politiques ? Dans les huis clos qui plombent toujours de nombreuses auditions de commissions d'enquête parlementaire, notamment, en 2001, sur des sujets comme l'attitude de l'armée française en Bosnie ? Dans les propos de Lionel Jospin qui assure, sans être tourné en ridicule, que son passé trotskiste appartient à sa vie privée ?), le règne de la transparence, donc, ne représente pas une menace seulement pour les élites. Ami lecteur, après elles, un jour ce sera votre tour d'être épié, investigué, déshabillé : « La distinction se développe, écrit Bredin, entre l'homme "privé" – auquel la loi accorderait encore la protection de son intimité – et l'homme "public" dont le citoyen doit vérifier les qualités et les défauts, connaître la vie passée, présente, l'état de santé. Cet homme "public", la démocratie l'obligerait à la parfaite transparence afin que le citoyen, éclairé par la vérité, puisse lucidement le désigner, l'écarter ou le rejeter. Resterait à définir l'homme "public" ainsi soumis aux exigences d'une totale vérité, pour le progrès de la démocratie. La qualification d'homme privé ne s'appliquera-t-elle un jour qu'à celui dont la vie n'intéresse personne ? »

• Cette transparence nouvelle ne s'explique pas par de nobles motifs, mais par des mobiles bassement mercantiles, par « l'argent qui porte l'image, l'argent qui porte l'écrit, qui porte l'information et, qui sait, si même la transparence le fait souvent souffrir, le profit qu'il peut tirer de l'indiscrétion, de la révélation, du scandale, de tous les secrets percés et révélés ». Encore l'argent qui corrompt ! Bien avant Jean-Denis Bredin, un homme d'une probité irréprochable, François Mitterrand, nous avait déjà mis en garde contre ses méfaits répugnants.

• La transparence, c'est un truc pour pauvre type qui n'a plus rien à penser ou à espérer : « Ce citoyen, qui vit le plus souvent sans Dieu, sans patrie [...], qui vit sans doctrine, sans attente du Grand Soir, qui vivra, très vieux, dans une société sans projet ni espoir et que n'intéressent plus les idéaux traditionnels – telle la liberté parce qu'elle semble chez nous à peu près évidente, ou la fraternité mise au placard des rêves impossibles –, ce citoyen ne trouve-t-il pas dans la vérité une ultime vertu, un ultime réconfort ? » De la transparence comme béquille psychologique des âmes en peine.

• Dans un accès de faiblesse, notre procureur évoque des circonstances atténuantes : « Il serait déraisonnable de ne voir que des dangers à cette transformation de la démocratie moderne [...]. Le combat contemporain, conduit au nom de la transparence, trouve sans aucun doute des justifications démocratiques. Il a éclairé la vie publique et politique. Il a percé les mystères de la corruption [...]. Sans doute aussi ce combat nous a-t-il formés à la vie moderne. »

Mais ces quelques concessions ne sont qu'astuces rhétoriques avant l'assaut final.

• Et ce qu'il nous prédit, c'est l'apocalypse démocratique, le triomphe annoncé du totalitarisme. « Ce que nous voyons venir, d'un regard peut-être pessimiste, à travers les progrès de la transparence, c'est la dictature du modèle social [...]. Il faut des inquisiteurs très informés pour découvrir et dénoncer tous les mensonges et tous les secrets. » De retour sur terre, notre futurologue concède que « ce portrait exagère les traits d'une transparence qui deviendrait despotique, ce qu'elle n'est pas encore ». Mais c'est pour mieux nous faire frissonner : « La transparence n'exerce qu'un despotisme doux, insinuant, qui progresse peu à peu, sans jamais ressembler à une dictature... » Tremblez, bonnes gens.

Tremblez d'autant plus que les sensations fortes ne font que commencer. *Pouvoirs,* c'est plus angoissant que la collection *Chair de poule.* Me Bredin passe le relais à un autre contempteur de la transparence : Guy Carcassonne, professeur de droit constitutionnel. Avec lui, la fièvre monte d'emblée de plusieurs degrés, avec un sens saisissant de la métaphore : « Le voile était pudique. Il est devenu indécent. Où rien ne devait troubler le regard, rien ne doit plus l'entraver. La transparence l'exige. La transparence est irrésistible. Il suffit qu'elle veuille pour que l'on doive [...]. La discrétion est suspecte, la pudeur maladive, l'opacité illégitime, le secret monstrueux. Vivement que disparaissent les rideaux des fenêtres. » Brrr...

Guy Carcassonne reconnaît que la France fut maniaque du secret. Mais souvent, celui-ci «n'était que de polichinelle. Chacun savait que les conversations téléphoniques étaient écoutées et des fonds spéciaux mis à la disposition du gouvernement. Le silence maintenu sur les unes et les autres a surtout eu pour effet d'en rehausser l'importance, fantasmatique à l'occasion, dans l'esprit du public». Pauvre public! Niais et impressionnable, il ne considère pas toujours avec la bonhomie nécessaire ces «secrets de polichinelle», se scandalise à l'idée de pouvoir être écouté et trouve immoral l'arrosage d'argent liquide au sommet de l'État.

Guy Carcassonne évoque ensuite le temps où «une presse prudente et une magistrature complaisante [mettaient] le pouvoir à l'abri des importuns [...]. Qui se voulait plus indiscret, c'est-à-dire plus sérieux, se heurtait successivement aux réticences d'un éditeur ou d'une rédaction en chef, aux menaces voilées venues des horizons les plus divers». Notre expert est-il si sûr que les temps ont vraiment changé?

À l'appui de sa thèse, il apporte un exemple, là, tout récent. «La couverture d'un grand hebdomadaire s'intéresse au chef de l'État. À la conception qu'il a de son rôle? À la vision qu'il a de l'avenir? À la place de la France? Plus prosaïquement, à la situation politique ou aux aléas de la cohabitation? Non, ce ne serait là que fadaises par rapport au sujet autrement plus édifiant qui est traité: son patrimoine et ses revenus.» La pudeur l'oblige peut-être à taire le nom de l'hebdomadaire: *L'Express*. Guy Carcassonne nous fait donc le coup du débat d'idées, un grand classique: ce serait le seul élément noble et intéressant de l'actualité. Dans quelques semaines, empêtré dans ses billets d'avion, ses voyages de luxe et ses liasses d'argent liquide, Jacques Chirac devra répondre à des questions bien timides de trois journalistes lors de l'entretien rituel du 14 Juillet. Nul doute que lui aussi préférerait s'en tenir au «débat d'idées» – l'Europe, la France dans le monde, la croissance et le chômage.

Finalement, le professeur de droit en appelle à quelques intellectuels venus du froid, tel Ingmar Bergman, pour faire frissonner le lecteur à l'idée du «contrôle collectif et permanent» qu'induit fatalement, à ses yeux, la transparence. «Il dissuade assez efficacement la déviance, mais aussi l'originalité, l'audace, l'individualité.» Alors que la camorra, la vendetta, la *combinazione*, c'est bien connu, favorisent la création artistique et la liberté d'expression !

Mais plus rien ne retient notre auteur déchaîné. La transparence «s'insinuera partout [...]. La démocratie aura réalisé le rêve du totalitarisme. Car c'est bien lui qui a pensé la transparence», ajoute-t-il avant de nous prédire l'avènement de «purges périodiques». Sauf que la transparence, sur le mode totalitaire, s'appuie justement sur ces sympathiques «secrets de polichinelle» que nous décrit l'auteur. Elle est l'instrument des puissants pour surveiller les faibles, pour s'immiscer dans les petits secrets du simple citoyen. On est loin du patrimoine de Chirac.

Après une telle charge, les autres contributions semblent bien fades. Denis Kessler, représentant du patronat, expose, lui, les raisons pour lesquelles l'entreprise doit ouvrir ses portes et ses tiroirs, aux salariés, mais surtout aux très exigeants actionnaires. Il n'a pas l'air de trop le déplorer, et ne nous menace même pas d'une crise aiguë ou d'un chômage généralisé. Il rappelle, au contraire, que la théorie de la concurrence pure et parfaite élaborée au xixe siècle par l'économiste Léon Walras est fondée sur l'information parfaite des agents économiques. Même Alain Bauer, Grand Maître du Grand Orient de France, qui tente de défendre le secret maçonnique dans ce même numéro de *Pouvoirs*, intrigue par la modération de son ton.

2 Les euphémismes de la COB

Endossant ses plus beaux habits, Michel Prada, le président de la Commission des opérations de bourse (COB), s'en va remettre son rapport annuel au président de la République et au Parlement. 388 pages d'analyses techniques et de chiffres relatant l'activité d'une année boursière particuliè-rement riche puisque le volume des transactions a atteint un niveau record et que la «bulle Internet» a explosé. La presse financière commente l'événement, mais sans cruauté excessive. Il est vrai que la COB a rarement excité sa curiosité.

Il faut cependant lire ce rapport très attentivement, surtout si on possède quelques actions cotées sur la place de Paris. Car, curieusement, le lecteur pressé qui se contente de consulter le sommaire placé en début de document constate que le «gendarme de la Bourse» oublie de parler des «délits d'initiés», des «informations privilégiées» ou des «manipulations de cours». Mots visiblement dégoûtants, à moins qu'on estime que de telles pratiques n'ont pas cours dans les milieux boursiers. Dans les milieux boursiers peut-être pas, mais à la COB oui: Michel Prada lui-même sera entendu comme témoin par un juge d'instruction parisien en raison d'un délit d'initiés mettant en cause deux collaborateurs... de la COB (licenciés depuis).

5 Français, ne partez pas en vacances

Depuis plus d'une semaine, la grève sévit sur le réseau SNCF. Motif: les syndicats s'indignent que la direction veuille traiter les usagers comme des clients. Atteinte intolérable au dogme du service public. Cet engorgement prenait jusqu'alors en otages les «clients au travail». Voici qu'il touche désormais aux «usagers en congés». Car les vacances de Pâques commencent. Avec bonhomie, les journaux informent les lecteurs sans en faire une tragédie. Sans doute préfèrent-ils préparer leurs splendides numéros spéciaux sur le TGV Méditerranée...

Louis Gallois, le président de la SNCF, avait pourtant mis le paquet pour calmer les velléités grévistes: 800 millions de francs et une «pause» dans la réforme. Mais rien n'y fait. Alors, il est bien obligé de lancer un appel humiliant pour lui comme pour ses destinataires: «Je suis obligé de demander aux voyageurs de différer leur départ. Je leur présente mes excuses.» L'idéal serait que les clients — si l'on ose utiliser cette expression burlesque — s'adaptent au rythme de «travail» des... cheminots. Encore un progrès social à la portée du gouvernement.

7 Quand Jospin perd ses nerfs...

Ce devait être un beau voyage dans un beau pays: le Premier ministre de la France portant la bonne parole au peuple brésilien. Le vendredi 6 au soir, en une sorte d'apogée, il prononce, devant la foule rassemblée de l'université Candido Mendès, un bien beau discours sur la «mondialisation maîtrisée». Et se laisse aller, faisant suite à des questions posées par les étudiants, à quelques commentaires sur la politique intérieure française, les résultats des municipales, décevants pour la gauche... Las! L'outrecuidante journaliste de l'AFP qui suit ce voyage se croit autorisée à rapporter ces propos, au lieu d'extraire les plus belles phrases du discours préparé d'avance sur la « mondialisation maîtrisée ». Incroyable : comme si les journalistes pouvaient choisir ce qui les intéresse parmi ce qu'ils voient ou entendent !

Lionel, alors, retrouve des habitudes que l'on croyait passées de mode. Quand il prend connaissance, le lendemain, dans l'avion qui l'emmène vers Buenos Aires, du contenu de la dépêche, il convoque la journaliste, qui ose se défendre. « Vous êtes bête ou quoi ? » lui demande le Premier ministre. Et voici, en un bref instant, éclairée la vraie nature des relations que les politiques, en France, entendent entretenir avec les journalistes. Courtoises, familières voire mielleuses, tant que les seconds obéissent au doigt et à l'œil, relaient le message et appliquent les consignes. Grossières, méprisantes voire menaçantes à la première incartade.

Le plus ridicule, peut-être, c'est que devant l'émotion suscitée par les larmes de la journaliste au sein de la corporation – communauté à l'échine souple mais à l'âme sensible –, Lionel Jospin a rappelé la journaliste. Pour s'excuser. Pas sur le fond mais « parce qu'[elle est] une femme ». Amusante (?) explication : on se demande ce qu'en dirait Sylviane (Mme Jospin à la ville).

12 La « courtoisie » selon Badinter

Dans les colonnes du *Nouvel Observateur*, Robert Badinter nous livre ses pensées sur le « témoin Chirac », c'est le titre de sa tribune. L'éditorialiste choisit de donner une leçon de maintien au magistrat instructeur : « Pourquoi le juge Halphen a-t-il choisi de ne pas observer la courtoisie requise, s'agissant du premier personnage de l'État élu par la majorité des Français ? s'interroge-t-il. Adresser à

M. Jacques Chirac au palais de l'Élysée une lettre de convocation pour audition de témoin n'est sans doute pas illégal, mais délibérément blessant [...]. Vouloir faire sentir au président de la République qu'il n'est en définitive qu'un justiciable parmi d'autres, c'est jouer à donner du "citoyen Capet" à Louis XVI. La justice et la République n'ont rien à gagner à de tels procédés. Cette médiocre péripétie demeurera sans effet. » Robert Badinter sait prédire l'avenir. Il omet malheureusement de nous dire ce qu'est le président de la République s'il n'est un « citoyen parmi d'autres » (Robert Badinter fut ministre de la Justice de François Mitterrand, de 1981 à 1986).

13 Premiers enterrements pour Marylise

À peine arrivée à la chancellerie, elle avait diligenté une enquête sur les « dysfonctionnements », pour employer une litote, de la justice dans l'affaire des disparues de l'Yonne. Songeant sûrement qu'il suffit de commander un rapport et de l'annoncer crânement dans les médias en prenant une posture de fermeté, la nouvelle garde des Sceaux, à peine le rapport rendu, a pris une décision trop peu commentée : elle l'a classé sans suite.

15 Quand Jospin explose à nouveau...

Au nom de la parité peut-être, le Premier ministre ne tient pas dix jours avant de s'en prendre à un autre représentant de la presse, un homme, cette fois. Après les maracas, l'atterrissage fut, il est vrai, difficile. À Vimy, bourgade du nord de la France, un dépôt de munitions datant de la guerre de 14-18 menace de faire exploser tout le voisinage. Lionel Jospin décide de rendre visite aux démineurs et n'admet dans son carrosse qu'un seul observateur, un photographe de l'AFP. Ce rabat-joie trouve le moyen de mentionner, dans une légende, le brassard «démineurs en colère» porté par ceux qui travaillent sur le terrain, en souvenir de deux de leurs confrères morts dans l'exercice de leurs fonctions plusieurs mois auparavant. L'AFP, à Paris, diffuse cette information. Lionel se fâche et indique au photographe qu'il ne devait pas parler de ce détail. Dans la France de Jospin, les mécontents n'existent pas. Les démineurs qui ont explosé en faisant leur travail non plus.

16 La promo de Pâques

Comme tous les ans, les cloches apportent aussi rosettes et médailles. Parmi les heureux récipiendaires, la magistrate Odile Valette. Une femme discrète, qui n'en fait pas des tonnes dans les médias, mais qui sait se faire apprécier. Procureur de Beauvais, voilà un poste où elle semble se plaire. Elle s'y trouve déjà quand, en 1996, elle reçoit de la chambre régionale des comptes de Picardie un petit paquet dont elle se passerait bien. Il concerne Jean-François Mancel, alors président du conseil général de l'Oise ET secrétaire général du RPR. Celui-ci a eu la note de frais un peu lourde, faisant supporter à l'exécutif départemental ses achats domestiques – couches pour les enfants, viande rouge et produits ménagers.

Odile Valette s'était prudemment contentée d'ouvrir une enquête préliminaire et non une information judiciaire qui aurait immanquablement conduit à la mise en examen de Mancel. Belle intuition : le garde des Sceaux, à l'époque Jacques Toubon, n'aimait pas qu'on soit méchant avec ses amis. Odile Valette ne s'acharne pas. Elle classe l'affaire en juillet 1997 et demande juste à l'habitué des supermarchés de bien vouloir... rembourser. En d'autres termes, elle réinvente le prêt à taux zéro. Une créativité qui méritait décoration.

17 Quand Jospin choisit « ses » journalistes

Ce soir, il parle aux Français. Mais attention, pas face à n'importe qui. Cet insolent de Sérillon qui, en 1999, avait obligé Jospin à avouer son impuissance face aux licenciements chez Michelin, ne doit pas être de la fête. D'ailleurs il n'en sera pas. Il présentera un mini-journal télévisé, puis la parole sera au grand homme, interviewé par le nouveau directeur de l'information, Olivier Mazerolle, et deux seconds couteaux de la chaîne. Certains articles de presse s'émeuvent de l'ostracisme de Matignon. Ils ont tort. L'équipe Jospin n'a rien eu à demander. Il a suffi qu'elle manifeste son intention de privilégier France 2, boycottée depuis l'épisode Michelin-Sérillon, pour que les hiérarques de la chaîne publique précèdent ses désirs. Les téléspectateurs les plus âgés ont pu regretter l'absence de Michel Droit, décédé.

26 Cette bonne MAM

Sur LCI, la présidente du RPR se défoule. Elle dénonce le « battage médiatique » autour de l'affaire des HLM de Paris. Pour elle, il s'agit tout bonnement d'« un sujet qui n'existe pas ». Michèle Alliot-Marie (MAM), « dans le civil », est professeur de droit. De droit public exactement.

29 « Les intérêts supérieurs de l'État »

Bernard Guillet est le « conseiller diplomatique » de Charles Pasqua. Il vient d'être mis en examen dans l'affaire des ventes d'armes à l'Angola, accusé par une ancienne « collaboratrice » d'avoir piloté des transferts d'argent liquide au profit du RPF, le parti de son patron.

Bernard Guillet s'explique dans *Le Monde*. Il nie en bloc toutes les accusations proférées contre lui. Il n'a envoyé personne récupérer, en 1994, une mallette à Genève. Mais on n'en saura pas plus, «pour des raisons, dit-il sérieusement, qui tiennent aux intérêts supérieurs de l'État». Bernard Guillet évoque une mission dans le cadre de l'enquête sur l'attentat du DC 10 d'UTA, parle de documents confidentiels, etc.

Et s'il s'est résolu à livrer aux juges le contenu d'un entretien entre Charles Pasqua, ministre de l'Intérieur, et le président angolais, ce ne fut pas de gaieté de cœur, «car il s'agit tout de même d'affaires d'État».

Ce Bernard Guillet a vraiment réponse à tout. On s'étonne qu'il ait toujours eu beaucoup d'espèces sur lui? «Mais c'est logique! Lorsque j'étais en poste au ministère de l'Intérieur, je touchais 15 000 francs par mois en liquide, sur les fonds secrets, pour mes frais. J'avais tellement d'espèces, je ne savais plus quoi en faire…» Ah, les fonds secrets! Une belle invention française. Heureux qui comme Bernard Guillet y a eu accès.

30 In-no-cent

Encore une victime de l'acharnement judiciaire. Gérard Colé, l'ancien «monsieur communication» de Mitterrand, obtient un non-lieu dans l'affaire de La Française des jeux, dont il était devenu président en 1989. Des poursuites pour «abus de biens sociaux, recel d'abus de biens sociaux, faux et usage de faux», il ne subsiste donc rien. Seulement les vieux restes d'un feuilleton judiciaire sur lequel la loi du silence a longtemps pesé.

C'est en février 1993 que le procureur de Nanterre, Pierre Lyon-Caen, est alerté par les commissaires aux comptes de La Française des jeux, qui se refusent à certifier des écritures qu'ils jugent douteuses. Pourtant, rien ne se passe. Une longue enquête préliminaire commence. Elle durera… deux ans.

Les policiers de l'Office central de répression de la grande délinquance financière (OCRGDF) feront pourtant, par la suite, des trouvailles intéressantes : loteries gabonaises, comptes à l'étranger... Mais l'enquête subit plusieurs sabotages. Ces policiers voient les demandes de commissions rogatoires bloquées : ils doivent donc faire du surplace. Une autre fois, on leur demande de mettre en garde à vue Patrick Le Lay, le président de TF 1, alors soupçonné d'avoir versé 10 millions de francs pour garder la retransmission en direct du Loto, alors qu'ils ne disposent pas d'indices suffisants pour conduire efficacement l'interrogatoire de ce personnage important. Et quand Henri Modiano, hommes d'affaires comme on dit, est enfin dans les murs du palais de justice de Nanterre pour s'expliquer sur de mystérieux mouvements de fonds avec la Suisse, on lui demande de repasser pour présenter des justificatifs. Du grand art.

Au bout de deux ans, Pierre Lyon-Caen, homme de gauche, cofondateur du Syndicat de la magistrature, s'est tout de même résolu à ouvrir une information judiciaire. Il lui aurait été difficile de faire autrement : la chancellerie lui en a transmis l'ordre écrit ! Elle a bien du mérite. Car le garde des Sceaux, à l'époque Pierre Méhaignerie, a eu sur cette question un petit mot du Premier ministre, Edouard Balladur, lui répercutant les appels à la clémence de l'Élysée, ancien employeur de Gérard Colé.

Mais l'ordre ministériel survient trop tard. Pour ne rien arranger, trois juges d'instruction se succèdent sur ce dossier déjà divisé en deux parties en 1998. Pour celle qui concerne l'éventuel versement, par TF 1, d'une commission de 10 millions de francs en échange de la retransmission en direct des résultats du Loto, Gérard Colé, on le répète, est donc in-no-cent.

3 Roger écrit

Il devance l'événement d'une petite semaine. Juste avant la célébration de la «divine surprise», ce fameux 10 mai d'il y a vingt ans déjà, Roger Hanin publie un livre sur son beau-frère. Cela s'appelle *Lettre à un ami mystérieux* et ne manque pas de perles que la presse, toujours indulgente avec les grandes gueules, ignore avec opiniâtreté. La meilleure concerne sûrement les relations entre Mitterrand et Bousquet. D'abord, Navarro s'indigne que l'on puisse parler, à propos de l'ancien chef de la police de Vichy, de «grand ami». «La seule chose que j'exige parce qu'elle est irrécusable, tonne-t-il, empêtré dans les grands mots, c'est que l'on ne puisse plus dire ni croire que François Mitterrand ait pu aimer ou estimer l'homme qui avait signé la rafle du Vel' d'Hiv.» Masochiste alors? Non, Mitterrand, selon Hanin, ne savait pas. Il ne savait pas jusqu'en 1982. Et après, il a cessé de fréquenter Bousquet. Ou plutôt, c'est celui-ci qui, élégant, a évité de «s'approcher», comme dit Roger. C'est beau, mais c'est faux.

D'abord, Mitterrand avait entendu parler de ce collaborateur de haut rang dès la Libération par Jean-Paul Martin, qui travaillait avec Bousquet à Vichy et entra quelques années plus tard à son cabinet de jeune ministre. Ensuite, l'ancien président n'était pas réputé ouvrir les portes de sa «bergerie» de Latché au premier venu. Or, Bousquet y séjourna. Il existe une photographie, prise par le photographe Manuel Bidermanas, pour en attester.

Le plus beau reste cependant à venir. Si «François» a toléré, sinon encouragé, l'amitié de Bousquet, c'est, toujours selon Roger, parce que «tous les Français étaient ses enfants». Comme le Maréchal? Et Navarro de conclure en beauté : « Croyez-vous que René Bousquet se soit réjoui, sa vie durant, d'avoir participé à un tel acte de barbarie ? » Lancinante question en effet. Et Pétain ? Et Laval ? Et Touvier ? Réjouis ou pas ?

4 Rapport fantôme

Le SCPC (Service central de prévention de la corruption) rend son rapport 2000. Pourtant, on ne peut pas dire que ce « Service interministériel placé auprès du garde des Sceaux » donne des cauchemars à tous les ripoux en complet-veston de l'Hexagone. En vérité, seuls les ignorants tremblent encore. Les autres savent.

Les journalistes savent – ou devraient savoir – que ce service n'a été doté d'aucun pouvoir d'investigation. Ses membres ne peuvent rien exiger, seulement demander poliment.

Ils savent que le SCPC est objet de méfiance depuis qu'un jour de l'été 1995, son chef, le magistrat Bernard Challe, a rendu un avis défavorable sur le cas du Premier ministre Alain Juppé, qui s'était auto-alloué, ainsi qu'à son fils, un joli appartement de la ville de Paris. Bernard Challe peut, depuis, prendre le temps de vivre puisqu'il a été transféré prestement vers la Cour de cassation, où nul ne peut prendre d'initiative individuelle intempestive.

Mais ils ne savent peut-être pas que les rédacteurs de ce rapport travaillent uniquement pour la gloire. Pas question, en effet, de médiatiser le fruit de leurs enquêtes. Élisabeth Guigou, quand elle était garde des Sceaux et donc tutrice du SCPC, a formellement interdit qu'une conférence de presse, ou même un simple communiqué, annonce la publication du document.

Cette année, personne ne saura donc rien des problèmes posés par les surfacturations dans le secteur de la publicité ou par le pantouflage. Un coup de chance: le rapport s'attaquait notamment aux juges qui passent au privé, souvent, comme par hasard, dans des entreprises ayant subi des désagréments judiciaires. Mais qu'on se rassure, le SCPC, comme la Cour des comptes ou le Conseil supérieur de la magistrature, sait respecter les règles de la courtoisie française: il ne cite aucun nom.

15 Frère avoué, frère pardonné

La cour d'appel de Paris, IXᵉ chambre, section A, rend un arrêt qui peut donner quelques idées aux francs-maçons impliqués dans les affaires et en manque d'inspiration pour leur défense.

Les magistrats parisiens ont dû juger si Jean-Claude Paradis, ancien magistrat à la chambre régionale des comptes de la région Centre, avait violé le secret professionnel et s'était rendu coupable de corruption passive en renseignant Claude Boucheron, directeur général adjoint des services du conseil général du Loiret. Celui-ci était visé par des contrôles des magistrats financiers concernant notamment une association subventionnée par le département, l'Adel (Agence pour le développement économique du Loiret). Le Loiret se trouvait, au milieu des années 90, lors de la découverte des faits, enlisé dans un nombre atterrant d'affaires de favoritisme et autre trafic d'influence.

Mais dans le cas précis de l'Adel et de Claude Boucheron, il y a des écoutes téléphoniques. Elles attestent que Jean-Claude Paradis s'était engagé à renseigner Claude Boucheron de façon «extrêmement personnalisée» sur le contrôle de la chambre des comptes, pour qu'il «puisse prendre ses précautions». Lors de ces conversations, Jean-Claude (le magistrat) demande à Claude (le fonctionnaire départemental) la discrétion la plus absolue parce qu'il risque «de gros ennuis». Bref, il est conscient que ce qu'il fait n'est pas vraiment légal. Dans le même temps, il recommande à Claude son «pote Bruno», cadre au chômage, que celui-ci promet d'embaucher comme chargé de mission.

Corruption ou pas corruption? La cour d'appel de Paris considère que... pas corruption. Pourquoi?

«Jean-Claude Paradis et Claude Boucheron, écrivent les magistrats, étaient liés par leur appartenance commune à une loge maçonnique; Jean-Claude Paradis déclare avoir communiqué des informations à Claude Boucheron dans le cadre de la solidarité maçonnique et conteste avoir, même de manière implicite, sollicité une contrepartie; Claude Boucheron, de son côté, affirme avoir seulement voulu rendre service [...]. Si Claude Boucheron, préoccupé par le contrôle de la chambre régionale des comptes, était très intéressé par les informations que pouvait lui livrer Jean-Claude Paradis sur le contrôle de l'Adel, un doute subsiste sur le point de savoir si la promesse d'embauche était une contrepartie ou la manifestation de la solidarité maçonnique entre les deux hommes.» Résultat: «Dans le doute, la cour ne retiendra pas l'existence du délit de corruption de magistrat.» La fraternité, finalement, n'a pas que des inconvénients. Heureusement qu'on peut encore se rendre service!

16 Les juges gâchent la fête de Longuet

La justice a gâché la fête de Gérard Longuet. C'est moche. L'ancien ministre de l'Industrie d'Edouard Balladur s'apprêtait à annoncer devant un parterre de journalistes la création de Sokratès, nouveau holding réunissant sous sa coupe plusieurs sociétés de conseil fortes d'une centaine de consultants pour 100 millions de francs de chiffre d'affaires. Depuis qu'il a dû quitter prématurément la politique, en 1994, pour cause d'«affaires» (la justice, qui s'interrogeait sur le financement de sa villa à Saint-Tropez, l'a finalement blanchi), l'ancien de la «bande à Léo» s'est en effet reconverti avec bonheur dans d'autres aventures : le conseil aux entreprises, en particulier la gestion du passage aux 35 heures. Un créneau judicieux puisque Gérard Longuet est l'actionnaire majoritaire de Sokratès.

Patatras! le 16 mai, quelques jours avant l'annonce, Longuet est placé en garde à vue puis mis en examen dans l'affaire des marchés de lycées d'Île-de-France, en tant qu'ancien responsable du Parti républicain. Sokratès existe bien mais la belle fête n'a pas eu lieu. La vie est mal faite, on vous dit.

22 Hommage de Charles à Jean-Charles

Pris dans la tourmente judiciaire de l'«Angolagate» – ces ventes d'armes qui auraient été orchestrées par un Ukrainien qui vit en Israël, Arcadi Gaydamak, et un Français installé aux États-Unis, Pierre Falcone –, Charles Pasqua est l'invité des Mardis de l'Essec, sympathique forum qui permet aux futurs ténors des entreprises de voir «en vrai» les personnages publics. Malgré quelques tentatives de son interviewer, le journaliste Philippe Manière, Charles Pasqua ne veut rien déclarer sur ses ennuis avec la justice. Et à propos de son sulfureux lieutenant Jean-Charles Marchiani, mis en examen le jour même pour «recel d'abus de biens sociaux» et «trafic d'influence»? Charles est «écœuré» que soit ainsi traité un homme «qui a risqué sa peau les armes à la main au Liban pour sortir nos otages». « S'il avait été en Angleterre, il aurait été fait chevalier; aux États-Unis, il aurait été couvert d'or; on est des minables, voilà mon sentiment.» En France, Jean-Charles Marchiani a tout de même été fait préfet. Du Var. Par Pasqua.

24 Reptation *post mortem*

En 1952, dans un livre intitulé *Le Tout-Paris*, elle racontait l'histoire d'un jeune homme brillant, né pauvre et «indifférent à la possession des biens matériels». Un jeune homme trois fois évadé des camps de prisonniers en Allemagne, engagé dans la clandestinité et abonné aux «allers et retours avec Londres». Un vrai petit héros dont on peine à percer l'identité: François Mitterrand, vu par Françoise Giroud.

Quarante-neuf ans plus tard, la journaliste a conservé toute sa fraîcheur de plume. Elle célèbre toujours son héros défunt avec la même emphase. Il est cette fois question de la série d'émissions enregistrées avec Jean-Pierre Elkabbach à l'Élysée à la fin du second septennat de Mitterrand et diffusées au début de l'année 2001. La grande journaliste, célébrée par les médias à la façon des savants soviétiques sous Brejnev, est éblouie: «Le dernier épisode était étoilé de ces formules qui lui jaillissaient des lèvres[2].» Étoilé! De quoi s'agit-il donc? «Il» a dit: «Ne sous-estimez pas la force de mon indifférence.» Ou encore l'éblouissant: «Les gens meurent, moi aussi d'ailleurs.» Scintillant, n'est-ce pas?

Figure historique de la presse – elle dirigea *L'Express* avec Jean-Jacques Servan-Schreiber –, encensée pour son «talent» et sa «lucidité», Françoise Giroud prend donc au sérieux ces heures de dialogues. Elle y voit une vraie émission de télévision, une vraie interview!

On apprendra vite la véritable nature de cette pochade: François Mitterrand en était le coauteur avec Jean-Pierre

Elkabbach ; ils se sont partagé les recettes, dont la moitié revient aujourd'hui aux enfants du président, qui, après quelques difficultés, ont fini par se mettre d'accord sur la répartition du magot. Une bonne affaire : le chef du service audiovisuel de l'Élysée racontera dans *Libération* – sans que l'affaire fasse de vagues – comment tout a été tourné sur fonds publics, avec l'aide de jeunes appelés du contingent auxquels il n'a jamais été question de verser la moindre prime ou gratification. Pas assez « étoilés » sûrement.

28 Johnny sain et sauf

Il est arrivé. Toutes les télés, tous les magazines ont salué l'exploit. Johnny a vaincu les sables marocains dans le rallye Orpi. Organisée par Cyril Neveu, cette épreuve a bénéficié, grâce à la présence des Hallyday père et fils, d'une couverture de presse inespérée.

Derrière les belles images de Johnny qui manie la pelle par 40° à l'ombre pour sortir son 4x4 Mercedes des ornières, une réalité un peu différente dont on nous parle peu. La star bénéficie d'une véritable équipe de nounous, qui s'assurent en permanence qu'il n'est ni perdu ni en difficulté, et conduisent même une « voiture doublure » que l'on peut désosser et cannibaliser en cas de besoin. « Ce qui fut le cas, en février 2001, lors du rallye Optic 2000, en Tunisie, raconte un participant. L'équipe technique a changé l'ensemble du train avant de la voiture en un temps record. Car la consigne est claire : Johnny ne peut pas être éliminé. Sinon, plus de télé. »

Johnny, finalement, est moins populaire parmi ses compétiteurs que dans ses fans-clubs. Car, en plus, le rocker ne paie aucun des frais liés à la course (budget : 200 000 à 400 000 francs par participant).

29 Deux ans de perdus

Pour Gilbert Azibert, président de la chambre de l'instruction de la cour d'appel de Paris, c'est presque humiliant. Mais pour Marie-Odile Bertella-Geoffroy, juge d'instruction chargée du dossier du sang contaminé, c'est une amère victoire. Et pour les parties civiles, victimes et familles de victimes, c'est insupportable. Gilbert Azibert avait attendu le dernier moment, en janvier 2001, pour annuler l'ordonnance de la juge et lui demander de reprendre les mises en examen parce que quelques qualifications avaient été modifiées en cours d'instruction.

La Cour de cassation donne finalement raison à la juge et casse l'arrêt de la cour d'appel pour excès de pouvoir. Excès de pouvoir est bien le mot : cette mésaventure procédurale a fait prendre deux ans de retard supplémentaire à ce dossier, pour lequel les faits remontent à… 1985.

L'omertà judiciaire bouge encore.

JUIN

5 Un mensonge français

« Le secret politique de Lionel Jospin. » Le titre s'étale en Une du *Monde* et ne laisse pas de place au doute : Lionel Jospin a bien appartenu, longtemps, en y exerçant des responsabilités, à une organisation trotskiste, l'OCI (Organisation communiste internationaliste). Devant les députés, lors de la séance de questions au gouvernement, il est obligé de le reconnaître, après avoir menti pendant vingt ans. À l'Assemblée nationale, tout le monde le sait plus ou moins. Voici la question posée par le député (Démocratie libérale) François Goulard et la réponse du chef du gouvernement, lors de cette séance publique. Un *verbatim* que la presse publie trop rarement.

M. François Goulard. – Monsieur le Premier ministre, les questions que nous posons au cours des séances de questions d'actualité et les réponses que vous y apportez ont pour objet d'éclairer la représentation nationale et, à travers elle, l'ensemble des Français.

Mme Odette Grzegrzulka. – Restez modeste!

M. François Goulard. – Aujourd'hui, dans cet hémicycle, dans les tribunes de la presse, il est une question que chacun se pose depuis la parution, tout à l'heure, d'un grand quotidien qui titre: «Le secret politique de Lionel Jospin». *(Vives exclamations sur les bancs du groupe socialiste.)* Mes chers collègues, le Premier ministre répondra!

M. le président. – N'interrompez pas M. Goulard, je vous en prie!

M. Jean-Pierre Pernot. – C'est lamentable!

M. le président. – Monsieur Pernot, du calme!

M. François Goulard. – Ce journal, monsieur le Premier ministre, fait état de votre appartenance, jusqu'en 1971, à l'Organisation communiste internationaliste, mouvement trotskiste révolutionnaire.

M. Francis Hammel. – Qu'est-ce que ça peut faire!

M. François Goulard. – Ce journal fait état de relations que vous auriez entretenues avec cette organisation révolutionnaire jusqu'en 1981, tout en étant membre du Parti socialiste. *(«Quelle horreur!» et rires sur les bancs du groupe socialiste.)* J'ajoute que cet engagement, s'il est réel, n'était pas un engagement de jeunesse. C'était un engagement de l'âge mûr. *(Exclamations sur les bancs du groupe socialiste.)* Cette appartenance, monsieur le Premier ministre, vous l'avez toujours niée. Aujourd'hui, les circonstances m'amènent à vous demander si les faits relatés par ce journal sont exacts et, si oui, pour quelle raison vous les avez jusqu'à présent dissimulés? *(Exclamations sur les bancs du groupe socialiste.*

Applaudissements sur les bancs du groupe Démocratie libérale et Indépendants et sur plusieurs bancs du groupe du Rassemblement pour la République.)

Plusieurs députés du groupe socialiste. – Ça ne mérite pas de réponse !

M. le président. – La parole est à M. le Premier ministre.

M. Lionel Jospin. – Monsieur le député, puisque vous m'interpellez publiquement, je vais me faire un plaisir de vous répondre. Il est vrai que, dans les années 60, j'ai marqué de l'intérêt pour les idées trotskistes et que j'ai noué des relations avec l'une des formations de ce mouvement. *(Exclamations sur les bancs du groupe du Rassemblement pour la République, du groupe de l'Union pour la démocratie française-Alliance et du groupe Démocratie libérale et Indépendants.)* Il s'agit là d'un itinéraire personnel, intellectuel et politique, dont je n'ai en rien à – si c'est le mot qui convient – rougir. *(Rires et applaudissements sur les bancs du groupe socialiste et sur plusieurs bancs du groupe communiste.)* J'ai déjà eu l'occasion de dire, dans plusieurs déclarations, que j'étais un enfant de Suez et de Budapest. C'était une façon de marquer que, en cette époque des années 60, très différente de celle que nous connaissons maintenant, deux éléments ont été essentiels dans mon mûrissement politique et dans mon engagement : l'anticolonialisme et l'antistalinisme. *(Exclamations sur les bancs du groupe du Rassemblement pour la République, du groupe de l'Union pour la démocratie française-Alliance et du groupe Démocratie libérale et indépendants. Applaudissements sur les bancs du groupe socialiste et sur quelques bancs du groupe communiste.)* Je me suis engagé fermement en faveur de l'évolution, notamment en Algérie – tout le monde ne peut pas en dire autant, même aujourd'hui *(applaudissements sur les bancs du groupe socialiste, du groupe communiste et du* *groupe Radical, Citoyen et Vert)* – et j'ai trouvé, dans les idées trotskistes, ce que j'appellerai une amorce des thèmes antitotalitaristes qui ont fait florès plus tard. *(Exclamations sur les bancs du groupe du Rassemblement pour la République.)* Je veux rappeler aussi que, dans cette période très idéologique, le Parti communiste n'était pas ce qu'il est et le nouveau Parti socialiste n'était pas encore formé. Je n'ai donc, par rapport à cette pensée, ces engagements, qui ont relevé de rencontres intellectuelles, de conversations privées, à formuler ni regrets ni excuses.

Mme Yvette Roudy. – Très bien !

M. le Premier ministre. – J'ai rencontré, dans ces contacts, quelques hommes remarquables et cela a contribué à ma formation. *(Applaudissements sur plusieurs bancs du groupe socialiste.)*

Mme Yvette Roudy. – Exactement !

M. le Premier ministre. – Se pose une deuxième question : pourquoi n'en ai-je pas parlé plus tôt ? *(«Ah !» sur les bancs du groupe du Rassemblement pour la République et du groupe Démocratie libérale et Indépendants.)* Eh bien, honnêtement, mesdames, messieurs les députés, parce que je croyais que cela n'intéressait personne. *(Exclamations sur les bancs du groupe du Rassemblement pour la République, du groupe de l'Union pour la démocratie française-Alliance et du groupe Démocratie libérale et Indépendants.)*

Mme Yvette Roudy. – Absolument !

Plusieurs députés du groupe du Rassemblement pour la République. – Vous avez donc menti ?

M. le Premier ministre. – D'ailleurs, je crois que cela ne passionne toujours pas, même si je trouve légitimes les interpellations ou les enquêtes menées par certains journaux – je ne les conteste pas.

M. Jean-Louis Debré. – Pourquoi avoir menti ?

M. le Premier ministre. – J'ai toujours considéré que ce qui relevait des idées, des opinions, du libre débat, dès lors qu'il ne s'agissait pas d'un engagement public, relevait de la liberté d'opinion. Or, que je sache, il n'existe pas de délit d'opinion en démocratie. Donc, je ne voyais pas pourquoi j'aurais eu à en rendre compte.

Le parcours vers la vérité est un long chemin. Ce 5 juin, Lionel Jospin, comme on l'apprendra plus tard, occulte une appartenance plus active qui s'est concrétisée par son activité d'entrisme au PS à partir de 1971 et jusque dans les années 80. On est loin des simples « rencontres intellectuelles et conversations privées ». Encore un effort, et le Premier ministre considérera que l'on porte atteinte, avec de telles questions, à l'intimité de sa vie privée.

6   Avec les compliments de Matignon

Le trotskisme de Jospin est devenu une denrée journalistique hautement concurrentielle dans les coulisses de la presse et de l'édition, où tout le monde sait que deux journalistes, Claude Askolovitch et Serge Raffy – qui se détestent –, achèvent chacun une biographie du Premier ministre. *Le Monde*, qui a tiré le premier, la veille, en consacrant deux pages, l'éditorial et un commentaire à ce passé enfoui, profite fort logiquement de son avantage, avec une nouvelle Une intitulée « Trotskisme et PS, la lente évolution de Jospin ».

Beau travail journalistique. Ce que le quotidien passe pudiquement sous silence, c'est le fait que ces révélations ont été mises en forme avec l'accord de Matignon. Deux journalistes du *Monde*, eux-mêmes ex-trotskistes (Laurent Mauduit et Sylvain Cypel), ont approché François Hollande. À leur demande, le patron du PS a convaincu Jospin de les recevoir pour parler de sa jeunesse militante qui allait, de toute façon, être étalée au grand jour dans les semaines à venir. En cas de force majeure, mieux vaut toujours maîtriser son calendrier. Hollande avait même négocié une interview de Jospin dans le numéro du 6 juin. Mais au dernier moment, le Premier ministre y a renoncé.

19 Contre-feu sur l'immunité

Deux précautions valent mieux qu'une : même s'il paraît évident qu'Arnaud Montebourg ne réunira pas les 58 signatures pour la mise en accusation de Jacques Chirac devant la Haute Cour de justice, le président du groupe socialiste, Jean-Marc Ayrault, veille à chaque instant à la « neutralité » de ses troupes. Un des signataires, le Vert Yves Cochet, a courageusement retiré son paraphe pour être agréable à Jacques Chirac et pouvoir ainsi devenir ministre de l'Environnement. Même si le danger, donc, paraît fort éloigné, les députés socialistes font du zèle et allument des contre-feux. Ils ont (spontanément et sans aucune invite de Matignon, n'en doutons pas) déposé une proposition de loi aux termes de laquelle le chef de l'État relèverait de la justice ordinaire pour les crimes et délits commis avant son entrée en fonction et sans rapport avec son mandat. Audace extraordinaire ? Pas exactement. La proposition prévoit que seule une « commission des requêtes » pourrait permettre l'ouverture d'une action publique. Et surtout, surtout, ces dispositions ne pourraient s'appliquer qu'après l'élection présidentielle.

21 Comment penser sans Jean Daniel ?

Le Nouvel Observateur prend soin de ses lecteurs. Si son inoxydable éditorialiste Jean Daniel prend quelques jours de vacances, il fait tout pour que cette absence ne prenne pas ses fidèles au dépourvu. Dans sa livraison du 21 juin, en page 48 et en très très gros caractères, de ceux que l'on n'emploie d'ordinaire que pour les publications judiciaires, on peut lire l'encart suivant : « Absent de Paris, Jean Daniel reprendra incessamment ses éditoriaux. » C'est déjà un soulagement. Mais la rédaction tient à offrir une solution alternative, une drogue de substitution en quelque sorte, aux plus accros : « Nos lecteurs, poursuit le communiqué, pourront cependant trouver sa signature dès aujourd'hui, puis le 5 juillet, dans les numéros exceptionnels du *Monde des débats* et du *Nouvel Observateur*, qu'il dirige désormais. »

Et il a tenu promesse, Jean. Cette année, il nous revient, tout bronzé, le 19 juillet. Et que lui est-il arrivé, à Jean Daniel, pendant ces quatre semaines de manque pour ses lecteurs ?

Il est allé en Tunisie éclairer les élites locales. Mais cela, on ne l'apprendra qu'au détour de son papier. Car le grand événement de l'été, celui qui mérite descriptions détaillées et états d'âme, est d'une bien plus haute importance.

Il a reçu une lettre du président Ben Ali « datée du 10 juillet et qui m'a été portée le 12 ». Pas d'impatience, on en connaîtra le contenu exhaustif. « J'ai été, écrit Ben Ali, sensible aux échos positifs qui me sont parvenus au sujet de votre récente visite dans mon pays et des rencontres que vous y avez eues avec vos nombreux amis. » Le chroniqueur entend-il se rebiffer contre cette flatterie de pacotille, qui plus est de la part d'un dirigeant confortablement assis sur les Droits de l'homme ? Non, car l'auteur de la missive se veut, et c'est là l'important, l'ami de cette grande figure de la gauche « intellectuelle ». Il commente : « Correspondance fort civile et qui ne saurait, on le comprend, me laisser indifférent. Non pas seulement parce que le président Ben Ali veut bien souligner plus loin dans sa lettre ma fidélité à l'égard de son pays [...]. Mais parce que cette lettre constitue à mes yeux rien de moins qu'un acte politique intéressant et peut-être davantage.» Rien de moins. Pourquoi? «La première [raison], expose le chroniqueur, c'est le fait même que M. Ben Ali m'écrive.» C'est en effet, en soi, un événement politique d'envergure. Et puis aussi «que le président, en n'excluant pas la possibilité de me rencontrer et même en le souhaitant, s'engage à mes yeux, puisqu'il connaît mes positions, à s'expliquer et notamment, bien sûr, à propos de la question des Droits de l'homme». Le président tunisien s'est donc résolu à provoquer un face-à-face avec un interlocuteur à l'évidence intraitable.

À titre subsidiaire, on apprend que Jean Daniel est rentré pour le Festival d'Avignon. Et là, qu'a-t-il fait? S'est-il contenté, comme les spectateurs ordinaires, de savourer passivement *L'École des femmes* ou *Tartuffe*? Ce serait le sous-estimer. «Avec un ami, dans le mistral glacé d'Avignon, nous n'avons cessé de penser à l'islamisme en entendant Arnolphe enseigner à Agnès les principes et les obligations de soumission que la nature et la bienséance imposent aux femmes.» Le sens de la description et de la mise en situation, l'analogie fulgurante, l'exigence intellectuelle toujours renouvelée: tout y est.

Et ce n'est pas fini. La semaine suivante, Ben Ali est toujours au menu. S'il savait combien une simple lettre fait du profit! Cette fois, dans le numéro daté du 26 juillet, Jean se fait du mal: «Je n'ai pas signé la pétition en faveur du Tadjikistan», confie-t-il au lecteur. Et pourquoi? Pour ne pas brader sa signature, certes, mais aussi parce que… «je ne connais pas le problème». Aveu terrible et coûteux. Mais déjà, le chroniqueur se reprend. «En tout cas, sur des questions comme la Tunisie par exemple, j'ai tout lieu de penser que ma position est plus efficace, moralement et politiquement, que celle de bien des pétitionnaires, ayant suscité l'engagement du président de la République tunisienne d'instaurer une politique "dynamique, démocratique et tolérante".»

On ne lit jamais assez Jean Daniel. Dans la même livraison, il tient à nous faire savoir qu'on ne la lui fait pas avec ces histoires de fonds spéciaux, d'argent liquide, etc. Lui, les fonds spéciaux, il en a touché dès l'après-guerre. Et pas de n'importe qui : de Jeanne Sicard, l'égérie du président du Conseil René Pleven. «1 million de l'époque, calculez combien cela ferait de francs ou d'euros», se rengorge notre receleur, qui se souvient encore, plus de cinquante ans après, être arrivé un quart d'heure en avance au rendez-vous. Et ces fonds-là, étaient-ils sales? Au contraire, ils se vouaient à la littérature, à une petite revue où le jeune penseur, déjà, publiait les plus grands: «Les fonds secrets dont on parle tant, j'ai su très tôt, moi, ce que c'était.» Na!

22 Le lobby des labos

La recherche pharmaceutique est en péril en France! À l'appel du groupe d'études «Médicament et dispositifs médicaux» de l'Assemblée nationale dont il est le président, Jean-Pierre Foucher, député UDF des Hauts-de-Seine, organise un colloque sur ce thème préoccupant au Palais-Bourbon. Parlementaires, chercheurs, médecins, industriels débattent donc du «manque de cohérence de la politique gouvernementale et de la nécessité de prévoir de meilleures incitations financières». Conclusion de cette journée d'intense réflexion: l'État doit impérativement mettre la main à la poche, et aider les laboratoires pharmaceutiques dans leur magnifique effort de recherche. Rien de moins étonnant: les «partenaires» de l'opération (en clair, ceux qui la financent) s'appellent Bayer Pharma,

Pfizer, Aventis, GlaxoSmithKline, AstraZeneca, Servier. Presque tous les grands noms de la pharmacie!

25 Parapluies en plein soleil

L'Afssa (Agence française de sécurité sanitaire des aliments) rend son avis très attendu sur l'abattage sélectif des troupeaux. Question: faut-il continuer à abattre l'ensemble d'un troupeau dès que l'on y découvre une vache folle? Ou limiter l'abattage à un certain nombre d'animaux, comme les descendants et les contemporains? Depuis une semaine, les experts du comité «vache folle» planchent sur la question. En pleine canicule du début d'été, ces avisés spécialistes n'ont pas hésité à ouvrir grand le parapluie. En l'absence de toute donnée scientifique, ils peinent à justifier le maintien d'une mesure maximale. Mais ils répugnent plus encore à s'exposer, dans le futur, à des reproches ou à des poursuites pour avoir agi avec désinvolture. Dominique Dormont, président du comité, n'hésite pas à qualifier cet avis, en privé, de «nid à emmerdes». Résultat: on préconise l'abattage sélectif, mais si sélectif qu'en pratique, il reviendra souvent à abattre tout le troupeau. Ainsi, tout le monde est content.

Le gouvernement, d'ailleurs, choisira lui aussi de rester à l'abri. Le 18 juillet, le ministre de l'Agriculture Jean Glavany maintient l'abattage systématique, en attendant que les experts de l'Afssa donnent un «feu vert explicite».

26 Bob l'impayable

Le revoilà donc au Palais de justice. Mis en examen pour recel de trafic d'influence dans le dossier du financement du PCF, Robert Hue y avait échappé une première fois en octobre 2000, grâce à la récusation in extremis de la présidente du tribunal, Sophie Portier, réclamée au dernier moment par l'avocat de Bob, Me Versini-Campinchi. Là, il parle en dernier, dans un procès où le manque de preuve tangible permet toutes les fantaisies, même les plus risibles. On pense que le Parti communiste a pu être financé par le bureau d'études Gifco? Funeste malveillance. «Le financement peut sembler flou de l'extérieur, alors que tout est transparent et public.» C'est simple, on ne sait pas chercher, voilà tout (voir la suite, le 14 novembre).

Bob avait déjà remporté un joli succès en octobre 2000, en racontant au tribunal le rôle décisif que jouaient les ventes de muguet au 1er mai dans les ressources du Parti: 10 millions de francs. Soit, au prix unitaire de 10 francs, un million de brins vendus: les militants communistes constituent une force de vente imbattable. Il y revient, de manière plus allusive, et esquive d'avance les quolibets· «Pourquoi tout cela est-il parfois tourné en dérision? C'est de l'argent récolté par les militants, quelque chose d'essentiel [...] dans une société ou tout peut s'acheter et se vendre.» Tout, sauf un hiérarque communiste...

28 Moins deux pour la France

L'ONG américaine Transparency International publie pour la septième année consécutive un classement des pays en fonction de leur degré de corruption. Elle place la France au vingt-troisième rang, soit un recul de deux places par rapport à 2000. La Finlande, le Danemark, la Nouvelle-Zélande, l'Islande, Singapour, la Suède, le Canada, les Pays-Bas, le Luxembourg, la Norvège, l'Australie, la Suisse, le Royaume-Uni, Hongkong, l'Autriche, Israël, les États-Unis, le Chili, l'Irlande, le Japon, l'Espagne s'en sortent mieux selon l'indice de perception de la corruption (IPC) mis en place par Transparency International. La France devance de peu (ouf!) la Belgique, le Portugal, le Botswana, Taïwan, l'Estonie et l'Italie.

JUILLET

Les voyages du président Bernolin

C'est le mois des voyages. Question de saison. Question d'actualité surtout. On ne parle plus que des tribulations de « M. Bernolin ». C'est sous ce nom, entre autres, que Jacques Chirac se faisait enregistrer auprès de l'agence de voyages Gondard, lors de coûteux déplacements vers l'Espagne, les États-Unis, l'île Maurice ou le Japon réglés en liquide entre 1992 et 1995. Le tabou a explosé quelques jours plus tôt, le 27 juin. Jusque-là, il n'était question de l'argent liquide des éminences, dans la presse, que de façon incidente. Ou alors par allusions en visant, sans le citer bien sûr, tel ou tel ministre. Quant à prêter au président un comportement indélicat – ou délictueux! –, c'était tout simplement impensable. Même François Mitterrand a échappé jusqu'au bout aux questions gênantes le visant personnellement.

La façon dont le « président Bernolin » a financé ses somptueux voyages est tout à coup posée publiquement, pour la première fois sous la Ve République.

Tout a commencé par une plainte des syndicats d'une compagnie, UTA, absorbée par Air France. Celle-ci visait initialement les billets offerts gracieusement ou à prix d'ami à certaines personnalités. Le juge désigné pour l'instruire a transmis à ses collègues parisiens chargés de l'affaire des commissions sur les marchés d'Île-de-France la partie « Bernolin » du dossier. Un passage de relais qui sous-entend que l'argent liquide (2,4 millions de francs, lors d'un premier décompte) utilisé pour payer ces déplacements pourrait provenir des valises de commissions versées par les entreprises ayant remporté les marchés publics du conseil régional d'Île-de-France. Un fief du RPR jusqu'à la victoire de la gauche en 1998. Les juges Brisset-Foucault, Riberolles et Van Ruymbeke, qui ont entendu le 21 juin l'organisateur des voyages,

LE FIL DES ÉVÉNEMENTS

24 juin
L'Express révèle sur son site Internet que Jacques Chirac est mis en cause par les juges pour avoir réglé en liquide des voyages effectués par lui et certains de ses proches entre décembre 1992 et mars 1995. Montant : 2,4 millions de francs.

1er juillet
Michèle Alliot-Marie, présidente du RPR, au Club de la presse d'Europe 1, définit une priorité inattendue : il faut, dit-elle, « renforcer le statut du président de la République contre la diffamation ».

3 juillet
• Sollicité par les juges, Jean-Pierre Dintilhac, procureur de la République à Paris, rend un rapport adressé au parquet général dans lequel il ne s'oppose pas à la convocation du président de la République en qualité de « témoin assisté ».

Maurice Foulatière, s'apprêtent à convoquer plusieurs bénéficiaires de ces séjours. Parmi eux, Claude, Bernadette et Jacques Chirac, qu'ils envisagent d'inviter en tant que « témoin assisté ». Ce distrayant épisode de la vie politique contribue, malgré la volonté des acteurs, à lever le voile sur deux hypocrisies françaises.

Le silence sur les fonds secrets

Très vite, l'Élysée organise la riposte en évoquant les fonds spéciaux. Cette ligne budgétaire, que les députés votent avec un bandeau sur les yeux, est depuis toujours un tabou de la République. Plus de 400 millions de francs (60 millions d'euros) d'argent liquide qui flottent au sommet de l'État. Une moitié réservée aux services secrets, l'autre répartie à la discrétion du gouvernement. Des sommes qui ne sont soumises ni à un quelconque contrôle ni, a fortiori, à la moindre fiscalité.

Cet argent gris, dont tous les bénéficiaires s'entendent d'ordinaire pour parler le moins possible, devient subitement un alibi pour l'Élysée. Face aux juges, il s'agit de montrer que leur utilisation de manière discrétionnaire est légale, parfaitement légale. Et donc ne regarde pas la justice. Voilà comment les fonds spéciaux deviennent tout à coup «un vrai sujet». Et pendant que l'on parle de cela, on ne parle plus des voyages chiraquiens, se disent finement les communicants de l'Élysée.

Une partie de la presse s'en tient prudemment à cette version hautement improbable (même si au fond d'un coffre-fort situé près des toilettes il est sans doute difficile de distinguer les «Pascal-fonds spéciaux» des «Pascal-commissions occultes»). Lors de son intervention du 14 Juillet, Chirac insiste lourdement sur ces fonds secrets: «Le Premier ministre dispose de sommes considérables en liquide dont il peut disposer librement sans aucun contrôle [...]. Il s'agit de centaines de millions de francs [...]. Matignon a 95 % des fonds et l'Élysée moins de 5 %.» Alors même que l'homme qui prononce cette phrase a été Premier ministre à deux reprises, et n'a pas, en ces temps-là, manifesté la moindre réprobation sur cette «tradition républicaine», il est pénible mais exact de constater qu'il ment.

Il aurait, d'une certaine manière, tort de s'en priver. Lionel Jospin brandit depuis le début de la crise

• **Lionel Jospin demande au premier président de la Cour des comptes de lui rendre, pour l'automne, un rapport sur les fonds secrets.**

7 juillet
L'Élysée consulte ses avocats fétiches, Mᵉ Francis Szpiner, par ailleurs défenseur d'Alain Juppé dans le dossier des emplois fictifs, et Mᵉ Thierry Herzog, conseil de la famille Tiberi, pour envisager les ripostes possibles, après l'annonce des convocations à venir de Bernadette et de Claude Chirac.

9 juillet
Le procureur général de Paris Jean-Louis Nadal, supérieur hiérarchique de Jean-Pierre Dintilhac, conteste aux juges la possibilité de convoquer le président de la République en soulignant les «risques d'irrégularité» qui pourraient en résulter.

10 juillet
Maurice Ulrich, conseiller à l'Élysée et participant, avec sa

famille, à un voyage à l'île Maurice pour un montant de plus de 300 000 francs, est entendu par les juges. Il affirme avoir géré pour le compte de Jacques Chirac le reliquat de fonds spéciaux gouvernementaux, après le départ de son patron de l'Hôtel Matignon, en mai 1988. Les liasses de billets étaient, selon lui, entreposées dans un coffre à la mairie de Paris. Mais la « tradition républicaine », assure-t-il, lui interdit d'en dire plus.

11 juillet
Claude Chirac est à son tour entendue, à 8 heures du matin, par les juges Marc Brisset-Foucault et Renaud Van Ruymbeke.

12 juillet
Le Monde publie le témoignage de Jean-Claude Laumond, qui fut pendant vingt-trois ans le chauffeur de Jacques Chirac : « Des enveloppes, j'en ai transporté pas mal, mais je ne savais pas ce qu'il y avait dedans [...]. Je faisais la livraison sans chercher

« la tradition républicaine » pour maintenir l'omertà sur le sujet. Le secret, une fois de plus, a favorisé le mensonge. Et le mercredi suivant, juste après le Conseil des ministres, les services du Premier ministre faxent aux rédactions un communiqué officiel sur la répartition des fonds spéciaux, dont l'Élysée touche tout de même près de... 30 %.

Comme toujours en France, il aura fallu une crise importante au sommet de l'État, avec mises en cause réciproques des têtes de l'exécutif, pour que la vérité commence à éclater.

La botte secrète : « pas d'enrichissement personnel »

Depuis que les « affaires » viennent perturber la vie de nos élus, c'est une sorte de mot clé, un brevet de moralité auto-attribué : « pas d'enrichissement personnel ». On a piqué dans la caisse, certes, mais pour le bien public, pour financer le parti, organiser des meetings, payer des campagnes électorales. Voilà tout. Pas pour s'acheter des duplex en plein cœur de Paris ou des villas sur la Côte d'Azur. Encore moins des châteaux en Corrèze, cela va de soi.

L'argument, que les commentateurs politiques psalmodient depuis des années, ne résiste pourtant pas à l'analyse. D'abord, s'assurer une réélection par des moyens frauduleux revient à s'acheter une position et un revenu pour le futur. Ensuite, rien ne permet d'assurer la «traçabilité» de l'argent noir. Enfin et surtout, l'étanchéité entre ce qui est «personnel» et le reste n'est qu'une vue de l'esprit.

«Notre secteur se chargeait largement de la ligne budgétaire "transports aériens" pour les politiques, se souvient un ancien patron de l'industrie pharmaceutique. Certains soirs, il y avait trois avions alignés par nos soins au Bourget. C'était pour rejoindre les villes de meetings. Mais d'autres fois, "on" a vu des demandes concerner un week-end de golf à Marbella!»

Pierre Botton, ancien dispensateur de faveurs envers le monde politico-médiatique, s'est souvenu opportunément avoir «offert» à Claude Chirac un déplacement en avion privé pour Courchevel, le week-end: enrichissement personnel de la famille, ou pas? L'argent liquide des voyages chiraquiens, quelle que soit sa provenance: enrichissement personnel, ou non? «Il y a bien une différence entre le fait – légitime – de vivre aux frais de la République parce

à en savoir plus.» Écarté de l'entourage «par Bernadette Chirac», l'ancien chauffeur ajoute: «Quand vous avez vécu vingt-trois ans là-dedans, si vous n'avez pas compris ce qui s'y passe, c'est que vous êtes un con.»

14 juillet
Intervention de Jacques Chirac depuis l'Élysée. Le président, interrogé «sans complaisance» par trois journalistes de télé, Béatrice Schönberg, Élise Lucet et Patrick Poivre d'Arvor, s'efforce de ne pas répondre à la seule question délicate qui lui est posée, sur la provenance des millions en liquide et de leur éventuel lien avec des commissions occultes. Le montant avancé par les juges, 2,4 millions, est selon lui sans commune mesure avec la réalité. Il n'aurait pas résisté à un examen sérieux et aurait fait «pschitt», selon l'onomatopée présidentielle.

17 juillet
La justice a une bonne et une mauvaise nouvelle pour l'Élysée. La bonne, c'est que les juges

ont suivi l'avis du procureur général Jean-Louis Nadal et se sont déclarés incompétents. La mauvaise, c'est qu'une expertise judiciaire remise à ces magistrats corrige effectivement le montant des voyages payés en liquide, mais... à la hausse : 2,7 millions de francs.

18 juillet

• Jean-Pierre Dintilhac, procureur de la République à Paris, fait appel de l'ordonnance d'incompétence rédigée par les juges.

• Lionel Jospin rend publique la répartition des fonds spéciaux, dans ses grandes masses, afin de contrer l'affirmation de Jacques Chirac selon laquelle l'Élysée ne recevrait que 5 % de cette manne.

• En marge d'une conférence de presse, Yves Guéna, président du Conseil constitutionnel et ancien ministre gaulliste, précise par avance qu'en vertu de l'article 62 de la Constitution, toute décision de la Cour de cassation qui autoriserait l'audition du président de la République comme témoin

que vous la servez et l'habitude – illégitime – de s'enrichir à ses dépens comme si elle vous appartenait», écrit Jean-Marie Colombani, directeur du *Monde*, dans son éditorial du 14 juillet intitulé «Morale publique».

Alors qu'elles sont – à juste titre – si attachées au respect d'une frontière stricte entre vie publique et vie privée, un merveilleux bouclier, nos éminences ont la douloureuse habitude de tout mélanger dès lors qu'il s'agit de leur vie quotidienne. Et de l'argent des contribuables. Claude et Bernadette ont bénéficié des voyages organisés de M. Foulatière. Vie publique ou vie privée ? Cela dépend : étaient-ce la conseillère en communication et l'élue de la Corrèze qui accompagnaient ainsi le grand homme, ou bien sa fille et sa femme ?

Le président, lui, a son idée sur la question. Le voyage en Concorde qu'il a effectué à New York en compagnie de sa fille et de son garde du corps est à ses yeux un voyage de travail avec de nombreux rendez-vous, notamment avec des professionnels de la communication. Fort bien. Mais pourquoi, confronté à une question gênante – ce fut bien la seule – de Patrick Poivre d'Arvor

(«Pouvez-vous nous assurer que cet argent ne provenait pas de commissions occultes prélevées sur les marchés d'Île-de-France?»), Jacques Chirac se contredit-il si grossièrement? Après avoir utilisé la grosse ficelle («Je vais répondre à cette question fondamentale»), il fuit à grandes enjambées vers… le droit de tout être humain, fût-il président de la République française, au respect de sa vie privée. Et pour dire quoi? Qu'il s'est senti «blessé» lorsque les juges ont convoqué sa fille, notamment pour évoquer le voyage à New York. Personne n'a jugé bon de relever : à l'orée du troisième millénaire, la vieille ficelle de la vie privée est encore inusable.

Il est quand même quelques commentateurs pour trouver que cela fait beaucoup. Mais la plupart, comme c'est bizarre, sont étrangers. La presse anglo-saxonne se déchaîne, mais l'article le plus drôle, repéré par *Courrier international*[3], est publié dans *Le Devoir* de Montréal. Sous le titre «Jacques Chirac a bien de la chance de pouvoir se taire», son auteur, Christian Rioux, s'amuse d'avance de l'interview télévisée du 14 Juillet: «Ce jour-là, la tradition

serait inconstitutionnelle, à cause de la décision du 22 janvier 1999, selon laquelle, «pendant la durée de ses fonctions», la responsabilité du chef de l'État ne peut être mise en cause que devant la Haute Cour de justice. On dit merci Roland. C'est en effet sous la présidence de Roland Dumas qu'avait été rendu par le Conseil constitutionnel cet extravagant avis, alors que personne ne lui demandait rien. Or, l'article 62 stipule que «les décisions du Conseil constitutionnel s'imposent aux pouvoirs publics et à toutes les autorités administratives et juridictionnelles».

19 juillet
La Cour de cassation annonce qu'elle statuera, en assemblée plénière, le 5 octobre, sur la possibilité de convoquer le chef de l'État. Il ne s'agit cependant pas d'une réponse rapide à la controverse qui oppose Jean-Pierre Dintilhac et Jean-Louis Nadal, mais de la gestion d'un autre dossier judiciaire intéressant de près Jacques Chirac,

celui de la Sempap, une société d'économie mixte qui gérait les travaux d'imprimerie à la mairie de Paris, suspectée d'avoir été le théâtre de nombreux détournements. Un citoyen parisien, partie civile dans cette affaire, avait réclamé l'audition de Jacques Chirac, demande refusée par la cour d'appel de Paris le 29 juin précédent.

20 juillet
Les juges Armand Riberolles et Marc Brisset-Foucault demandent au bureau de l'Assemblée nationale la communication des déclarations de patrimoine de Jacques Chirac, pour la période 1988-1995.

24 juillet
Le conseiller politique du RPR et député des Hauts-de-Seine, Patrick Devedjian, avec l'intention manifeste de calmer le jeu, tient ces propos en forme de lapsus: «Cette polémique ne nous gêne pas. Ça nous est égal. Il n'y a rien dans ces déclarations de patrimoine.»
«Et vive l'omertà!» aurait-il pu ajouter dans son élan.

veut que, dans un irrépressible élan de transparence républicaine, le président daigne répondre en direct aux questions que se pose le bon peuple. Mais il faut tout de même respecter le décorum. Les modalités de l'entrevue sont négociées des semaines à l'avance.»

Mais ces chroniqueurs puritains n'ont rien compris. Car la vérité, toute simple, nous vient des journalistes politiques français. *Le Point* balaie toutes ces arguties avec grandeur d'âme. L'hebdomadaire consacre sa couverture à Jacques Chirac. Le titre: «Un président inusable». Youpi!

Hervé Algalarrondo, lui, va plus loin. Dans les colonnes du *Nouvel Observateur*, ce journaliste donne une réponse très personnelle à toutes ces questions malsaines sur le liquide et les voyages. Une clé à laquelle personne, bêtement, n'avait songé: Chirac est trop vieux. Il est d'une autre génération. Celle qui ne sait pas utiliser une Carte bleue, qui ne fait pas confiance à l'argent électronique, bref, qui se refuse au monde virtuel. Voilà qui explique l'accumulation de ces liasses. Pour les incrédules, extraits: «Jacques Chirac a commencé sa carrière en un temps où l'argent liquide était le mode de règlement ordinaire des hommes politiques. Il a simplement continué.» Et de citer le témoignage d'un député RPR: «Juste avant la présidentielle de 1995, j'ai déjeuné avec Jacques Chirac dans un restaurant parisien où il avait invité une dizaine de parlementaires. Quelle n'a pas été ma surprise, au moment de régler, de le voir sortir une grosse liasse de billets! Je lui ai dit qu'il aurait intérêt à être plus prudent, à utiliser une carte de crédit, comme tout le monde. Sa réponse m'a sidéré: "Une carte de crédit? Mais c'est terriblement compliqué!" » N'épargnant pas sa peine, Hervé Algalarrondo poursuit son investigation à l'Élysée, auprès d'un collaborateur du président. Et que lui révèle son interlocuteur? «L'autre jour, il a voulu faire des emplettes sur Internet. À un moment, l'ordinateur lui a demandé un numéro de carte. Il a aussitôt interrompu l'opération.» Dommage, mais l'ordinateur qui accepte le liquide n'a pas encore été inventé. Et de conclure, impitoyable, sur l'amalgame qui tue: «Charles Pasqua appartient à la même génération[4].»

Cette polémique, inhabituelle, aura tout de même débouché sur un résultat qui n'est pas mince. Soumis à la pression de Chirac – brusquement très pressé de réformer le système – et à celle de quelques parlementaires – surtout le député radical de gauche Alain Tourret qui l'interroge sur ce sujet à l'Assemblée nationale –, Jospin a dû céder. Quatre mois plus tard, il fera voter un amendement supprimant les fonds secrets dont il considère encore, en ce mois de juillet, qu'ils sont indispensables au fonctionnement de la démocratie. Comprenne qui pourra!

AOÛT

1er Bity Story

Ce «reality show» va durer tout le mois d'août. Mais, au début, de manière assez confidentielle. Le scénario ne manque pourtant pas de ressort: «Le châtelain Chirac faisait aussi casquer la Fondation

Pompidou», révèle *Le Canard enchaîné* de ce mercredi. La Fondation Claude Pompidou (trésorier : Jacques Chirac), qui vient en aide aux handicapés mentaux et aux personnes âgées, a déboursé 500 000 francs de l'époque, soit 213 000 euros (1,4 million en francs constants) pour acquérir un terrain de 5 hectares en Corrèze, près du château de Bity (propriétaire : Jacques Chirac). Un terrain qui devait initialement être vendu à une municipalité de Seine-Saint-Denis, afin d'y installer une colonie de vacances. La perspective de ce voisinage aurait-elle poussé les châtelains à trouver, de toute urgence, un autre acquéreur ? Le prix exorbitant déboursé par la Fondation Claude Pompidou s'expliquerait-il par la surenchère qu'a pu encourager l'ancien propriétaire ? C'est ce qu'affirme *Le Canard enchaîné*, documents à l'appui.

«Les Chirac ont bénéficié de l'argent versé pour les "vieux" de la mairie de Paris», poursuit *Le Canard enchaîné* de la semaine suivante. À partir de 1978, le conseil de Paris (maire : Jacques Chirac) a plus que doublé les subventions versées à la Fondation Claude Pompidou (trésorier : Jacques Chirac) : 175 000 francs en 1976 et 1977, 350 000 francs en 1978 et 1979, 500 000 francs en 1980 et 1981.

C'est gros. C'est énorme. Le président de la République est soupçonné d'avoir, dans une vie antérieure, utilisé ou fait utiliser de l'argent destiné aux personnes âgées pour élargir son périmètre de tranquillité. C'est gros, mais rien ne se passe. L'Élysée choisit de ne pas répondre au *Canard enchaîné* et de ne pas réagir du tout. Après tout, pourquoi se gêner ? Car il se trouve que l'ensemble de la presse française, pourtant en mal de sujets pour remplir ses journaux en cette trêve estivale, ne donne aucun écho à cette remarquable enquête.

Si l'on n'est pas lecteur du *Canard enchaîné*, il faut s'informer auprès des journaux anglo-saxons pour connaître l'histoire des châtelains de Bity. Le *Herald Tribune* du 10 août publie un article intitulé : « Chirac doit faire face à des interrogations sur l'achat d'un terrain par une association. Le champ qui jouxte son château n'a pas été utilisé. » En effet, la Fondation n'a pas décidé, finalement, d'y construire un centre de vacances pour personnes âgées ou handicapés mentaux. Étonnant, non ?

Le plus surprenant, c'est encore ce silence obstiné des journalistes français. La BBC le trouve si intrigant qu'elle décide d'y consacrer un sujet : pourquoi personne ne reprend la « Bity Story » ? Le problème, c'est que les reporters britanniques ne trouvent, dans les rédactions, personne pour répondre à leurs questions à visage découvert. L'un de leurs interlocuteurs leur explique, ainsi, que la plupart des journalistes d'investigation préfèrent entretenir des relations privilégiées avec quelques « sources judiciaires », relater les instructions en cours, essayer d'arriver en tête dans la « course au procès-verbal » plutôt que de s'intéresser à une enquête originale, qui ne s'appuie pas sur une procédure.

Finalement, autour du 15 août, quelques articles commencent à paraître. Mais silence toujours à l'Élysée. Jusqu'à ce que *Paris Match*, qui s'était illustré par un reportage irrévérencieux un été précédent sur les vacances de nababs des Chirac à l'île Maurice, publie une interview de Claude Pompidou, envoyée en service commandé pour éteindre l'incendie. « Vous connaissez Jacques Chirac, assure bravement Mᵐᵉ Pompidou, il cherche toujours à rendre service, il prend tout le monde dans ses grands bras et ses grosses mains. » Mais alors, qui les grands bras et les grosses mains ont-ils voulu secourir ?

2   Surtout pas de noms!

Publié comme chaque année au creux de l'été, l'austère
«Rapport annuel à l'intention du gouvernement et du
Parlement du Comité du contentieux fiscal, douanier et
des changes» était cette fois attendu par les initiés. Après
l'affaire de la coquette remise d'impôt de 40 millions de
francs accordée par Dominique Strauss-Kahn, alors ministre de l'Économie, au célèbre couturier Karl Lagerfeld, on
allait enfin savoir les noms des heureux contribuables ayant
bénéficié d'une remise gracieuse d'impôt au cours de l'année
précédente.

Présidé par un conseiller d'État honoraire et composé de
magistrats et hauts fonctionnaires, le Comité doit en effet
donner son avis au ministre pour les remises d'impôt supérieures à 1,1 million de francs (les «petites», si l'on ose
dire, relevant de la compétence du directeur départemental
des impôts). Mais ces honorables conseillers sont de vraies
tombes: aucune information supplémentaire ne sera com-
muniquée sur les dégrèvements fiscaux; prière de se reporter
au rapport, publié fin juillet. L'ennui, c'est que ce document
se contente de nous indiquer que 117 dossiers de plus de
1,1 million de francs sont passés en un an sous les yeux du
ministre de l'Économie. Mais rien n'est dit sur le nombre
de dossiers acceptés, sur les raisons pour lesquelles certains
contribuables ont obtenu gain de cause et d'autres non, et,
bien évidemment, sur leur identité. Finalement, pourquoi
publier un rapport?

9   Crise de transparence

Tout finit par arriver. Après avoir refusé pendant des
années de communiquer la nature et les emplacements
exacts des parcelles plantées en OGM (organismes généti-
quement modifiés), le ministère de l'Agriculture se lance

dans une politique de transparence. Ou du moins dans une stratégie de communication qui en a toutes les apparences.

Le ministère organise donc la première réunion de concertation destinée à élaborer un «projet de charte sur la transparence des essais OGM». «Les pouvoirs publics, annonce fièrement le communiqué officiel, ont décidé d'améliorer le dispositif actuel, notamment en matière de consultation et d'information du public sur le sujet. Il est en effet essentiel de répondre aux aspirations à un renforcement de la transparence.» Il est surtout essentiel de donner le change après l'avis rendu public le 23 juillet par l'Agence française de sécurité sanitaire des aliments (Afssa). Un titre franchement rébarbatif: «Avis relatif à l'évaluation en termes de santé publique de la signification d'un signal > 0 de 0,2 % par une sonde 35S et du risque éventuel lié à la présence de semences de maïs OGM non identifiées, au regard notamment des taux de présence observés et de la fréquence des cas.» Mais un contenu explosif: sur 112 échantillons de semences de colza, de maïs et de soja examinés par les experts de l'Afssa, 19 contiennent des «traces» d'OGM. Et 41 % des prélèvements de maïs étaient ainsi contaminés. Autrement dit, la «dissémination» suspectée est bien une réalité.

Benoît Hopquin, journaliste au *Monde*, détecte cette information capitale bien cachée derrière l'intitulé abscons. L'avis de l'Afssa fait la Une du quotidien et devient donc un événement. Coup de chance, le même jour, le ministère annonce sa fameuse charte. Las! La Confédération paysanne décide de boycotter la première réunion, qu'elle qualifie de «mascarade de concertation». Ce n'est pas chic pour la haute administration et tous les nouveaux convertis à la transparence qu'il abrite. Car ils ont vraiment des idées épatantes: «Un dispositif fondé sur l'utilisation de l'Internet a été conçu, explique joyeusement le communiqué officiel. Il sera disponible dès l'automne avec la possibilité pour les internautes de poser des questions ou de donner leur avis sur chaque dossier au travers d'un formulaire.» Voilà une chouette initiative : une «foire aux questions» permanente sur les aliments transgéniques, avec, pourquoi pas, Jean Glavany en direct une heure par semaine, pour «chatter» avec la ménagère de moins de 50 ans. C'est sûrement ce qu'on appelle, chez les étouffeurs, la «démocratie directe».

24 Exhumation provisoire

Ça s'en va et ça revient... Au terme d'un été poussif, où il n'est pas toujours facile de remplir les journaux, *France-Soir* consacre sa Une à une information «exclusive» : «Corruption en Corse : le rapport qui accable». Il est question d'un document, fort instructif, rédigé par Bernard Legras, alors procureur général de Bastia, sur la corruption, le financement occulte et le rôle des mafias en Corse. Un recueil bien encombrant, qui pose quelques petits problèmes.

Remis en août 2000 à Élisabeth Guigou, alors garde des Sceaux, ce texte de plus de 100 pages semble dormir, depuis, dans les tiroirs de la chancellerie. Parce qu'il n'offre aucun intérêt ? Au contraire, on y apprend plein de choses. Sur la fraude électorale, et ce village où 27 votants sur 91, d'après les registres électoraux, se sont déplacés pour une cantonale alors qu'ils résident habituellement en Afrique. Un sens civique émouvant ! Sur les marchés publics, sur les liaisons dangereuses des nationalistes avec le grand banditisme, sur l'influence des petites mafias locales et de la grande Mafia voisine. Impossible, donc, de ne pas considérer que ce rapport a été tout simplement enterré pour cause de négociation des accords de Matignon, depuis laquelle il est impossible d'aborder les sujets qui fâchent, autrement dit les sujets intéressants.

Second problème : ce document n'est pas le premier du genre. Élisabeth Guigou, quand elle était garde des Sceaux, a déclaré à la commission d'enquête parlementaire du Sénat sur la Corse qu'il n'existait aucun rapport sur les mafias en Corse. Ce n'était pas tout à fait exact. Au milieu des années 90, le procureur général de Bastia, Christian Raysséguier, avait rédigé pour la chancellerie une somme très instructive sur ce thème délicat. Peut-être s'est-elle perdue dans les bureaux. Mme Guigou a dû en commander une autre, qui apporte quelques éléments inédits, notamment sur la fameuse bande de « La Brise de mer ». Et elle s'est encore égarée, à l'évidence !

Dans ce rapport, Bernard Legras regrette enfin que Roger Marion, ancien patron de la DNAT (Direction nationale antiterroriste) aujourd'hui numéro 2 de la police judiciaire, ait refusé à plusieurs reprises de lui fournir des documents, notamment un rapport pourtant cité dans *Le Monde*. Bernard Legras téléphone à Roger Marion, puis lui écrit. Sans succès selon lui. « Je ne peux, écrit Bernard Legras à Élisabeth Guigou, que m'en remettre à l'autorité de votre chancellerie pour résoudre le problème ainsi posé. » Depuis, pas de nouvelles. Roger Marion est toujours numéro 2 de la PJ. Mis en cause de manière très précise, il n'a jamais réagi. Bernard Legras a été appelé à de nouvelles fonctions, il n'a jamais été démenti. Et « le problème ainsi posé », lui, est toujours intact.

30 Alain tout seul

Il nous aura fait passer un été distrayant, le très furtif candidat des Verts. À la fois gaffeur (sur l'amnistie en Corse, y compris pour les auteurs de crimes de sang) et invraisemblablement infatué de lui-même, il a réussi, en moins de deux mois, à affoler ceux-là mêmes qui l'ont fait élire devant Noël Mamère, à commencer par l'entourage de Dominique Voynet.

L'idée géniale qui naît pendant l'université d'été, dans les pâturages jurassiens, c'est de doter Alain le polytechnicien d'une autonomie plus que limitée. Autrement dit, de le soumettre à la triple télécommande de Voynet, Mamère et Cohn-Bendit. Lipietz, à qui ses amis ont déjà fait remarquer que, depuis sa désignation, il ne s'appartient plus lui-même, deviendrait ainsi le premier candidat à la présidentielle totalement piloté à distance.

Cette sympathique illusion d'optique aurait pu fonctionner sans le franc-parler de Daniel Cohn-Bendit qui refuse, ce jeudi, de faire partie de la « task force » du Vert prétendant à l'Élysée. Sur le thème : les Verts l'ont voulu, les Verts l'ont eu. Et qu'on ne compte pas sur moi pour jouer les cosmétiques.

La presse, curieusement, a peu relayé cette déclaration, inhabituellement directe et empreinte de vérité pour un responsable politique. La suite montrera pourtant qu'elle avait toute son importance.

SEPTEMBRE

1ᵉʳ Inusable amnistie

Le clou du spectacle, chez les Verts, ce fut cette histoire d'amnistie pour les « prisonniers politiques corses » (en dialecte nationaliste dans le texte).

Résumé des épisodes précédents : au début du mois d'août, lors des journées de Corte, Jean-Luc Bennahmias, ancien secrétaire national des Verts, estime publiquement qu'en fin de processus, les accords Matignon devraient déboucher sur une amnistie incluant éventuellement les auteurs de crimes de sang. C'est la panique dans l'entourage du Premier ministre, où l'on évite soigneusement le sujet depuis le début. C'est l'empoignade chez les Verts, Voynet désavoue, Lipietz persiste…

Jusqu'à leur conseil national qui, ce 1er septembre, vote une motion de compromis excluant l'amnistie pour les crimes de sang sans vraiment l'exclure.

Les Verts promeuvent donc une institution française qui a beaucoup servi, tant à écarter efficacement du débat public les sujets que l'on estime scabreux qu'à acheter, souvent sans contrepartie, la paix dans certains confettis de l'empire, hier la Guadeloupe, aujourd'hui la Corse.

Le pardon des offenses n'est pas une revendication nouvelle au pays de Jean-Guy Talamoni et de tous ceux qui, avec lui, se refusent à condamner explicitement les assassins du préfet Érignac.

En août 1981, François Mitterrand innove puisque la loi d'amnistie consécutive à l'élection présidentielle s'applique, pour la première fois, à des personnes condamnées pour des actes terroristes : Antillais, Basques, Bretons, Corses, et 18 membres d'Action directe. Cette opération exclut les auteurs de crimes de sang. Mais le gouvernement se rattrape six mois plus tard, avec l'adoption, au printemps 1982, de la loi dotant la Corse d'un «statut particulier», assorti d'un grand pardon pour les auteurs de crimes ou d'assassinats : «Sont amnistiées toutes infractions commises antérieurement au 23 décembre 1981 à l'occasion d'événements d'ordre politique ou social en relation avec la détermination du statut de la Corse lorsque les auteurs ne peuvent se prévaloir des dispositions de la loi n. 81-736 du 4 août 1981 portant amnistie», expose l'article 50 de la loi n. 82-214 «portant statut particulier de la région de

Corse». Une session de rattrapage pour criminels, en quelque sorte.

Le 10 juillet 1989, nouvelle amnistie. Les candidats sont nombreux, puisque la violence n'a en rien cédé en Corse. À l'Assemblée nationale, on discute de la Guadeloupe et de la Martinique : amnistie pour les infractions «commises à l'occasion d'événements d'ordre politique ou social en relation avec une entreprise tendant à soustraire à l'autorité de la République le département de la Guadeloupe ou celui de la Martinique». Mais «à condition que ces infractions n'aient pas entraîné la mort ou des infirmités permanentes ou qu'elles ne soient pas constituées, sur la personne d'agents de la force publique, dans l'exercice ou à l'occasion de l'exercice de leurs fonctions, par des coups et blessures volontaires ou des tentatives d'homicide volontaire» (loi n. 89-473, article 1er).

Exclusion, donc, des crimes de sang. Mais embarquement impromptu des détenus corses sur le grand vaisseau du pardon. Sous la pression conjuguée des députés de gauche Émile Zuccarelli et de droite José Rossi, se glisse un article 2 ainsi rédigé : «Sont amnistiées, sous la condition prévue à l'article 1er, les infractions commises avant le 14 juillet 1988 à l'occasion d'événements d'ordre politique et social en relation avec une entreprise tendant à modifier le statut de la Corse.» Saluons au passage toute l'inventivité euphémistique du langage législatif, pour lequel le terrorisme devient une «entreprise tendant à modifier le statut de la Corse». Ainsi formulée, aucun doute que l'amnistie deviennne une petite formalité sans conséquence!

Les amnisties n'ont pas seulement servi, dans les dernières années, à accompagner la lâcheté d'État. Elles ont été aussi d'efficaces compagnes de route de l'omertà. Ce fut, sous la IVe République, le voile pudique jeté sur les faits de collaboration, avec, entre autres, les lois du 9 février 1949, du 5 janvier 1951, du 20 février 1953, etc.

Survint la guerre d'Algérie, puis l'avènement de la Vᵉ République. Au fil des ans, les textes s'empilent dans les colonnes du *Journal officiel*: le décret du 22 mars 1962, puis les lois de 1964, de 1966 élargissent progressivement le bénéfice de l'amnistie aux acteurs du putsch d'Alger.

Il serait fâcheux d'oublier le plus bel exemple d'amnistie, qui concerne le financement politique occulte. Citons, pour mémoire, la loi n. 90-55 « relative à la limitation des dépenses électorales et à la clarification du financement des activités politiques (*sic*) », dans son article 19 : « Sauf en cas d'enrichissement personnel de leurs auteurs, sont amnistiées toutes infractions commises avant le 15 juin 1989 en relation avec le financement direct ou indirect de campagnes électorales ou de partis et de groupements politiques... » On a pu constater, depuis, à quel point l'objectif de « clarification » évoqué dans ce texte a été atteint.

4 Cuisine à l'étouffée

Tout le monde sait que nos chefs d'État, de gouvernement et de partis sont des maîtres queux dont la spécialité, les « affaires à l'étouffée », fait partout des envieux. Ce qu'on ne pouvait deviner, c'est que la presse gastronomique leur tresserait des lauriers.

À huit mois de l'élection présidentielle, les magistrats de la chambre d'accusation de la cour d'appel de Paris dessaisissent le juge Éric Halphen de l'affaire dite des HLM de la ville de Paris qui menaçait directement Chirac. Un dessaisissement, c'est grave. Quelle terrible faute le magistrat a-t-il commise? Un vice de procédure. Qui nécessitait, peut-être, une annulation d'une partie du dossier. Mais un dessaisissement!

C'est énorme. On attend quelques papiers racontant, analysant la sanction disproportionnée infligée à ce magistrat. Parce que ce « mal élevé » a osé envoyer une convocation à l'Élysée ?

Loin de se récrier, *Le Monde*, journal de référence des Français bien élevés, bat des mains. Extraits : « Par [sa] décision, l'institution judiciaire adresse en réalité à ses détracteurs une leçon de déontologie [...]. En sanctionnant Éric Halphen, la cour d'appel de Paris fait litière du soupçon qu'elle serait l'instrument d'opérations *politiciennes*. Elle apporte la démonstration que l'institution judiciaire n'a nul besoin de conseils et encore moins de consignes du pouvoir exécutif pour faire respecter les règles de la procédure. »

Cet éditorial parle là du dessaisissement d'un magistrat qui, de 1994 à 2001, a été le pire cauchemar du RPR, de celui qui est allé le plus loin dans les investigations, quel que soit le rang des personnes qu'il trouvait dans sa procédure. Les emplois fictifs du RPR ? C'est lui qui les a découverts, même si sa « hiérarchie », comme dit *Le Monde*, ne l'a pas laissé instruire cette affaire. Les HLM des Hauts-de-Seine ? Lui aussi. Tout comme l'affaire des « emplois fictifs du département de l'Essonne », et une partie de celle des « marchés truqués de la région Île-de-France ».

Ce magistrat a été victime de plusieurs tentatives de déstabilisation. Mais c'est finalement la moins spectaculaire, la rumeur, qui l'a tué symboliquement. Très tôt, les avocats de la mairie de Paris, ceux du RPR, ceux de Jacques Chirac (ce sont parfois les mêmes) se sont employés à accréditer l'idée que ce juge était mauvais, qu'il était paresseux, qu'il ne connaissait rien à la procédure. Les révélations posthumes de Jean-Claude Méry ont montré que, sur le fond au moins, Éric Halphen ne s'était pas du tout trompé.

Un dessaisissement. Les stratèges judiciaires de Jacques Chirac n'en demandaient pas tant. Ils réclamaient une simple annulation. Car ils savent que tous les juges d'instruction font des erreurs de procédure. Un autre magistrat (voir 7 novembre) devra désormais lire les milliers de pages qui lui seront transmises pour commencer à y voir clair. *Le Monde* appelle cela « une leçon de justice ».

10 Affaires pharmaceutiques

Les plus prestigieuses publications médicales du monde ont décidé de demander aux chercheurs qui signent des articles dans leurs colonnes de déclarer leurs liens éventuels avec l'industrie pharmaceutique. C'est la revue *Nature* qui a lancé le mouvement à la fin du mois d'août. Treize autres périodiques, notamment *The Lancet, The New England Journal of Medicine, The Journal of the American Medical Association (JAMA)*, lui ont emboîté le pas. Ils publient un éditorial commun qui dénonce l'influence de l'industrie pharmaceutique sur les essais cliniques effectués et les études publiées sur les médicaments.

Explication : les groupes pharmaceutiques financent 80 à 90 % des essais cliniques effectués sur une molécule. Sans leur argent, la plupart des laboratoires de recherche publique et des grands services hospitaliers, en France, ne pourraient plus fonctionner (voir l'interview de Pierre Meneton, p. 273). Dans de nombreux cas, les chercheurs les plus médiatiques (ce que l'industrie pharmaceutique appelle « les leaders d'opinion ») sont eux-mêmes fort bien rémunérés comme « consultants ». Mais quand ils publient le résultat d'une recherche, ils se signalent plus volontiers comme directeur de recherche, chef de service hospitalier ou professeur d'université que comme expert rémunéré par la société X qui produit le médicament Y dont il est justement question dans l'article. Les cas de figure sont infinis mais l'idée générale reste identique. Or, ainsi que le souligne justement l'éditorial commun, «la publication de travaux de recherche clinique dans des revues à comité de lecture réputé sert de référence à la majorité des décisions thérapeutiques». Bref, ces articles sont pris très au sérieux par les médecins. D'où le danger.

Cet événement important contribue à transformer 2001 en *annus horribilis* pour l'industrie pharmaceutique. Il y a d'abord, en mars, la retraite en rase campagne opérée par les grands labos en procès avec l'Afrique du Sud sur la question des médicaments génériques contre le sida. Quelque temps plus tard, Bayer est contraint de retirer du marché la cérivastatine, un médicament anti-cholestérol qui a, dans des cas de mauvaise association médicamenteuse, conduit certains de ses consommateurs à la mort. Et puis ces journaux de grande réputation qui disent enfin tout haut la vérité sur les liaisons rémunérées de certaines sommités avec les grands laboratoires.

Et les tourments continuent. John Le Carré publie au Seuil cet automne *La Constance du jardinier*, best-seller qui diabolise à souhait l'industrie pharmaceutique. Ce livre met en scène un diplomate placide dont la jeune et belle épouse meurt assassinée dans la brousse africaine. Le mari désespéré et opiniâtre remonte jusqu'à un grand laboratoire qui rançonne les gouvernements, corrompt les chercheurs, utilise des cobayes humains et élimine les curieux. John Le Carré, prudent et avisé, prend ses précautions en fin d'ouvrage: «En ces temps maudits où les avocats dirigent le monde, je dois multiplier les démentis, en l'occurrence totalement sincères. Aucun personnage de ce roman, aucun organisme ni aucune société, Dieu merci, ne m'a été inspiré par une personne ou une organisation existante.»

Pourtant, quelques lignes plus bas, il évoque le cas de «chercheurs en médecine hautement qualifiés ayant osé contredire leurs mécènes pharmaceutiques et qui, pour leur peine, se sont fait exécuter ou vilipender».

Fiction? À l'heure où John Le Carré écrivait ces lignes, un chercheur en psychiatrie britannique, David Healey, était renvoyé de l'université de Toronto, au Canada, où il dirigeait le Center for Addiction and Mental Health (CAMH). Sa faute? Avoir donné une conférence très critique sur l'industrie pharmaceutique, au cours de laquelle il disait sa conviction que les antidépresseurs de la famille du Prozac peuvent induire des pulsions suicidaires. «Il apparaît, lui écrivait la direction de l'université, que vous n'êtes pas adapté au rôle de leader d'un programme universitaire... Cette conviction est étayée par la conférence que vous avez donnée récemment au CAMH dans le cadre d'une journée académique.» Or, il se trouve que le producteur du Prozac, Eli Lilly, est le principal sponsor du CAMH. Si personne ne suggère que le groupe soit intervenu pour obtenir le scalp de David Healey, beaucoup de commentateurs estiment, dans la presse spécialisée anglo-saxonne, que l'université, soucieuse de son équilibre financier, est allée au-devant, et peut-être au-delà, des désirs de son principal bienfaiteur.

Mais ce genre d'histoires, les journaux médicaux français n'en parlent jamais. Pas plus qu'ils n'évoquent les plaintes déposées en 2001 aux États-Unis concernant les effets secondaires de plusieurs antidépresseurs. C'est dommage: ces publications sont une des principales sources d'information de la plupart des médecins français, qui les reçoivent gratuitement puisqu'elles sont financées par... la publicité de l'industrie pharmaceutique: «Souriez, vous êtes informés.»

13 Jean-Pierre Elkabbach, Public-Sénat et les chambres des comptes

Georges Raquin, président du syndicat des juridictions financières, publie une tribune dans *Le Monde*. Il répond à Jean-Pierre Elkabbach, lui-même auteur d'une contribution vantant les mérites de la chaîne Public-Sénat dont il est président. « Je peux affirmer qu'il ne nous a pas été possible d'accéder à cette "chaîne de service public dédiée à la politique", écrit Georges Raquin au nom des magistrats des chambres des comptes. Plusieurs demandes adressées au président de la chaîne sont restées sans réponse. »

Dommage, car les juges financiers sont régulièrement l'objet de l'hostilité des sénateurs, qui ne lésinent pas sur les moyens pour rogner leurs prérogatives en matière de contrôle des collectivités locales (voir le dossier de Sébastien Fontenelle, p. 139). Il n'aurait donc pas été inutile qu'ils puissent faire valoir leur point de vue auprès des téléspectateurs de la chaîne que sont les sénateurs.

Jean-Pierre Elkabbach, le premier moment de stupéfaction passé, s'y est engagé : il invitera les magistrats financiers à s'expliquer. Quand ? À une date ultérieure. Ceux qui veulent passer sur Public-Sénat savent désormais comment s'y prendre.

22 Une élection de sénateur

Sénateur centriste du Loir-et-Cher depuis 1992, l'avocat Pierre Fauchon a tout naturellement retrouvé son siège lors du renouvellement de la Haute Assemblée. À vrai dire, c'est l'inverse qui aurait été surprenant. Car depuis juillet 2000, Pierre Fauchon est devenu l'un des héros des élus locaux, ceux-là mêmes qui choisissent les sénateurs. Son fait d'armes : les avoir soustraits aux affres de la justice. Jusqu'à la loi du 10 juillet 2000 sur les «délits non intentionnels» dite désormais «loi Fauchon», un maire, un président de conseil général... pouvait voir sa responsabilité pénale engagée pour un accident survenu dans un square, un stade ou un bâtiment public en raison d'une négligence de sa part. Depuis quelques années, les condamnations effectives d'élus s'étaient multipliées à la suite de la mort accidentelle d'enfants ou de passants. Atteinte intolérable à la démocratie pour le lobby des élus. N'écoutant que son courage, Pierre Fauchon a donc déposé une proposition de loi votée... à l'unanimité, malgré les réticences du gouvernement craignant que l'opinion ne voie là, non sans raison, une amnistie déguisée. Désormais, pour mettre en cause la responsabilité pénale d'un élu, il faut prouver le caractère intentionnel de sa négligence ou de son imprudence. Autant dire mission impossible. Les élus peuvent se reposer sur leurs deux oreilles et remercier Pierre Fauchon. L'abbé Cottard aussi. Ce prêtre traditionaliste adepte des méthodes d'éducation musclées avait été jugé responsable de la noyade de quatre scouts et d'un plaisancier qui avait tenté de les secourir, durant l'été 1998. Mais comme il n'a pas organisé intentionnellement ce dramatique accident, il pourra être rejugé.

30 Fausses promesses au Medef

À l'heure de la transparence généralisée et de la révélation de quelques coquettes rémunérations et autres stock-options de PDG en vue, le patronat ne pouvait rester l'arme au pied. N'écoutant que leur conscience, le Medef et l'Afep (Association française des entreprises privées), le principal lobby patronal, ont adressé mi-2000 à leurs adhérents la recommandation suivante: publier à l'occasion des

comptes 2001 les éléments de rémunération des principaux dirigeants (salaires, stock-options réalisées, avantages
en nature, jetons de présence). Le fait que le gouvernement
Jospin préparait alors un texte de loi imposant cette
transparence pour l'avenir n'y était évidemment pas pour
rien. La loi du 2 mai 2001 oblige en effet les entreprises
cotées à faire figurer dans le rapport de gestion soumis à
l'assemblée générale des actionnaires (à partir des comptes
2001, donc en 2002) la rémunération individuelle de l'ensemble des mandataires sociaux (salaire plus avantages en
nature), ainsi que les stock-options perçues par les dix salariés les mieux dotés.

Président du Medef, Ernest-Antoine Seillière se devait
de donner l'exemple en divulguant sa rémunération de
patron de son holding familial, la CGIP : 3,2 millions de
francs par an. Le geste mérite d'être salué. Il aurait été
encore plus louable si le baron Seillière avait donné ses
revenus bruts et non nets d'impôts, ce qui a pour conséquence de dégonfler la somme totale aux yeux du bon
peuple.

En 2001, la moitié seulement des grands patrons
des entreprises cotées du CAC 40 ont finalement
répondu à l'appel de leurs pairs. Jean-Marie Messier,
président de Vivendi Universal, a ainsi annoncé
28,04 millions de francs, le record ; Serge Tchuruk,
d'Alcatel, 17,53 millions ; Daniel Bouton, de la Société
générale, 16,15 millions. Avant eux, Jean Peyrelevade,
du Crédit lyonnais, et Michel Bon, de France Telecom,
s'étaient empressés de dévoiler leurs revenus, sachant très
bien qu'ils étaient dans la fourchette dite « basse » (moins
de 8 millions). En oubliant tout de même d'évoquer le
régime de retraite complémentaire sur mesure qu'ils se
sont fait octroyer...

10 Chirac intouchable

La Cour de cassation a tranché : Jacques Chirac ne pourra être inquiété par la justice tant qu'il sera président de la République. Pas même par la justice de ses pairs, qui ne peut lui être réservée qu'en cas de haute trahison.

À cet arrêt accueilli avec soulagement dans l'entourage présidentiel, les hauts magistrats ont toutefois accroché une petite bombe à retardement : le mandat présidentiel interrompt la prescription. En termes non juridiques, cela signifie que, dès que le président ne sera plus président, la procédure pourra reprendre, que le temps judiciaire aura simplement suspendu son vol pendant la durée de son séjour à l'Élysée.

17 Cinq ans après

André Tarallo, l'ancien « monsieur Afrique » d'Elf, a reconnu pour la première fois devant le juge Renaud Van Ruymbeke qu'il y avait eu dans ce groupe des « financements politiques ». Il a été entendu pour la première fois par la justice à l'été 1996.

19 La fin du liquide

Le premier président de la Cour des comptes, François Logerot, remet à Lionel Jospin le rapport qui lui avait été commandé, en juillet, sur les fonds spéciaux. Sa préconisation : réserver cet argent liquide, légal et opaque au financement des opérations spéciales menées par les services comme la DST ou la DGSE. Pour le reste, « l'usage entièrement discrétionnaire et non contrôlé de 40 % environ des fonds spéciaux ne peut que laisser libre cours au soupçon ». Finie, donc, la distribution des enveloppes mensuelles à Matignon. Finies, les petites et grandes grattes ministérielles nettes d'impôt. Presque la fin d'une époque.

23 Jean revient

C'est le grand come-back de Jean Tiberi au comité central du RPR. On l'a même vu à la télé, acclamé par ses anciens et désormais nouveaux camarades, qui se sont levés pour applaudir son arrivée. Au premier rang, on distinguait, entre autres, Jacques Toubon et Jérôme Monod. De vieux amis.

25 Triomphe des petites tambouilles

Nos valeureux forçats ont donc gagné. En février, ils avaient courageusement fait grève pendant un mois pour défendre leurs prérogatives. Les magistrats des tribunaux de commerce voulaient continuer leurs petites audiences entre amis. Calomnie, calomnie, hurlent ces notables lorsqu'on souligne leur impartialité souvent relative. Mais pourquoi, alors, avoir agité tant de réseaux pour étouffer dans l'œuf une réforme qui prévoit, à titre essentiel, la création de «chambres mixtes» composées à parité de magistrats professionnels, afin d'éviter les conflits d'intérêts trop criants, ainsi que l'adoption d'un code de déontologie?

En cette année préélectorale, le grand bond en arrière était à craindre. Le gouvernement de Lionel Jospin décide de ne pas inscrire le texte à l'ordre du jour du Sénat pour la session d'automne. C'est la plus simple manière de s'assurer que la loi ne passera pas avant la présidentielle. Les amateurs de petites tambouilles locales doivent être bien contents.

Celui qui a toutes les raisons de l'être moins, c'est Arnaud Montebourg. Ce bouillant député était l'un des promoteurs de la réforme. Le mois d'octobre lui a été défavorable.

Après la Cour de cassation qui, avec «l'arrêt Chirac», a rendu caduque la mise en accusation du président, voilà que ce sont ses amis de Matignon qui le lâchent. Le combat continue.

D'ailleurs, pour achever d'embrouiller la situation, Lionel Jospin, fin novembre, acceptera de réinscrire le projet de loi après que 101 députés socialistes auront signé un appel dans ce sens. Mais le calendrier parlementaire, en fait, ne permet plus, d'ores et déjà, de faire adopter le texte. Six mois avant le scrutin, l'idée consiste à jouer quand même les réformateurs. Mais qui est dupe?

NOVEMBRE

3 Éternel recommencement

Le 22 juillet 1977, dans un article consacré à une sombre affaire qui implique deux fonctionnaires des Renseignements généraux (RG) du ministère de l'Intérieur, *Le Canard enchaîné* cite «le commissaire principal Philippe Massoni». D'après l'hebdomadaire, «l'homme a de sérieuses références. Activiste du SAC, grand spécialiste des écoutes téléphoniques, de détournement de correspondance, des visites clandestines dans les bureaux de syndicalistes et d'hommes politiques, Philippe Massoni avait assez bonne réputation pour que Chirac, naguère, l'ait pris comme "conseiller aux questions de sécurité et de police" à Matignon».

Le 3 novembre 2001, vingt-quatre ans après la publication de cet article, Jacques Chirac, devenu président de la République, prend Philippe Massoni comme «conseiller aux questions de sécurité et de terrorisme» à l'Élysée. L'histoire est un éternel recommencement.

Entre-temps, l'homme a fait une très jolie carrière jus-qu'à devenir préfet de police de Paris. D'après *Le Point*[5], il s'est «forgé une véritable stature de proconsul [et] connaît tout sur tout le monde».

La presse, elle, semble tout ignorer de son passé. Pour saluer son arrivée à l'Élysée, *Le Nouvel Observateur* se contente par exemple d'observer que sa nomination «illustre la volonté de Jacques Chirac de placer le thème de la sécurité au cœur de la campagne présidentielle». Pas une allusion déplacée rappelant que Massoni a été un jeune homme fougueux.

Dans un livre publié chez Alain Moreau en 1984 (*P comme police*), deux journalistes, Alain Hamon et Jean-Charles Marchand, citaient un fonctionnaire des RG : «Massoni n'a jamais fait partie officiellement du SAC, mais il fut une époque où il voyait son secrétaire général Pierre Debizet une fois par semaine.» Dans un autre ouvrage, publié par Albin Michel en 1982 (*Aux ordres du SAC*), Gilbert Lecavelier, «barbouze de choc», était plus affirmatif, qui présentait Massoni comme un «membre éminent du SAC». Il faut rappeler que le Service d'action civique (SAC), police parallèle du gaullisme fondée en 1959, fut d'abord une «association» dont de nombreux «militants» furent inquiétés pour leurs liens avec le grand banditisme et dont l'Assemblée nationale a demandé la dissolution en 1981. Mais personne ne semble se souvenir des liens que Philippe Massoni a pu entretenir avec cette organisation.

4   Dieu et l'omertà

Réunis à Lourdes pour leur assemblée plénière, les évêques de France ont vivement protesté contre «les incessants empiétements de l'État sur les prérogatives de l'Église». Une accusation grave en effet. Comme le souligne, lors de son allocution d'ouverture, Mgr Billé, archevêque de Lyon et président de la Conférence des évêques de France, «c'est bien la liberté du culte qui est en cause».

Rien de moins. Ce qui provoque la sainte colère des évêques, c'est le fait que les juges viennent, sans excès de courtoisie, mettre le nez dans leurs affaires. Soit. Mais quelles affaires? Des viols sur mineurs par exemple. Et là, on se demande (ou plutôt on ne se demande plus) ce qui est vraiment grave: les «incessants empiétements de l'État» ou la volonté réaffirmée de nos évêques et cardinaux de couvrir d'un voile bienséant les errements de quelques-uns de leurs subordonnés? Pas de scandales. Pas de vagues. On aurait pu croire ce temps révolu. En fait, non.

Quand un prêtre de la communauté des Frères de Saint-Jean est accusé d'avoir violé une jeune fille mineure, son supérieur, Mgr Raymond Séguy, évêque d'Autun, demande, cela ne s'invente pas, une «enquête canonique préliminaire». Autrement dit, une petite procédure en famille. Mais tout de même, il alerte la justice, la vraie.

Et en août, la police judiciaire, sur commission rogatoire du juge d'instruction, vient perquisitionner les bureaux de l'officialité de l'archevêché de Lyon (c'est le nom du tribunal ecclésiastique), où on refuse de lui remettre le résultat des travaux de l'«enquêteur canonique». Face à cette bonne volonté pour le moins limitée, les policiers saisissent alors toutes sortes de documents. Les évêques arguent aujourd'hui de ce coup de filet trop large pour dénoncer l'atteinte à la liberté du culte. Certains papiers emportés lors de la perquisition concerneraient la vie privée d'autres fidèles irréprochables, qui demandaient simplement une annulation de leur mariage, par exemple.

C'est en effet regrettable. Mais ce qui l'est plus encore, c'est l'opiniâtreté avec laquelle la hiérarchie ecclésiastique refuse de coopérer avec la justice profane quand des faits criminels se produisent dans son enceinte. L'ovation qui a accueilli les propos de Mgr Billé, lors de cette assemblée plénière, était aussi destinée, selon certains participants, à gronder contre la condamnation de Mgr Pican, évêque de Bayeux, pour non-dénonciation des agissements d'un prêtre pédophile. Condamnation qui n'a d'ailleurs rien changé : Mgr Pican est toujours en poste. Et si c'était à refaire, il ne changerait rien.

7 DSK relaxé, les juges accablés

C'était bien parti pour lui. Mais désormais, c'est officiel. Dominique Strauss-Kahn est relaxé dans l'affaire de la Mnef. Avec les honneurs et les excuses de la maison. La présidente de la chambre correctionnelle chargée d'examiner l'affaire, Sophie Portier, porte par écrit, dans son jugement, des appréciations particulièrement désobligeantes vis-à-vis de ses collègues. À Jean-Pierre Dintilhac, le patron du parquet de Paris, elle dit qu'il «aurait été préférable, avant d'engager le débat judiciaire public, de s'interroger sur le respect de la règle de droit». Pour les juges d'instruction, elle a des mots plus tendres encore, puisqu'elle considère que leur procédure «confine à l'absurde». Sympa.

L'un de ces juges n'est autre qu'Armand Riberolles, qui vient d'hériter du dossier HLM de Paris dont Éric Halphen a été dessaisi en septembre. Au moment de ce transfert, la presse, unanime, avait salué le «calibre» de ce magistrat, présenté comme redoutable et infaillible. On verra.

14 Vive le muguet !

Robert Hue est relaxé dans l'affaire du financement du Parti communiste. Conclusion : la vente de muguet au 1er mai est une affaire qui marche fort et qui rapporte gros.

20 La novlangue corse

Dès qu'il se passe quelque chose à Corte, haut lieu universitaire corse, il convient de se montrer vigilant sur l'usage des mots. En août, ç'avait été les demandes d'amnistie pour les «prisonniers politiques». Traduire : pour les poseurs de bombes, les collecteurs de l'impôt révolutionnaire et autres délinquants corses détenus dans les prisons françaises. Cet illusionnisme sémantique serait seulement comique s'il ne déteignait sur un certain nombre de journalistes qui reprennent, souvent inconsciemment, ces expressions comme si elles rendaient compte d'une situation objective. Ce 20 novembre, l'université de Corte organise cette fois les états généraux de l'«économie identitaire». L'affaire est sérieuse. Elle a déjà fait l'objet de livres et même de tentatives de modélisation. Mais là, il s'agit de l'imposer comme instrument d'accompagnement incontournable des accords de Matignon. Le particularisme corse est donc si grand qu'il induit un système économique différent.

Si l'on en croit Jean-Louis Andréani, qui relaie avec enthousiasme ce nouveau concept dans *Le Monde*[6], deux des principaux étendards de l'«économie identitaire et écologique» sont les chants polyphoniques corses et l'eau minérale Saint-Georges. Côté chants, le groupe Cinqui So (Nous sommes cinq) «anime des ateliers, à titre militant, en direction des enfants des écoles, notamment ceux issus de l'immigration», écrit, apparemment au premier degré, Jean-Louis Andréani. Là, plusieurs questions se posent : 1) que signifie le terme «à titre militant», différent d'«à titre gracieux» : on paie, mais différemment ? 2) qui sont les enfants «issus de l'immigration», des descendants de citoyens étrangers ou plus simplement des bambins venus du continent, des «fils d'allogènes», pour reprendre l'élégant vocabulaire universaliste cher aux «nationalistes» ?

Côté eau, Saint-Georges a demandé à Philippe Starck de lui faire un prix pour dessiner une bouteille représentative de l'«identité corse» (un fusil-mitrailleur, une cagoule, une bombinette?). Le célèbre designer ne possède pas de villa sur l'île de Beauté, mais il a accepté la mission et le rabais. Le publicitaire Jacques Séguéla, lui, a une maison en Corse. C'est donc tout naturellement qu'on le retrouve parmi les promoteurs du modèle identitaire. Pourquoi pas, après tout? Sauf que cette économie particulière a, devinez quoi, besoin d'affirmer ses spécificités. Et d'échapper aux règles communes. De déroger, par exemple, aux règles euro-péennes en matière de pêche. Et, demain sûrement, en matière de subventions...

DÉCEMBRE

17 Vive le débat citoyen!

Promis pour l'automne, le «dispositif fondé sur l'utilisa-tion de l'Internet avec possibilité pour les internautes de poser des questions ou de donner leur avis» sur les OGM (voir 9 août) ne fonctionne toujours pas. C'est que la «charte de la transparence» promise par le ministère de l'Agriculture n'a jamais vu le jour. Renseignements pris, le projet est ajourné. «Il y a eu deux réunions en août, puis le projet a été suspendu. Il est remplacé par un grand débat public», répond-on sobrement au ministère. Un grand débat? Prévu pour quand? «Pour l'automne.» L'automne s'est étiré. L'hiver arrive, et toujours rien.

Rien, à part un colloque organisé par l'Afssa ce 17 décembre sur le thème: «OGM et alimentation, peut-on évaluer des bénéfices pour la santé?» C'est, en définitive, tout ce qu'il reste du débat citoyen. Une des seules tribunes où, pendant deux jours, vont s'exprimer des pro mais aussi des anti-OGM. «La question qui se profile derrière ce thème est très importante, explique un expert qui participe au colloque. Il s'agit de savoir s'il existe objectivement des aliments transgéniques qui puissent améliorer tel ou tel problème de santé publique. Quand on examine la littérature scientifique sur la question, force est de constater que rien n'est argumenté sérieusement. Pour l'instant, les bénéfices pour la santé, ce sont juste des sujets de publireportages dans les journaux.»

Tout cela est bien maigre. Il est vrai que le fameux «débat public» devait trouver son impulsion dans un rapport du Commissariat général au Plan rédigé par Bernard Chevassus-au-Louis, par ailleurs président du conseil d'administration de l'Afssa. Remis le 26 septembre précédent, celui-ci expose comment il est possible de rendre acceptables les OGM à l'opinion publique. Et son auteur, sans penser à mal, de déclarer, au cours de la conférence de presse de présentation, qu'il faut faire tout ce travail en amont pour éviter que «d'éventuelles victimes se retrouvent dans la situation qu'ont connue les victimes de l'amiante et de l'ESB». Difficile, après des déclarations aussi encourageantes, de confier le débat citoyen à un tel pilote!

20 Halphen promu

Dessaisi à l'automne, promu à Noël. Le CSM vient d'approuver la nomination du juge Halphen comme vice-président du tribunal de Nanterre. Pour que cette affectation devienne effective, il ne manque qu'une signature en bas du décret: celle de… Jacques Chirac, jadis «convoqué».

21 Intox à Toulouse

Il y a trois mois, à 10 h 17, une épouvantable explosion. Des morts. Des pleurs. Du stress. Et une terrible question: accident ou attentat? Depuis, l'enquête n'a pas permis d'y répondre avec certitude. Car après le drame est venue l'intox tous azimuts.

Intox du gouvernement, qui fait tout pour démentir l'hypothèse d'un attentat, scénario qui sèmerait la panique dans le pays. Alors, le procureur de Toulouse s'est avancé un peu vite, en donnant pour sûre « à 99 % » l'hypothèse d'un accident. « 99 % » : voilà un homme qui enquête vite !

Intox aussi dans l'autre sens ? Quelques journaux émoustillés par la thèse de l'attentat penchent en tout cas ouvertement dans l'autre direction. Un émissaire « bien informé » renseigne les médias les plus réceptifs : *Valeurs actuelles*, qui penche pour l'attentat islamiste parce qu'un manutentionnaire français d'origine tunisienne, mort dans l'explosion de l'usine chimique AZF, portait plusieurs sous-vêtements, ce qui serait assimilable à un rituel de kamikaze. *Le Figaro* et TF 1 s'emparent de cette histoire, apportant d'ailleurs quelques précisions techniques bienvenues au passage (dans quelles conditions le nitrate peut-il exploser ? par exemple). Total, propriétaire de l'usine, n'est pas mécontent de voir ainsi sa responsabilité potentiellement amoindrie dans l'opinion publique.

Fin 2001, en tout cas, dans un pays moderne doté d'un service de Renseignements généraux pléthorique (3 800 agents), d'une police judiciaire que le monde entier nous envie et d'un pool de juges qui se consacre exclusivement au terrorisme, on ne sait toujours pas, trois mois plus tard, ce qui a provoqué, le 21 septembre à Toulouse, la mort de 30 personnes et fait 2 500 blessés.

23 Le cas Pasqua

Deux mois déjà ! Le 23 octobre, les députés européens, réunis en séance plénière, étaient officiellement informés qu'une demande de levée d'immunité parlementaire contre un éminent personnage de l'Assemblée, Charles Pasqua, et l'un de ses colistiers, Jean-Charles Marchiani, avait été reçue et enregistrée par la présidence.

Ce petit courrier revient de loin. Le juge Philippe Courroye, qui enquête sur l'affaire dite «Falcone» des ventes d'armes illégales, a mis Charles Pasqua et Jean-Charles Marchiani en examen au printemps. Puis il a envoyé à la chancellerie une demande de levée d'immunité parlementaire pour ces deux députés européens. Las! les services de Mme Lebranchu ont mis quatre mois à réexpédier la missive à Strasbourg. Procédure inhabituelle, le juge a écrit à la chancellerie pour se plaindre d'une telle lenteur. Après ces protestations, la missive est partie rapidement, mais les services de Mme Lebranchu ont oublié d'y joindre le dossier. Finalement, le 23 octobre, les documents sont tous arrivés. Le temps qu'ils passent par la traduction (trois semaines), ils ont été remis début novembre à un rapporteur, en l'espèce un député allemand.

En moyenne, il faut compter deux mois pour que le rapport soit examiné, à huis clos, par la commission juridique composée de députés européens. Là, toujours pas de rapport à l'horizon. Mais il est trop tôt pour s'interroger, pour émettre des hypothèses audacieuses, sur le télescopage avec le calendrier électoral français ou sur le fait que les dignitaires strasbourgeois voient d'un mauvais œil la suspicion jetée sur un président de groupe, bref, malgré tout, un de leurs semblables. Car deux mois, c'est une moyenne. Et une moyenne, cela ne veut rien dire. Dans le passé, certains parlementaires ont préféré démissionner plutôt que de subir la dégradation que représentait pour eux cette levée d'immunité. D'autres ont, au contraire, joué la montre. Le plus fort a tenu un an. Il s'appelle Silvio Berlusconi. On se demande à quelle «école» appartiennent Pasqua et Marchiani.

Au pays des étouffeurs

À première vue, rien ne les différencie des citoyens ordinaires. Les étouffeurs exercent leur magistère dans de nombreux milieux : la justice, la politique, la santé, les entreprises... Simplement, ils sont les organisateurs, et souvent les bénéficiaires, de l'omertà.

Les rapports anonymes du... CSM

Il existe en France plusieurs justices d'exception. L'une des plus indéfendables, et des plus méconnues, est sans doute celle que s'appliquent les magistrats. Sébastien Fontenelle a enquêté sur les juges indélicats qui comparaissent devant une instance disciplinaire chargée de sanctionner leurs manquements, le Conseil supérieur de la magistrature (CSM). Généralement, ils s'en sortent bien. Et surtout, on évite d'informer le public de leurs indélicatesses. Pas question pour le CSM de livrer leurs noms au bon peuple. (En l'état actuel du droit, nous-mêmes serions sans doute lourdement condamnés si nous nous hasardions à les nommer.) Cela signifie que des justiciables sont parfois régulièrement jugés par des magistrats qui ont commis des actes répréhensibles, voire franchement délictueux. Mais ils n'ont pas le droit de le savoir. Et cela ne semble gêner personne.

Francis Carle, juge au tribunal de grande instance de Grenoble, est un «artiste» – c'est lui qui le dit. Il photographie des adolescentes «dévêtues». Des jeunes filles de 14, 15 ans. Chez lui, ou dans l'enceinte de «son» tribunal. Éclectique, il photographie aussi des adultes consentantes, greffières ou avocates. Mais sa spécialité reste la lycéenne.

Cela dure depuis plusieurs années lorsque le père d'une élève de troisième, conseiller municipal à Échirolles, dans la banlieue de Grenoble, découvre que sa fille est passée devant l'objectif du magistrat. Et décide de lui «casser la gueule», selon ses propres termes. Non sans porter plainte pour «détournement de mineure».

Le 16 octobre 2001, le juge est interpellé. Les journalistes locaux, dûment informés, choisissent de se taire. C'est la presse nationale (*Libération* et *Le Canard enchaîné*) qui rompt le silence, le 24 octobre. À ce moment-là, les faits sont clairement établis : plusieurs séries de clichés «érotiques» ont été découvertes au domicile du magistrat. Mais, curieusement, ce 24 octobre, le ministère de la Justice «ne prend aucune initiative en matière disciplinaire[1]».

Dans l'Éducation nationale où tout ce qui ressemble de près ou de loin à de la pédophilie a longtemps été soigneusement étouffé mais où les sensibilités ont un peu évolué, on ferait au moins semblant de réagir si un enseignant se piquait de photographier, nues, des élèves de troisième. Mais à la chancellerie, on s'empresse de ne rien faire.

Cela peut paraître énorme. En fait, *c'est* énorme. Mais c'est moins étonnant si l'on sait que lorsque des magistrats commettent ce qu'il est convenu d'appeler des indélicatesses, ils ne sont que mollement réprimandés. Or, cela, généralement, on ne le sait tout simplement pas.

Tout le monde, ou presque, ignore par exemple que le Conseil supérieur de la magistrature qui, en France, «juge les juges», publie de temps à autre un rapport public. Ce n'est pas un choix, c'est une obligation légale (article 20 de la loi organique du 5 février 1994). Pourtant trois rapports «annuels» (*sic*) seulement ont été publiés depuis 1994. Le premier, en mai 1998. Le second, au mois de juin 2000. Le troisième, en juin 2001. Ce n'est pas exactement ce que la loi prévoit, mais c'est mieux que rien[2].

Certes, aucun excès de transparence ne menace ces publications, où les noms propres, de personnes et de lieux, sont minutieusement occultés. Mais tout de même, il est dommage que personne n'en parle. Car ces rapports révèlent que les magistrats un peu fragiles, ou franchement indélicats, sont plutôt *bien* traités par leur hiérarchie (voir encadré page suivante).

Prenons l'exemple de M. A, «juge tutélaire chargé des affaires de mineurs» au tribunal de grande instance de B.

Le 12 juin 1997, il reçoit trois élèves de quatrième dans le cadre d'un «stage d'information». L'une de ces trois élèves, âgée de 14 ans, prépare un «mémoire» sur «les droits de l'enfant». Le magistrat l'invite gentiment à revenir «compléter sa documentation». Elle revient deux fois, le 27 février et le 4 mars 1997. Et là, le juge A se laisse un peu aller : il reconnaîtra, «après l'avoir nié», avoir «caressé les cheveux de la jeune fille». L'avoir «embrassée sur le coin de la bouche». Avoir «posé sa main sur sa poitrine».

Pour sa défense, le magistrat «affirme avoir été trompé sur l'âge [de l'adolescente] en raison de sa taille et de son apparence». Émue par son plaidoyer, sa hiérarchie décide de le «suspendre» pour trois mois et de le «réaffecter» : le 17 novembre 1997, il est «installé dans ses nouvelles fonctions de juge au tribunal de grande instance» de C.

Le CSM quant à lui, estimant que «ces faits ont porté gravement atteinte à l'image de la justice» et que le juge «a manqué à l'honneur et à la dignité», prononce «à son encontre», le

STATISTIQUES

Entre le 1er juin 1994 et le 31 mars 1998, le Conseil supérieur de la magistrature a été appelé à se prononcer sur 33 affaires impliquant des magistrats indélicats. Il s'agissait notamment de « débordements de la vie privée » (sept affaires), de « problèmes d'insuffisance professionnelle » (sept affaires également) et de « dérives financières » (neuf dossiers). Quatre magistrats ont été révoqués.

Entre le 5 juin 1998 et le 31 août 1999, le CSM a rendu cinq décisions et a émis quatre avis dans des affaires disciplinaires. Les motifs retenus étaient les suivants : « violations répétées des obligations fiscales », « abus de fonctions », « manquement à l'obligation de loyauté et à celle de délicatesse », « manquement à l'honneur et à la probité », « confection et usage de faux », « manquement, par un magistrat, aux devoirs de son état et à l'obligation de réserve ». Cela fait beaucoup, mais aucune révocation n'a été demandée.

26 mars 1999, « la sanction d'abaissement d'échelon prévue à l'article 45-4° de l'ordonnance du 22 décembre 1958 »[3].

Concrètement, cela signifie que le juge A perd deux années d'ancienneté et que son salaire se trouve amputé (pour deux ans) de quelques centaines de francs.

Cela signifie surtout que le juge A est toujours magistrat, même si sa carrière est un tout petit peu ralentie. Pour Francis Carle, c'est une bonne nouvelle.

Prenons maintenant l'exemple de la juge D, du tribunal de grande instance de E. Parce qu'elle avait du mal à se procurer « un médicament anorexigène de type amphétaminique dont elle usait depuis plusieurs années et dont elle estimait avoir besoin », elle a tout simplement « falsifié un imprimé à en-tête [d'un] hôpital ». Pour se fabriquer, entre le mois de mars 1996 et le mois de septembre 1997, « de fausses ordonnances aux noms de médecins et de malades imaginaires et prescrivant ce médicament ». Cela lui a permis de se procurer « ce produit à plusieurs reprises », même si, « dans d'autres circonstances, la vigilance des pharmaciens ne lui a pas permis de parvenir à ses fins»[4]. Ces «infractions» lui ont valu d'être condamnée à 5 000 francs d'amende le 1er février 1999. «Avec exclusion de la mention de cette [condamnation] au bulletin n° 2 du casier judiciaire[5].»

Pour le CSM, ces faits «constituent un manquement à la probité» : il «prononce» donc «à l'encontre» de Mme D, le 2 avril 1999, «la sanction d'abaissement d'échelon assortie du déplacement d'office».

Ce qui signifie, en clair, que Mme D est toujours magistrate, même si sa carrière est elle aussi légèrement assombrie.

Prenons encore l'exemple de Mme F, procureur de la République près le tribunal de grande instance de G. Elle a «omis de déclarer ses revenus» à l'administration fiscale «pour les années 1994, 1995 et 1996»[6]. Elle a aussi oublié d'«acquitter la taxe d'habitation qui lui était réclamée». Elle n'a répondu «à aucun avis ou lettre de relance» des impôts. Une broutille.

Incapable «de donner une explication crédible à cette abstention persistante à se soumettre à ses obligations fiscales», Mme F a seulement fait valoir, pour sa défense, qu'«elle se sentait incapable d'affronter la

Entre le 1er septembre 1999 et le 31 décembre 2000, le CSM a examiné neuf dossiers disciplinaires. Ces interventions portaient sur les «manquements» suivants : «manque persistant de rigueur et de sens des responsabilités», «comportement contraire aux obligations de neutralité et de discrétion», «manquement à la dignité», «manquement à la délicatesse», «manquements portant atteinte au crédit de la justice», «comportements gravement contraires à l'honneur, à l'impartialité et à la probité».

Contre les auteurs de ces faits, le CSM a préconisé trois «mises à la retraite d'office», une «interdiction temporaire d'exercer», une «réprimande avec inscription au dossier» et des «retraits des fonctions assortis de déplacements d'office». Mais aucune révocation. Et pourtant : le Conseil s'interroge aujourd'hui «sur les limites de l'action disciplinaire»...

(Sources : *Rapport annuel* [sic] *1994-1998* et *Rapports d'activité 1999* et *2000* du Conseil supérieur de la magistrature.)

réalité bien qu'elle eût totalement conscience de la gravité des faits et qu'elle disposât, à son compte en banque, de la somme nécessaire au paiement intégral de ses impôts».

Pour le Conseil supérieur de la magistrature, «l'attitude de [cette magistrate] révèle une absence de rigueur caractérisant un grave manquement aux devoirs de son état et portant atteinte à la crédibilité et à l'autorité, d'une part, de la fonction de procureur de la République, et d'autre part, de l'institution judiciaire». Ce n'est pas rien.

Mais le CSM, dans son équanimité, tient tout de même compte «de l'apurement intégral de [la] dette fiscale» de Mme F, et «de ses bons états de service antérieurs» pour émettre «l'avis qu'il y a lieu de prononcer contre [elle] la sanction de retrait des fonctions de procureur de la République assortie [d'un] déplacement d'office». Ce qui signifie, en clair, que Mme F, une fois démise de ses fonctions de procureur, peut rester magistrate.

Pilote de ligne à 17 ans

Prenons enfin l'exemple de Mme H, vice-présidente du tribunal d'instance de I (toujours cette «transparence à la française» de la justice, en l'occurrence du CSM!). Le 6 janvier 1997, elle sollicite (et obtient) l'«émancipation[7]» de son fils mineur auprès de «sa collègue juge des tutelles». Pour justifier cette demande, elle explique qu'il «exerce la profession de pilote de ligne». C'est gros, mais ça passe.

Le 17 février 1997, elle constitue avec son fils, fraîchement émancipé, une société civile immobilière (SCI) «dont le capital, d'un montant de 100 000 francs, a été libéré au moyen d'un chèque faussement certifié et sans provision, émis par le mineur, pour l'acquisition, par la SCI, d'un immeuble d'un prix de 6 millions de francs». Cet immeuble «devait être payé au moyen de fonds provenant d'un don hypothétique fait à son fils par un ami étranger et [...] qui s'est révélé imaginaire»[8].

L'information pénale ouverte pour «escroquerie» se termine bien : la juge H obtient un non-lieu définitif.

Pour sa défense, Mme H fait valoir «qu'elle a été abusée par son fils, dont les mensonges, assortis de manœuvres et de la production de faux documents, l'ont convaincue qu'en dépit de son jeune âge, il exerçait la profession de pilote de ligne [...] et qu'il avait obtenu d'une personne âgée, rencontrée lors d'un voyage aux États-Unis, la promesse d'un don de 10 millions de francs».

Par ailleurs, «sa crédulité et le manque de vigilance dont elle a fait preuve sont expliqués par les conclusions de l'expertise psychiatrique à laquelle elle s'est soumise et qui admet la possibilité d'une altération partielle de discernement résultant de sa propre personnalité et de celle de son fils unique, dont, depuis le plus jeune âge, elle a assuré seule la charge et l'éducation».

Ces circonstances atténuantes sont tout de même alarmantes pour le justiciable de base. Finalement, le CSM considère que Mme H «a manqué à la délicatesse». Après lui avoir, le 22 janvier 1998, «interdit temporairement l'exercice de ses fonctions», le Conseil prononce «à son encontre la sanction disciplinaire de déplacement d'office assortie du retrait des fonctions de vice-président chargé d'un tribunal d'instance».

Ce qui signifie, en clair, que Mme H, démise de ses fonctions de vice-présidente, est toujours magistrate.

Bien sûr, les magistrats du CSM savent parfois se montrer moins conciliants. Il leur arrive même de prononcer «la mise à la retraite d'office» de juges très contestés – comme Alain Terrail, avocat général de la Cour de cassation, qui avait commis dans *La Revue de l'association professionnelle des magistrats* un odieux jeu de mots susceptible, selon la formulation contournée du CSM, de «créer un soupçon d'antisémitisme».

Pourtant, même lorsqu'elles sont plus sévères que de coutume, les décisions du Conseil font parfois sourire (jaune) certains magistrats. Exemple.

Le 29 juillet 1998, vers 12 h 30, M. J, premier juge au tribunal de grande instance de K, circule seul, «en état d'ivresse, à bord d'un véhicule automobile» dont il perd le contrôle, et qui quitte la chaussée «pour aller s'immobiliser dans un fossé»[9]. Le prélèvement sanguin, que «l'intéressé» n'accepte que «trois heures plus tard», révèle «un taux d'alcoolémie de 1,69 gramme par litre de sang».

1,69 gramme à 12 h 30, c'est impressionnant.

Mais le juge J «explique avoir pris le volant après avoir consommé en compagnie de relations, en fin de matinée, une quantité importante de boissons alcoolisées», et «fait observer que ces faits ont eu lieu alors qu'il était en congé et en dehors du ressort de la juridiction où il siège».

C'est parfaitement exact, mais «ces faits» lui valent tout de même, le 4 novembre 1998, une peine d'«un mois d'emprisonnement avec sursis», assortie d'une amende de 1 500 francs, pour «conduite sous l'empire d'un état alcoolique et défaut de maîtrise d'un véhicule automobile».

Deux ans plus tard, le 11 mai 2000, le Conseil supérieur de la magistrature prononce sa «mise à la retraite d'office», au motif que son comportement «s'inscrit dans une habitude d'intempérance dont la persistance et le retentissement professionnel sont relevés depuis 1988 dans son dossier administratif», et «caractérise un manquement aux devoirs de l'état de magistrat et à la dignité qui s'attache à ces fonctions».

On a bien lu: tout le monde savait, depuis 1988, que le juge J était alcoolique. «Une fois on a même dû l'évacuer d'une salle d'audience en le portant, tellement il était bourré», se rappelle un témoin. Une autre fois, «il y a quatre ou cinq ans, en plein procès», l'intempérant a fait passer un petit mot à une dame, chef d'entreprise, qui comparaissait pour abus de biens sociaux. Pour lui proposer un rendez-vous. «Là, il lui a expliqué que si elle était très, très "gentille" avec lui, son affaire pourrait s'arranger.» La dame, toute contente, s'est aussitôt précipitée chez son avocat, pour lui apprendre la bonne nouvelle. L'avocat s'est précipité chez le président du tribunal de K. Le président a convoqué le juge J. Ce dernier a reconnu les faits.

Et le président a méticuleusement enterré ce gros dérapage incontrôlé de son premier juge. «Parce que s'il avait demandé des sanctions à ce moment-là, poursuit notre témoin, il aurait été obligé d'expliquer son inertie des années précédentes, face à un magistrat dont les débordements étaient de notoriété publique.»

Résultat: ce n'est qu'au mois de mai 2000 que le juge J, dont l'«habitude d'intempérance» était «relevée depuis 1988», a été sanctionné par le Conseil supérieur de la magistrature.

On le constate: aucun excès de sévérité (ni de célérité) ne menace l'instance disciplinaire des juges.

Et c'est assez inquiétant.

Parce que tout de même, la question se pose de savoir ce que fera le juge A lorsqu'il aura à se prononcer sur une affaire d'attouchements sexuels sur mineurs. Ce que fera la juge D lorsqu'il lui faudra sanctionner un prévenu coupable d'avoir fabriqué de fausses ordonnances. Ce que fera la juge F face à une une affaire de fraude fiscale. Et ainsi de suite.

Et cette simple question suffit à expliquer cette réflexion d'un avocat à un juge d'instruction de ses amis: «Vous, dans la magistrature, c'est vrai que vous êtes mal payés. Mais si vous faites une grosse connerie, vous bénéficiez d'une impunité absolue.»

De fait, au-delà des dérapages pudiquement répertoriés par le Conseil supérieur de la magistrature, un certain nombre d'affaires témoignent d'une situation d'autant plus alarmante que nulle instance disciplinaire n'en a jamais été saisie. En tout cas pas officiellement.

« C'est ainsi, écrit une représentante du Syndicat de la magistrature, qu'un magistrat surpris en flagrant délit de vol dans deux magasins a fait l'objet au plan pénal d'un classement sans suite ; la voie disciplinaire a été écartée, ce qui a suscité le malaise de ses collègues, qui ont dû refuser de siéger à ses côtés lors des audiences correctionnelles. Pour mettre fin au malaise grandissant, le chef de cour a négocié la mutation du magistrat dans les DOM-TOM[10]. »

Exceptionnel ? Nullement.

Il suffit, pour s'en convaincre, de se rappeler que le doyen des juges d'instruction niçois, Jean-Paul Renard, mis en examen au mois de septembre 2001 pour « faux et usage de faux » et « violation du secret professionnel » après avoir transmis des documents administratifs confidentiels à une obédience maçonnique, continue tranquillement à exercer son métier – et à instruire, qui sait, des affaires de « faux et usage de faux ».

QUAND LE JUGE Z MENAÇAIT DE « FOUTRE LE BORDEL »

C'est un patron de bar phocéen qui est, comme on dit, « connu des services de police ». D'abord parce qu'il a déjà été condamné pour « trafic d'influence » et pour « complicité d'extorsion de signature ». Ensuite, parce qu'il fréquente des « pointures » du grand banditisme marseillais. Le 17 mars 1997, il ignore que son téléphone a été placé sur écoute lorsqu'il appelle le juge Z. Ces deux-là ont de fréquentes conversations téléphoniques. Ce jour-là, le magistrat se fait du souci : il vient d'être condamné pour le vol, dans l'enceinte du tribunal où il exerce ses (hautes) fonctions, de quelques pièces de mobilier. Trois fois rien : une écritoire et un fauteuil. Mais tout de même : le tribunal correctionnel a requis une peine de trois mois de prison avec sursis, assortis d'une amende de 20 000 francs. Pour un haut magistrat, ce n'est pas rien. Alors, le juge Z se fait du souci : il a peur, explique-t-il à son interlocuteur, des

Ou de se rappeler qu'un autre magistrat, mis en examen pour «prise illégale d'intérêts», occupe toujours les fonctions de vice-président du tribunal de grande instance d'une grande ville du midi de la France.

«Amis sûrs» des truands

Le juge Z, quant à lui, est connu pour avoir, en 1997, volé plusieurs pièces de mobilier d'un tribunal où il exerçait alors de hautes fonctions. Pris sur le fait, il a bien sûr été blanchi par ses pairs – qui l'ont tout de même muté à Paris, où il figure toujours en bonne place dans l'organigramme (voir ci-dessous). Mais ce n'était qu'un hors-d'œuvre.

Depuis trois ans, la police judiciaire de Marseille écoute les conversations téléphoniques de plusieurs personnalités du milieu phocéen. Depuis trois ans, ces excellents citoyens s'entretiennent très régulièrement avec un ami sûr qui leur prodigue conseils et encouragements. Cet ami sûr, c'est le juge Z. Tout le monde le sait. Mais personne ne réagit, ou presque. L'affaire a

---

«conséquences administratives» de sa condamnation. Pour le rassurer, son correspondant s'engage à «faire intervenir un ami, franc-maçon, haut placé, proche de Jacques Toubon». Rasséréné, le juge Z souligne qu'il est, pour sa part, «en pourparlers avec la chancellerie», où il a fait connaître son souhait d'être «muté en tant que substitut général à Paris». Cela peut paraître un peu osé. Mais le juge Z dispose, semble-t-il, d'arguments de poids : il a menacé, si la chancellerie lui refuse cette sortie par le haut, de «balancer» tout ce qu'il sait et de «foutre le bordel». Était-ce du chantage ? On ne saurait l'imaginer. Disons alors qu'il s'agissait d'une négociation. Disons en somme que le juge Z est un fin diplomate : il a obtenu la promotion parisienne qu'il réclamait, et personne n'est venu lui poser de questions énervantes sur ses relations (téléphoniques) avec le milieu marseillais.

bien été confiée à un magistrat lyonnais. Or son instruction ne progresse guère. Il est vrai que ce n'est pas nouveau : lorsque, dans les années 70, le juge Z a bêtement laissé un gangster s'évader de son bureau, personne ne s'était vraiment offusqué.

Mais l'exemple le plus saisissant est sans doute celui du juge Y. Il est même si ahurissant qu'il mérite d'être détaillé. Il faut, pour bien le savourer, remonter au début des années 80 et à l'arrestation de deux trafiquants d'héroïne : un père, et son fils, que nous appellerons X.

X-père, pris en flagrant délit de récidive, est condamné à vingt-cinq ans de prison ferme. X-fils écope, lui, de huit ans. Ils sont incarcérés dans deux maisons d'arrêt du midi de la France, à quelques centaines de kilomètres l'un de l'autre. Le temps passe.

À la fin des années 80, X-fils est toujours derrière les barreaux. Pourtant, la gendarmerie le soupçonne d'être le chef d'une bande qui vient de commettre plusieurs « braquages de camions ».

Cela peut paraître surprenant : on a du mal à concevoir qu'une seule et même personne puisse simultanément écumer les autoroutes *et* purger une peine de prison. L'explication n'a rien de surnaturel : en fait, X-fils bénéficie d'un régime carcéral très particulier. Son juge d'application des peines (JAP), le juge Y, l'a placé en « chantier extérieur ». En d'autres termes, il lui a trouvé un petit boulot, hors de sa prison.

Déjà, c'est étonnant. Parce qu'en général, explique un magistrat, « les chantiers extérieurs sont réservés aux petits délinquants qui ont une vraie chance de se réinsérer rapidement. Pas aux grands trafiquants d'héroïne ». Mais ce n'est pas l'aspect le plus stupéfiant (si l'on ose dire) de cette affaire : il y a mieux. Beaucoup mieux.

Par exemple, en fait de petit boulot, X-fils a obtenu, pour son chantier extérieur, une place assez privilégiée : il est devenu le chauffeur personnel du juge Y. Pour les gendarmes chargés de l'enquête sur les braquages de camions, qui ont placé sur écoute la cabine où il passe ses coups de téléphone, c'est une surprise de taille. Mais ce n'est pas la seule.

Car ils découvrent aussi, en écoutant ses conversations, que le chauffeur du juge Y entretient une liaison avec une magistrate. Juge d'application des peines, elle travaille, divine coïncidence, dans la ville où X-père purge ses vingt-cinq ans d'incarcération. Et bien sûr, elle est aux petits soins pour son «beau-père» : «J'ai vu ton papa, il va bien, explique-t-elle par exemple au cours d'un entretien téléphonique avec X-fils. Il m'a dit que ça lui ferait plaisir que nous lui fassions un petit-fils.»

Abasourdis, les gendarmes écoutent.

Le magistrat chargé d'instruire l'affaire des braquages de camions découvre, lui, que, non content d'avoir embauché comme chauffeur un trafiquant d'héroïne, le juge Y s'est aussi trouvé un jardinier de confiance, toujours au moyen d'un «chantier extérieur», en la personne d'un autre malfrat.

Surtout, le JAP a fondé une association d'aide à la réinsertion des détenus, dont il a établi le siège chez lui, au rez-de-chaussée de la maison où il habite avec ses parents. Cela partait sans doute d'un bon sentiment. Mais ces détenus sont affectés à des tâches très particulières. Par exemple : c'est eux qui repeignent à neuf le siège de l'association qui les emploie. C'est-à-dire, on l'aura compris, le rez-de-chaussée du juge Y.

En 1990, le magistrat qui instruit les braquages de camions décide d'interpeller le chauffeur du JAP. Problème : X-fils a disparu. Le juge Y explique que cela n'a rien d'inquiétant : il lui a lui-même octroyé une permission exceptionnelle. Des petites vacances, en somme. Quelques jours plus tard, le juge Y produit d'ailleurs l'ordonnance, signée de sa main, autorisant X-fils à prendre ces quelques jours de repos.

Or, entre-temps, X-fils a finalement été interpellé. Et il a lui-même produit cette ordonnance, dont il détenait une copie.

Et là, surprise : ces deux documents théoriquement identiques – l'original produit par le JAP et la copie produite par son «chauffeur» – diffèrent du tout au tout. Car le juge Y, pour mieux se justifier, a réécrit son ordonnance.

En clair : il a fabriqué un faux. En écriture publique. C'est plus qu'un délit : c'est un crime. Passible de la cour d'assises.

À Paris, la chancellerie, affolée, dépêche deux inspecteurs pour enquêter sur les agissements du juge Y. Au terme de cette enquête, leur conclusion est sans appel : le JAP doit être radié, purement et simplement.

Mais le Conseil supérieur de la magistrature, consulté, émet un avis différent, au motif, notamment, que des écoutes téléphoniques (dans ce cas précis, il s'agit des écoutes pratiquées par les gendarmes qui enquêtaient sur les braquages de camions) ne peuvent pas être retenues dans une procédure disciplinaire : pour le CSM, le juge Y doit être muté, et ses fonctions de JAP doivent lui être retirées. Cela signifie, en clair, qu'il est toujours magistrat. Son ancien chauffeur, lui, a de nouveau été inculpé dans une grosse affaire de stupéfiants. La compagne de celui-ci a été mutée : elle aussi est restée magistrate.

À l'heure où ces lignes sont écrites, le juge Y continue à rendre la justice, en banlieue parisienne. À ses heures perdues, il anime des séminaires, grassement rémunérés, où il apprend aux grands patrons les réflexes qui les sauveront, si d'aventure ils sont mis en examen.

Si ce n'est pas de l'impunité, cela y ressemble ! Ce n'est pas complètement exceptionnel : tout le monde sait que les dérapages – même graves – des fonctionnaires de police, pour ne citer qu'eux, sont généralement «couverts» par leur hiérarchie.

Mais précisément : tout le monde le sait.

Alors que tout le monde ignore, parce que personne n'en parle jamais, que les juges ont aussi leurs faiblesses – c'est un euphémisme. Bien sûr, ces magistrats indélicats sont peu nombreux. Mais «on s'aperçoit, écrit la juge Anne Crenier, qu'un manquement apparemment isolé est souvent le produit d'un dysfonctionnement plus général de l'institution, de l'inertie des uns ou de la complaisance des autres[11]».

Partout dans le monde démocratique, un tel constat, dressé de l'intérieur, devrait provoquer un séisme. Pas au pays des étouffeurs.

L'épidémie
qui ne dérange personne

Après les attentats du 11 septembre, puis les « meurtres par correspondance » perpétrés aux États-Unis, les autorités sanitaires de tous les pays menacés ont réévalué les risques et débloqué des fonds pour lutter contre le bioterrorisme.

En France, Bernard Kouchner nous a présenté en grande pompe le plan Biotox : 1 milliard de francs pour lutter contre des contaminations potentiellement dévastatrices mais inexistantes.

Pendant ce temps-là, son ministère continue de cacher les vrais chiffres d'une maladie bien réelle et parfois mortelle, la légionellose. Connaisseurs avertis du monde scientifique, Christophe Labbé et Olivia Recasens, journalistes au *Point*, nous racontent comment la France est le dernier pays européen qui dissimule la vérité sur cette maladie à ses citoyens.

Cela commence comme une simple grippe. Après deux à dix jours d'incubation, la bactérie atteint les poumons, les reins et le système nerveux. Très vite, la victime est prise de vomissements, en proie à une forte fièvre, elle a de plus en plus de mal à respirer. Faute d'un traitement rapide, l'issue est fatale dans 15 % des cas. Quant à ceux qui s'en sortent, ils auront dû passer en moyenne vingt-cinq jours dans un service de réanimation. La *Legionella pneumophila* n'a rien à voir avec l'anthrax, et c'est bien là sa malchance. Elle ne fait par partie des menaces bioterroristes, contre lesquelles le ministre de la Santé, Bernard Kouchner, a débloqué d'urgence le 5 octobre 2001, dans le cadre du plan Biotox, 152,4 millions d'euros (près d'un milliard de francs). Pourtant, pour attraper cette redoutable infection pulmonaire, rien de plus simple : il suffit d'inhaler des vapeurs d'eau contaminées par ce germe, qui s'épanouit entre 25 et 41 °C dans les circuits des systèmes de climatisation, les canalisations d'eau chaude ainsi que dans les bains des stations thermales.

Officiellement, cette maladie à déclaration obligatoire a fait 610 victimes en France au cours de l'année 2000. Mais de l'aveu même des autorités sanitaires, le nombre serait à multiplier par huit... On peut ainsi chiffrer à 5 000 le nombre de Français atteints chaque année par la maladie du légionnaire. « Les cas isolés ont tendance à passer inaperçus car cette maladie peut s'apparenter à une pneumonie classique. On estime d'ailleurs que 20 % des pneumopathies hospitalisées sont en fait des légionelloses », reconnaît-on à l'Institut national de veille sanitaire. Et ce serait le cas de 2 à 5 % de celles diagnostiquées par les médecins libéraux.

Si la légionellose est une maladie aussi mal dépistée, c'est que certains ont intérêt à taire ce problème de santé publique. Avec environ 20 % des cas déclarés, l'industrie hôtelière est en première ligne, mais elle ne tient pas à le faire savoir. Pourtant, un geste simple suffirait à éviter la plupart des contaminations. « En basse saison, certaines chambres peuvent rester inoccupées plusieurs semaines d'affilée, les légionelles en profitent pour se développer dans les canalisations d'eau chaude. Et le premier client qui prend sa douche en prend plein les poumons. Avant de réouvrir une chambre, le bon réflexe est de faire marcher les robinets pour évacuer l'eau stagnante», explique un spécialiste de la prévention des risques. En 1996, six contaminations à la *Legionella* ont eu pour origine un grand hôtel parisien. Après avoir fait désinfecter l'établissement en catimini, les pouvoirs publics ont fait en sorte que l'affaire ne s'ébruite pas. Un silence qui, bizarrement, n'est pas de mise lorsque l'épidémie se produit à l'étranger. L'année suivante, les autorités sanitaires françaises n'ont par exemple pas hésité une seconde à montrer du doigt l'hôtel Festival d'Istanbul, désigné comme responsable d'une épidémie de légionellose qui venait de frapper seize touristes français.

Cette pudeur sélective, on la retrouve jusque dans les bulletins du réseau européen de surveillance des maladies infectieuses : la France est le seul pays à cacher l'identité des foyers de légionellose quand ils se trouvent sur le territoire national. Pour le citoyen français qui veut connaître malgré tout le nom des hôtels impliqués dans des épidémies, la seule solution est d'aller voir les sites Internet de certains voyagistes anglo-saxons qui, eux, n'hésitent pas à afficher la liste d'hôtels français infestés de légionelles. Des scoops qu'ils récupèrent auprès des administrations de leur pays, plus transparentes qu'en France, mais auxquelles les autorités sanitaires parisiennes sont tenues de transmettre leurs données. Comme souvent, c'est par l'étranger qu'on peut obtenir des informations tenues pour taboues ou inexistantes dans l'Hexagone.

Car, question transparence, la France est largement en queue du peloton, à des années lumière de la Hollande par exemple. En février 1999, lors d'une exposition florale dans la banlieue d'Amsterdam, 241 personnes ont attrapé la légionellose et 28 en sont mortes. L'eau destinée à alimenter un stand de démonstration pour jacuzzi avait mijoté préalablement dans les canalisations jusqu'à aligner un million de *Legionella* par litre! À l'époque, toutes les informations sur le lieu de l'épidémie ont été rendues publiques par les autorités sanitaires néerlandaises.

L'industrie thermale française n'envisage pas de se comporter ainsi. Lorsqu'en mars 1998 les thermes de la Léchère en Savoie sont frappés d'un an de fermeture administrative pour cause de légionelles, les élus locaux font le siège du ministère de la Santé, avec des arguments de poids: les 195 millions de francs de chiffre d'affaires liés à l'activité thermale et les 400 emplois en jeu. Officiellement, depuis 1998, le nombre de légionelloses contractées à l'occasion d'une cure thermale, dans l'un des 37 établissements que compte la France, serait d'une trentaine de cas... Mais de nouveau, impossible de connaître le nom des stations thermales incriminées.

Des morts que l'on nie

L'extrême discrétion des pouvoirs publics concerne aussi ce que l'on appelle les tours aéroréfrigérantes. Posées sur les toits d'immeubles, ces édifices, qui permettent de rafraîchir l'air en produisant de l'eau froide, évacuent la chaleur vers l'extérieur sous forme d'un panache de vapeur. Si l'eau du circuit de refroidissement est contaminée par des *Legionella*, la tour diffuse ces bactéries dans un périmètre de plusieurs centaines de mètres. Rien qu'à Paris, on estime à 500 le nombre d'installations potentiellement à risque. C'est le quartier de la Défense, du fait de sa densité de buildings, qui bat le record de la plus grande concentration de tours aéroréfrigérantes d'Europe.

Depuis novembre 1997, cinq cas de légionellose ayant provoqué trois décès ont été déclarés à la Direction des affaires sanitaires et sociales (Ddass) des Hauts-de-Seine, sans que l'on puisse en déterminer formellement l'origine.

L'une des victimes, Joël Caron, un informaticien de 50 ans qui travaillait dans la tour Charras abritant les services informatiques du numéro 1 mondial de l'assurance Axa, est décédé en juin 1998 d'une légionellose après trois semaines passées en réanimation. Les analyses effectuées dans les locaux de l'entreprise, juste après son décès, avaient mis en évidence une contamination importante par la *Legionella* dans le réseau d'eau chaude sanitaire. Josette Caron, son épouse, a porté l'affaire devant la justice. Quant à Axa il a proposé, en vain, un dédommagement financier à la plaignante.

Un mois plus tard, le groupe connaît de nouveaux tracas. En juillet 1998, alors que la Coupe du Monde bat son plein, onze Français, sept touristes britanniques, un Danois et un Suédois sont contaminés en marchant dans les rues du IIe et du IXe arrondissement de Paris. Quatre d'entre eux décèdent à l'hôpital. Très vite, l'enquête menée par l'Institut national de veille sanitaire (INVS) et la Ddass de Paris désigne la source de la contamination : trois tours aéroréfrigérantes d'un grand immeuble situé au 31, boulevard des Italiens, dans le IIe arrondissement de la capitale. Le bâtiment incriminé appartenait à l'époque au groupe Axa. Comme le prouvent les analyses effectuées le 5 août par le Laboratoire d'hygiène publique de la ville de Paris, les trois tours aéroréfrigérantes desservant les bureaux de l'assureur français étaient fortement contaminées, l'une d'entre elles recelant jusqu'à 2 millions de *Legionella pneumophila* par litre, ce qui constitue un record du genre. Axa a fait désinfecter ses installations, et l'affaire ne s'est pas ébruitée dans la presse, grâce à la discrétion de la Direction générale de la santé. Aujourd'hui encore, les autorités sanitaires refusent de lever le voile sur l'identité du propriétaire. Une attitude d'autant plus troublante que ce type d'accident n'est pas une fatalité. Il existe d'ailleurs, depuis avril 1997, une circulaire qui préconise des opérations régulières de désinfection suivies d'analyses, qui rendent peu probable la possibilité pour une tour aéroréfrigérante de diffuser un panache contaminé. Et Axa assure avoir mis en place un système de contrôle efficace.

L'année suivante, ce sont encore des tours aéroréfrigérantes qui ont semé la mort dans un quartier de Paris. Une des victimes,

LA SOMMATION D'AXA

Les amis de la liberté de la presse forment un club très huppé. Un nouvel adhérent vient d'y être coopté de plein droit : le groupe Axa, représenté par son président, Henri de la Croix de Castries. Celui-ci nous adresse par l'intermédiaire de son avocat, Me Dartevelle, le 12 décembre 2001, un courrier peu amical, comme l'indique son

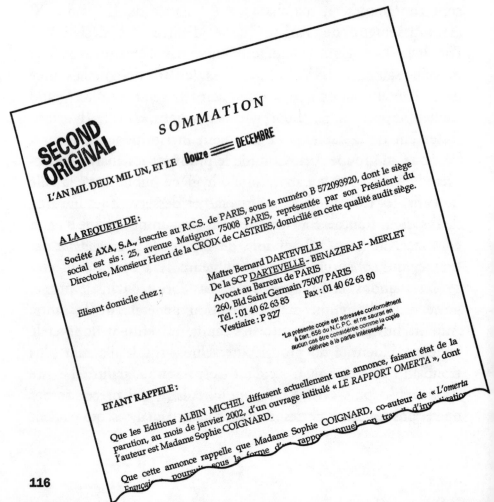

SOMMATION

SECOND ORIGINAL

L'AN MIL DEUX MIL UN, ET LE Douze DÉCEMBRE

A LA REQUETE DE :

Société AXA, S.A., inscrite au R.C.S. de PARIS, sous le numéro B 572093920, dont le siège social est sis : 25, avenue Matignon 75008 PARIS, représentée par son Président du Directoire, Monsieur Henri de la CROIX de CASTRIES, domicilié en cette qualité audit siège.

Elisant domicile chez :

Maître Bernard DARTEVELLE
De la SCP DARTEVELLE - BENAZERAF - MERLET
Avocat au Barreau de PARIS
260, Bld Saint Germain 75007 PARIS
Tél. : 01 40 62 63 83   Fax : 01 40 62 63 80
Vestiaire : P 327

"La présente copie est adressée conformément à l'art. 658 du N.C.P.C. et ne saurait en aucun cas être considérée comme la copie délivrée à la partie intéressée".

ETANT RAPPELE :

Que les Editions ALBIN MICHEL diffusent actuellement une annonce, faisant état de la parution, au mois de janvier 2002, d'un ouvrage intitulé « LE RAPPORT OMERTA », dont l'auteur est Madame Sophie COIGNARD, co-auteur de « L'omerta

Que cette annonce rappelle que Madame Sophie COIGNARD, rapport annuel son travail d'investigation

un homme de 42 ans, est décédé des suites de sa contamination. En retraçant les itinéraires des victimes dans la capitale durant les dix jours précédant leur hospitalisation, les enquêteurs de la Ddass sont remontés jusqu'à la source. Et de nouveau les autorités sanitaires ont refusé de dévoiler l'identité des tours incriminées.

---

intitulé («Sommation») et son mode de distribution (les huissiers). Mᵉ Dartevelle s'est, semble-t-il, beaucoup intéressé au *Rapport Omertà*, puisqu'il a eu accès, on ne sait trop comment, à des documents de travail internes. Il nous expose donc, entre autres, que «pour son millésime 2002» *Le Rapport Omertà* raconterait, notamment, «la chape de plomb que les entreprises comme Axa ou la SNCF entretiennent, avec la complicité de l'État, sur la légionellose».

Alors, pour Mᵉ Dartevelle, «la publication de l'ouvrage intitulé *Le Rapport Omertà* est susceptible d'être gravement diffamatoire à l'encontre de la requérante» (c'est-à-dire d'Axa). Il n'a pas lu le livre, Mᵉ Dartevelle, mais il nous met en garde. C'est gentil. Et il se montre plus serviable encore.

Il nous fait un petit cours sur le droit de la presse. «La preuve des faits diffamatoires incombe aux auteurs et complices de l'infraction.» Dans son esprit, c'est clair, nous sommes délinquants: avant même publication, il y a déjà «infraction». Et puis la «bonne foi», dont il nous rappelle qu'il faut, pour qu'elle soit admise par les tribunaux, remplir quatre conditions: «La légitimité du but poursuivi, l'absence d'animosité personnelle, la prudence dans l'expression et, surtout, l'existence d'une enquête sérieuse.» Et Mᵉ Dartevelle d'insister: «La bonne foi suppose encore que soient interrogées dans le cadre de l'enquête les personnes mises en cause.»

Avant de publier cette enquête, nous avons réuni de nombreux documents, interrogé de nombreuses personnes. Mais nous avons voulu prendre Axa et Mᵉ Dartevelle au mot. Alors nous avons envoyé à Henri de la Croix de Castries, président d'Axa, une série de questions précises. Hors délai, au bout de trois semaines, la direction de la communication d'une filiale, Axa France, a fini par nous faire parvenir un fax très distrayant. Première particularité: non seulement il ne répond pas – à une exception près – aux six

En l'occurrence, quatre tours aéroréfrigérantes situées sur l'ensemble immobilier Maine-Montparnasse, qui abrite la gare du même nom. Ce groupe d'immeubles géré par le Groupement foncier français (GFF), une lointaine filiale de la Caisse des dépôts et consignations, aligne plusieurs copropriétaires, parmi lesquels la SNCF, qui utilise deux des quatre tours. En septembre 2001, les analyses effectuées par la ville de Paris ont mis en évidence dans

---

questions que nous avons posées, mais les collaborateurs d'Henri de la Croix de Castries (y compris Me Dartevelle ?) poussent même la créativité jusqu'à se poser des questions à eux-mêmes. Voici donc, au titre du « contradictoire » évoqué avec insistance dans la sommation par Me Dartevelle, les réponses d'Axa. Mais attention, les réponses à leurs questions, pas aux nôtres.

À propos d'éventuels décès par légionellose, la novlangue axienne nous indique qu'« il appartient à la Direction générale de la santé de faire part de la conclusion de son enquête ». Sur d'éventuelles contaminations dans la tour Charras de la Défense, « les contrôles effectués durant l'été 1998 se sont avérés positifs seulement en deux endroits précis de l'immeuble et ont finalement fait immédiatement l'objet du traitement préventif approprié ». Quant à l'immeuble du boulevard des Italiens cité dans notre enquête, tout va bien. À un détail près : « Seules se sont révélées positives les analyses faites sur les tours aéroréfrigérantes. » Si l'on peut se permettre un petit conseil aux hauts personnages qui dirigent ce grand groupe mondial, un brin de professionnalisme ne nuirait pas, à l'avenir, pour traiter ce genre de dossiers délicats.

Mais au fait, quelle est la « légitimité du but poursuivi » par Axa et Me Dartevelle ? Là, plusieurs hypothèses.

• Nous pousser à réinterroger, de plus en plus précisément, les responsables d'Axa afin de nous « couvrir ». Ce qui permettrait aux intéressés de savoir, indirectement, ce que contient *Le Rapport Omertà* à ce sujet, afin de pouvoir préparer une contre-attaque.

• Nous intimider et nous faire renoncer à la publication du dossier qui déplaît à

l'une d'entre elles une contamination soixante fois supérieure au seuil d'alerte de 1 000 *Legionella* par litre. Soixante fois!

Et les légionelles retrouvées dans l'eau de cette installation présentent la même empreinte génétique que les souches isolées chez deux des malades. Des informations qui n'ont apparemment pas été communiquées aux victimes, qu'il s'agisse de ce chauffeur livreur, qui, quelques jours avant que n'apparaissent

---

M. de la Croix de Castries. Plusieurs éléments pourraient le laisser penser. Me Dartevelle écrit : « Le principe de la liberté de la presse n'autorise pas la requérante [Axa] à empêcher préventivement la publication de ce nouvel ouvrage. » En effet, maître, nous n'en sommes pas encore là. Impossible, dans l'état actuel de la loi, pourtant fort restrictive, de s'opposer purement et simplement à la publication d'un livre juste parce qu'il déplaît à tel ou tel. Mais attention, c'est pour mieux rappeler, dans le paragraphe suivant, que « la requérante [Axa, toujours] se réserve le droit de solliciter la saisie des publications qui interviendraient en violation de ses droits ». Oui, c'est bien de cela qu'il est question : la saisie préventive d'un livre, l'interdiction de paraître… Mais en même temps, on ne peut imaginer que nos interlocuteurs se livrent délibérément à des actions d'intimidation.

Faut-il alors leur accorder le bénéfice de la « bonne foi » ? Légitimité du but poursuivi (tenter d'empêcher la publication d'un livre qu'ils prétendent juger diffamatoire sans l'avoir lu), absence d'animosité personnelle (Me Dartevelle fut notre contradicteur passionné dans le procès qui nous a opposés à Jack Lang, mais après tout c'est son métier), prudence dans l'expression (« sommation » est un terme un peu vif, mais le droit est le droit), et « surtout » existence d'une enquête sérieuse (pour se procurer des documents internes à une maison d'édition, il faut être un fin limier).

Pour conclure, qui est à l'initiative de cette sympathique procédure préventive ? Axa, que l'on a connu plus habile en matière de communication ? Me Dartevelle, qui lui aurait « vendu » cette magnifique idée ? La suite dans le prochain *Rapport.*

les premiers symptômes, a pris le train à la gare Montparnasse, du retraité qui se rendait régulièrement sur l'esplanade pour prendre son bus, ou de ce septuagénaire qui fréquentait les cinémas du quartier. Au sein de la SNCF, le mot d'ordre semble avoir aussi été la discrétion. Les comptes rendus du Comité d'hygiène, de sécurité et des conditions de travail de l'entreprise sont muets sur l'incident. Un manque de transparence qui a d'ailleurs été épinglé dans le rapport annuel du service de médecine du travail de la gare Montparnasse : « Cette contamination pose la question de la surveillance et de l'entretien de ces installations de climatisation : on ne dispose d'aucun élément sur les visites, prélèvements et interventions d'entretien effectués avant la contamination, ainsi que sur le cahier des charges de maintenance des installations. » Le GFF, lui, se retranche derrière le fait que les analyses effectuées deux mois avant l'épidémie étaient satisfaisantes...

Quant à la province, elle n'est pas mieux lotie que Paris. Pour preuve, l'épidémie qui a frappé la ville de Rennes en juillet 2000, faisant vingt-quatre victimes dont cinq morts. L'enquête sanitaire a désigné les tours aéroréfrigérantes de trois immeubles du centre ville, mais l'identité des propriétaires des bâtiments n'a jamais été rendue publique.

Tout aussi opaque est le monde hospitalier. Selon les chiffres de la Direction générale de la santé, les hôpitaux totaliseraient plus de 18 % des cas de légionellose ! La plupart du temps, les patients se trouvent contaminés en prenant leur douche. Et c'est l'hécatombe, car la bactérie s'attaque en priorité aux personnes à la santé fragile et dont le système immunitaire bat de l'aile. Si certains hôpitaux regorgent de légionelles, c'est parce que leurs installations « sont anciennes et mal entretenues ». Dixit un expert du Bureau Veritas. Dans ces conditions, il ne suffit pas d'injecter du chlore pour se prémunir de la bactérie, c'est toute la canalisation qui est à repenser : « Il faut notamment identifier et supprimer tous les bras morts qui constituent autant de repaires à légionelles.» Une tâche compliquée lorsqu'il n'existe pas de plans du réseau d'eau chaude, comme c'est souvent le cas. Quant à la note, elle se chiffre très vite en millions de francs. «Dans un contexte de restriction budgétaire, un directeur d'hôpital hésitera toujours entre l'éradication des légionelles et l'achat d'un nouveau matériel dont ses équipes ont besoin», confie un médecin hospitalier parisien.

Mais cela devient surréaliste quand il s'agit d'un établissement flambant neuf. L'année dernière, l'hôpital européen Georges-Pompidou, vaisseau-amiral de l'Assistance publique des hôpitaux de Paris (APHP), était torpillé par la bactérie tout juste après avoir été inauguré... (voir l'encadré page suivante).

Punie pour avoir parlé

Autant d'affaires que l'on a cherché à étouffer, d'où le ras-le-bol d'un certain nombre de victimes qui ont monté l'Association des victimes de la légionellose (Avil). L'objectif de l'Avil est d'inciter les pouvoirs publics à mieux recenser les cas, à prendre en compte les séquelles et surtout à faire preuve de plus de transparence lorsqu'une épidémie survient.

Question omertà, le Dr Marie-Josée Payot-Rieudebat, vice-présidente de l'association, sait de quoi elle parle. Le 6 août 1998, convaincue d'avoir contracté une légionellose en veillant son père hospitalisé à l'hôpital de Tarbes dans les Hautes-Pyrénées, ce médecin généraliste alerte l'établissement sur le risque d'une éventuelle contamination par des légionelles. En vain.

«L'hôpital m'a affirmé qu'aucune des analyses effectuées sur son réseau d'eau chaude n'avait permis de déceler la bactérie, mais qu'ils avaient malgré tout procédé à une chloration et à un choc thermique.» Une mesure dont l'efficacité a été de courte durée, puisque six semaines plus tard l'établissement comptabilisait deux cas de légionellose mortels. «Après avoir tiré la sonnette d'alarme dans la presse locale, les ennuis ont commencé », explique le Dr Payot-Rieudebat.

LE « CAS POMPIDOU »

« Ce qui nous a surpris, c'est qu'il y avait du sable dans l'eau du robinet de sa chambre », raconte Christiane Dodier, dont le mari a été admis pour une pleurésie à l'hôpital européen Georges-Pompidou (HEGP) le 24 octobre 2000, avant même qu'il soit inauguré officiellement. « Deux jours plus tard, il s'est plaint de frissons dans le dos, on ne comprenait pas ce qui se passait. Les médecins ont affirmé qu'il avait attrapé un virus, ils l'ont mis sous oxygène avec des antibiotiques. » Le 7 novembre, il a été transféré à la polyclinique de Lagny où le médecin qui le suivait a tout de suite dit : « Il y a quelque chose qui cloche. » « Le 17 novembre le médecin de la clinique nous a annoncé que mon mari avait la légionellose, a immédiatement appelé l'hôpital Pompidou pour les prévenir, puis leur a confirmé le 20 novembre le diagnostic par courrier et le 27 par fax, précise Christiane Dodier. L'état de santé de mon mari n'a fait qu'empirer. Les médecins m'ont dit qu'ils ne pouvaient plus rien faire. Sa vue s'est altérée puis il s'est mis à ne plus entendre. Il a commencé à avoir des douleurs musculaires. Il souffrait le martyre. Ils l'ont mis sous morphine. » Paniquée, Christiane Dodier contacte l'hôpital Pompidou. « Ils m'ont dit qu'ils étaient navrés, que mon mari était entré chez eux en mauvaise forme puis ils m'ont raccroché au nez. Cela a été mon dernier contact avec l'hôpital. Le 5 février 2001, mon mari est mort dans mes bras. » Christian Dodier a été la première victime de cette épidémie de légionellose qui a sévi à l'HEGP. Du 12 décembre 2000 au 8 janvier 2001, sept autres malades contractent la maladie, mortelle pour l'un d'entre eux. En mai 2001, une information judiciaire a été ouverte contre X pour « homicide involontaire et mise en danger de la vie d'autrui » suite à la plainte déposée par Christiane Dodier et sa fille. L'instruction est confiée à la juge spécialisée dans les affaires de santé publique, Marie-Odile Bertella-Geffroy. Mais cette dernière n'est saisie, pour l'heure, que du seul cas Dodier. Faute de pouvoir établir un lien avec les autres décès, la magistrate aura donc du mal à enquêter sur le manque de réactivité de l'hôpital européen, après la découverte du premier cas. Pourtant, dans un livre qui a fait grand bruit[12], le Pr Philippe Even, éminent praticien hospitalier, accuse entre autres la

La Direction départementale des affaires sanitaires et sociales
se déplace au domicile du médecin généraliste pour y effectuer

direction de l'hôpital d'avoir maintenu sa décision d'ouvrir l'établissement alors qu'elle avait connaissance de « concentrations dangereuses » de légionelles.

Il est de toute façon sidérant que le fleuron des hôpitaux français, qui a coûté la bagatelle de 2,2 milliards de francs, ait pu être à l'origine d'une épidémie de légionellose, quatre mois à peine après son ouverture. En fait, il s'est avéré que le réseau d'eau chaude souffrait probablement de défauts de conception qui, selon le Pr Even, étaient connus de la direction dès le mois de décembre 2000... Depuis, l'Assistance publique des hôpitaux de Paris, propriétaire de l'hôpital Georges-Pompidou, a déposé une requête contre les maîtres d'œuvre et les constructeurs. Sauf que dans le cahier des charges imposé par l'hôpital, il est stipulé que l'eau doit circuler dans les tuyaux entre 40 et 50 °C, un niveau très proche de la température optimale pour la prolifération des légionelles. L'autre option, beaucoup plus coûteuse, aurait été de garantir une eau à 60°, ce qui aurait obligé à installer des mitigeurs sur tous les robinets afin que les malades ne se brûlent pas. Autre erreur pointée du doigt par les experts, le fait d'avoir choisi une tuyauterie non pas en acier inoxydable mais en acier galvanisé. Ce dernier coûte trois fois moins cher mais se désagrège plus facilement, libérant des débris sableux dans lesquels se nichent les légionelles.

Pour couronner le tout, l'hôpital a été ouvert par petits bouts, ce qui a laissé le temps à la *Legionella pneumophila* de s'épanouir dans l'eau stagnante des tronçons de tuyauteries non utilisés. Après avoir réalisé de gros travaux pour sécuriser le réseau d'eau chaude, l'hôpital européen pensait en avoir fini avec la légionellose, d'autant que les experts mandatés par le ministre de la Santé, Bernard Kouchner, avaient déclaré en mars 2001 que tout danger était écarté. Pourtant, trois nouveaux cas se sont déclarés en juin. La Direction départementale des affaires sanitaires et sociales de Paris a ouvert une enquête.

Au total, depuis que cet établissement ultra-moderne a ouvert ses portes il y a un peu plus d'un an, douze cas de légionellose ont été déclarés, dont trois mortels.

des analyses d'eau. «Le taux de légionelles trouvé était insignifiant. Ce qui n'a pas empêché le directeur de l'hôpital de déclarer à la télévision que j'avais des légionelles chez moi.» Sauf que l'hôpital affichait, lui, une contamination de 100 000 *Legionella* par litre, soit cent fois la norme préconisée par l'Organisation mondiale de la santé (OMS). Très loin en tous les cas des 150 légionelles détectées au domicile du Dr Payot-Rieudebat.

Le mois suivant, la pharmacienne biologiste de l'hôpital, responsable de la lutte contre les infections au sein de l'établissement, porte plainte contre le Dr Payot-Rieudebat devant le conseil régional Midi-Pyrénées de l'ordre des médecins. Résultat: en juin 1999, le médecin écope d'un mois d'interdiction d'exercice au motif du «discrédit porté à la profession médicale». «Cette plainte n'était pas recevable puisqu'un pharmacien n'est pas habilité à saisir le conseil de l'ordre des médecins. En fait, j'ai été condamnée pour avoir osé mettre en doute la sécurité sanitaire d'un hôpital.»

Marie-Josée Payot-Rieudebat n'est réhabilitée qu'en février 2001. Le conseil national de l'ordre annule alors la sanction, relevant qu'il est «du devoir d'un médecin de rendre publiques les carences du fonctionnement du service hospitalier».

En octobre 2000, l'hôpital de Tarbes est mis en examen par la juge d'instruction Catherine Katz, en tant que personne morale, pour «homicides involontaires» à la suite de la mort en 1998 de deux patients atteints de légionellose. Une première du genre. «C'est une satisfaction à un bémol près: parmi les quatre plaintes déposées contre l'hôpital, une seule a débouché sur un non-lieu: la mienne. Selon les experts, la souche de légionelles que j'ai contractée est différente de celle identifiée dans l'eau de l'hôpital. Mais le problème est qu'il existe une quarantaine de légionelles et qu'en France les analyses s'arrêtent au type 6.»

Quoi qu'il en soit, l'expert mandaté par le tribunal administratif, devant lequel le Dr Payot-Rieudebat a également porté l'affaire, a conclu, lui, à une légionellose d'origine nosocomiale, c'est-à-dire contractée à l'hôpital.

Aujourd'hui, Marie-Josée Payot-Rideudebat souffre de calcifications articulaires, d'atteintes hépatiques, de problèmes oculaires… et surtout d'une forme de myopathie consécutive à la légionellose. Malgré de multiples pressions, y compris des menaces téléphoniques, elle poursuit son combat.

Le petit club des « tueurs » de dossiers

Ils sont une petite douzaine. Ils trustent les dossiers judiciaires sensibles. Depuis peu, ils ont mis dehors leurs aînés, les anciens avocats d'affaires du barreau, des vieux messieurs tranquilles, presque tous anciens bâtonniers, habitués à converser poliment avec les magistrats, à déposer leurs requêtes dans les délais, et s'interdisant, par tradition, certaines méthodes. Eux, les nouveaux venus, ont changé les règles. Dans les dossiers actuels, ils travaillent avec un « permis de tuer ». Tuer quoi? Les procédures bien sûr. Et au passage, des juges trop entreprenants récoltent des balles perdues. Dans la coulisse des affaires, c'est une nouvelle guerre que nous décrit Laurent Valdiguié, journaliste au *Parisien*.

C'est au deuxième semestre de l'année 2001 exactement que remonte le changement d'époque. Le moment où les petites astuces de quelques avocats sont devenues de grandes stratégies, qui changent le cours des choses.

Septembre : la cour d'appel de Paris dessaisit le juge Halphen du dossier des HLM de Paris. Sept ans de travail mis entre parenthèses, pour un petit problème de procédure.

Un mois plus tard : la Cour de cassation proclame, de fait, Jacques Chirac intouchable tant qu'il dort à l'Élysée. Un double enterrement de première classe.

Si 2001 restera comme l'année symbole, cela fait plus long-temps que les avocats spécialistes de la « nullité », qui traquent la petite bête dans les gros dossiers d'instruction, se font la main, parfois sur de gros clients.

21 août 1998. Alain Juppé, ancien Premier ministre, ancien secrétaire général du RPR, ancien ministre des Affaires étrangères, est mis en examen pour détournement de fonds publics, prise illégale d'intérêt, complicité et recel d'abus de biens sociaux, abus de confiance aggravé, dans l'affaire des emplois présumés fictifs du RPR. À la télévision, il a l'air sincèrement effondré. Ses amis le disent perdu pour la politique. Devant les Français, Alain Juppé dit qu'il souhaite pouvoir s'expliquer au plus tôt devant le juge.

Deux mois plus tard, jour pour jour, au palais de justice de Nanterre. Le magistrat instructeur Patrick Desmure a réservé tout son après-midi pour recueillir les explications du mis en examen Juppé Alain. Mais l'audition ne va durer que quelques minutes, le temps pour l'avocat de l'ancien Premier ministre, Me Francis Szpiner, de dire au magistrat que le formulaire de convocation ne respecte pas strictement les règles en usage. Juppé s'en va. Le juge est consterné. La guérilla de procédure commence.

Tous les dossiers judiciaires sensibles sont désormais piratés par ces combats à mort. Xavière et Jean Tiberi, Robert Hue, Jacques Chirac, Michel Roussin, Alain Juppé, Alfred Sirven, Jean-Christophe Mitterrand, Jacques Crozemarie, Charles Pasqua, tous ont donné le feu vert à leurs nouveaux avocats pour traquer les vices de procédure, la nullité fatale, la faute de frappe miraculeuse. Dans le dossier Halphen, ils sont même allés dénicher un rajout, dans le formulaire initial ayant saisi le magistrat. Selon eux, cette faute de frappe corrigée par un greffier aurait porté atteinte aux droits de la défense. Sans suite heureusement, mais après des mois de débats devant la chambre de l'instruction, l'organe de contrôle du travail des juges de base.

Un petit club fermé d'avocats pilote ce nouveau front. Thierry Herzog, sauveur des Tiberi, Francis Szpiner, stratège de Juppé, Pierre Haïk, conseil de Roussin et de Sirven, Olivier Metzner, défenseur de Crozemarie, de Le Floch-Prigent et du général Noriega… La plupart de ces collectionneurs de dossiers politiquement sensibles ont un point commun : ils ont fait leurs classes au barreau en se faisant les dents avec les trafiquants de drogue. Cela forme la robe. Ces pénalistes tout terrain ont l'habitude depuis des années de défendre des causes pénalement perdues. Sur le papier, comment sauver un client pris la main dans le sac à la tête d'un réseau, après des mois d'enquête policière internationale ? Peu d'issue. Peu d'espoir.

Dans le milieu des truands, les bons avocats valent cher parce qu'ils sont les seuls à pouvoir faire des miracles : trouver la faille qui cassera le dossier quand il n'est plus envisageable de plaider l'innocence. La réputation des Herzog, Haïk, Metzner, Szpiner, n'est plus à faire dans les cours de promenade de la Santé ou de Fresnes. Leur légende colporte qu'ils ont anéanti des dossiers au finish. Et c'est vrai. Le top de la réussite, à la buvette du tribunal de Paris, c'est d'obtenir la libération d'un client, que tout accuse pourtant, pour vice de forme.

LES « NULLITÉS » DE L'ANNÉE 2001

Janvier

L'année commence en fanfare par une première série de demandes de nullités déposées par plusieurs mis en examen du dossier Falcone. L'avocat d'Arcadi Gaydamak, en fuite, estime que le juge Courroye ne pouvait pas lancer de poursuites sans avoir été saisi au préalable par une plainte du gouvernement. Pour déposer ce recours, les avocats sont allés chercher un décret de 1939. Bien vu. La Cour de cassation leur donne raison.

Février

• Le procès de l'escroquerie du Sentier démarre avec difficulté. Les avocats des 124 prévenus déposent en début d'audience une série de nouvelles requêtes pour vices de procédure. Elles seront finalement repoussées. Le procès avait déjà été reporté une fois, malgré la location de la salle préfabriquée par le ministère de la Justice à cause d'un vice de forme reconnu par la chambre de l'instruction : un

Pendant longtemps, cette école d'avocats s'est vu interdire la cour des procès financiers. C'était encore le temps où les personnalités en difficulté s'interdisaient de ferrailler avec les magistrats sur le terrain de la faute de frappe. Impensable alors pour un capitaine d'industrie ou un ministre d'obtenir une relaxe sur le tapis vert, gagnant par ce qui serait apparu comme une astuce de défense, un subterfuge de dernière minute. Que fait Pierre Suard, grand patron d'Alcatel, lorsqu'il se trouve encerclé par la justice ? Il promet d'abord de faire la preuve de son innocence. Longuet, Carignon, Noir, Emmanuelli, toute la première vague des accrochés judiciaires tiendra le même discours, celui de l'innocence, promettant qu'au terme d'une démonstration les charges s'écrouleront. Causes perdues, souvent. Il a donc fallu trouver autre chose.

Les victoires de « Miss Procédure »

Le titre de Miss Procédure revient de droit à la reine du genre : Xavière T. Par trois fois, Thierry Herzog va lui éviter le pire. L'avocat, une première fois, fait annuler la perquisition du juge Halphen, celle au cours de laquelle le magistrat s'était vu remettre le fameux rapport sur la francophonie. Un cafouillage juridique s'ensuit avant que le procureur d'Évry, Laurent Davenas, et la chambre régionale des comptes d'Île-de-France ne remettent debout l'enquête sur les emplois présumés fictifs au conseil général de l'Essonne. Devant le tribunal correctionnel, Xavière Tiberi est la seule à tout nier. Dugoin, son ancien employeur, l'accuse à bras raccourcis. Qui sauvera Xavière? La procédure. Un recours devant la Cour de cassation, que tout le monde avait oublié, trois ans plus tôt, aurait dû, selon le tribunal, interdire la reprise de l'enquête du procureur. Miracle. Même divine surprise en appel.

Mais les ennuis de Xavière continuent sur un autre front, celui des faux électeurs présumés du Vᵉ arrondissement où les enquêteurs collectionnent contre elle une série de témoignages à charge. Elle refuse de s'expliquer. Son avocat exige d'avoir accès à tous les scellés du dossier. Normal. Le juge demande aux gendarmes, par camions, d'entreposer toute l'enquête, plusieurs tonnes de cartons, dans une pièce spéciale du palais de justice de Paris. Les gendarmes déménageurs s'exécutent. Herzog ouvre à peine les

seul des 124 prévenus n'aurait pas été avisé à temps de ses droits au début de sa garde à vue. La Cour de cassation considère finalement que le procès peut avoir lieu.

• La Cour de cassation valide la procédure du juge Halphen, chargé de l'enquête sur les HLM de Paris depuis 1994. En fait, elle « casse » des décisions de la chambre de l'instruction qui elle-même avait annulé certains actes du juge. Même un juriste n'y retrouve pas son latin. En clair, la Cour de cassation estime que le juge de Créteil, au moins jusqu'en novembre 1999, date à laquelle il avait bouclé son dossier une première fois, avait bien fait son travail. Pour les avocats des mis en examen, c'est une défaite en rase campagne. Pour le juge Halphen, son dernier motif de satisfaction. Il ne le sait pas encore, mais le dossier lui sera bientôt retiré.

Juin

• Les avocats des mis en examen de l'affaire Halphen ne désarment pas. Mᵉˢ Thierry Herzog et

Francis Szpiner, au nom de faux facturiers présumés, déposent un nouveau recours. Ils estiment que le juge de Créteil ne pouvait pas relancer son instruction en septembre 2000, au moment de la révélation par *Le Monde* de la cassette Méry. Les avocats saisissent la chambre de l'instruction et réclament que le dernier volet de l'affaire des HLM soit annulé.

• Reprise du procès du financement occulte du PC après une première annulation en octobre 2000. À la dernière minute, des avocats, Mᵉ Jean-Pierre Versini-Campinchi en tête, avaient récusé la présidente du tribunal, Sophie Portier, au motif qu'elle aurait été assesseur dans une précédente audience au procès Urba, en 1992. Un procès dans lequel il avait déjà été question du bureau d'études Gifco.

Septembre
À la surprise générale, la chambre de l'instruction, non seulement annule toute la dernière partie du dossier des HLM de Paris, mais décide aussi de retirer l'enquête au juge Éric Halphen.

cartons, mais saisit la chambre de l'instruction d'un recours. Perd. Saisit la Cour de cassation. Perd encore. Il saisit la Cour européenne des Droits de l'homme à Strasbourg. Sa cliente, en attendant, refuse de s'expliquer devant les juges Valat et Coirre, chargés de la fraude électorale, «tant que ses recours sont pendants». C'est son droit le plus strict. Vu les délais de la Cour européenne, elle ne risque pas de recouvrer la parole de sitôt.

Efficace? C'est toute la question. Bien sûr, d'un strict point de vue judiciaire, Xavière T. a évité une condamnation pour son rapport de l'Essonne, et jusqu'à présent, elle est parvenue à retarder ses explications dans la fraude électorale présumée. Mais au passage, en dehors des prétoires, ce mode de défense a contribué à sculpter l'image peu avantageuse des Tiberi s'accrochant jusqu'au bout dans une symétrie parfaite, lui au conseil de Paris, malgré les putschs, elle devant les juges, malgré les charges. Qui peut dire les dégâts sur l'image de Jean Tiberi de la guerre de tranchée de Xavière devant les juges? Qui est dupe de cette défense en forme de démentis? Mais l'heure n'est pas à ces états d'âme. Dans la foulée de ce qui apparaît comme le miracle Xavière, tous vont franchir le pas et accepter de mettre leur destin judiciaire entre les mains de ces nouveaux tueurs de procédure. Dans le secret de leurs cabinets, ces avocats promettent d'opérer en quatre actes.

Premier objectif: jouer la montre. C'est la façon a priori la plus neutre pour marquer son territoire face au juge. Il faut commencer par refuser les dates d'interrogatoire qu'il propose. Jean-Charles Marchiani et Charles Pasqua ont des empêchements successifs avant leurs premières auditions chez le juge Courroye dans le dossier angolais. Alfred Sirven a souvent esquivé les auditions, refusant d'être extrait de sa cellule de la Santé. Petit combat symbolique: ce n'est pas le juge qui décide du jour et de l'heure. Plus question de politesse puisque, de toute façon, il est inutile d'espérer amadouer le magistrat par des bonnes manières devenues dérisoires.

L'autre méthode pour gagner du temps, plus brutale, c'est de saisir la chambre de l'instruction. La panoplie est large: demande de nullité, demande de révision du contrôle judiciaire, demande d'actes supplé-

L'instruction est aiguillée vers Armand Riberolles, au pôle financier parisien, déjà en charge de l'affaire des fausses factures au conseil régional d'Île-de-France et de la Mnef.

Octobre
Mauvaise nouvelle pour Xavière Tiberi. La Cour de cassation valide entièrement la procédure des juges dans l'affaire des électeurs présumés fantômes du Ve arrondissement. Mise en examen le 4 juillet 2000 pour « manœuvre frauduleuse de nature à fausser la sincérité du scrutin », l'épouse de l'ancien maire de Paris avait déposé immédiatement un recours, estimant que les droits de la défense n'étaient pas respectés. Dans l'intervalle, elle a toujours refusé de s'expliquer devant les deux magistrats chargés de l'enquête. Me Thierry Herzog, à l'origine de brillantes nullités dans l'affaire du conseil général de l'Essonne, ne désarme pas. Il promet de déposer un nouveau recours, cette fois devant la Cour européenne.

Novembre
L'avocat du capitaine Barril, Mᵉ
Jacques Vergès, dépose un dos-
sier de nullité dans l'affaire des
Irlandais de Vincennes. L'avocat
a déniché ce qu'il estime être un
défaut de procédure : en 1992,
au lieu de verser la consignation
de leur plainte avec constitution
de partie civile dans un délai de
quarante jours, les Irlandais
auraient attendu le quarante et
unième jour pour déposer le
chèque de caution de 5 000
francs au palais de justice.
L'affaire elle-même remonte à…
1982.

mentaires, demandes de confrontation. Un grand classique. La défense d'Alain Juppé en déposera un certain nombre, qui seront écartées, mais en général au bout d'un an. Dans l'affaire des HLM, sur sept ans d'enquête du juge Halphen, trois ans sont en fait gelés par des blocages de la procédure dus à des recours. Xavière Tiberi a ainsi parfaitement joué du calendrier électoral en évitant toute explication dans le dossier de la fraude électorale avant les municipales de mars 2001.

Et puis, l'autre gros avantage, en «donnant du temps au temps», c'est la certitude d'éloigner le plus possible une éventuelle audience au moment de la découverte des faits. Avec un peu de chance, les magistrats auront changé entre-temps. Les policiers chargés de suivre le dossier auront été mutés par vagues successives. Et si le juge d'instruction reste, son collègue du parquet chargé de piloter le dossier aura été promu lui aussi. Halphen, avant son dessaisissement, aura connu au moins trois parquetiers et plusieurs générations de policiers. L'affaire Elf a aussi usé quatre procureurs. Enfin, plus l'instruction aura traîné en longueur, plus l'affaire se sera émoussée dans les journaux. Qui se souvient aujourd'hui du dossier sur les fausses factures présumées des HLM des Hauts-de-Seine ? Didier Schuller, en cavale à cause de ce dossier fantôme miné par les recours ?

C'est donc une forme de jeu où l'on gagne à tous les coups. Au minimum, cela sera un an de retard pour la procédure. Alain Juppé dépose neuf moyens «infaillibles», qui seront, pour l'essentiel, repoussés. Et lorsque Mᵉˢ Thierry Herzog et Francis

Szpiner déposent une demande de nullité partielle de l'affaire des HLM, au printemps 2001, leur objectif initial est de «gagner un an», dans l'optique de la présidentielle. Le dossier étant gelé devant la chambre de l'instruction, puis devant la Cour de cassation, toute nouvelle incursion du juge de Créteil en direction de l'Élysée devient impossible. L'opération réussira au-delà de leurs propres espérances.

Et, subtilité supplémentaire, Mᵉ Szpiner a pour client Henri Montaldo, un homme d'affaires présumé avoir ouvert des comptes à l'étranger pour accueillir les commissions, et Mᵉ Herzog défend un certain Georges Philippe, suspecté de rapatrier de l'argent liquide vers Paris. Les sommités politiques, supposées n'avoir rien à se reprocher et ne pas vouloir entraver la justice, n'apparaissent pas dans ces demandes.

Deuxième objectif : casser le rythme de l'enquête. Un juge qui avance trop vite, avec une presse trop attentive à ses auditions, aura pour conséquence de fragiliser les témoins, d'inquiéter davantage les mis en examen et de motiver les policiers. Tous les magistrats savent qu'il existe des périodes propices. Quand ils mettent Michel Roussin en détention, fin 2000, les juges chargés de l'affaire des pots-de-vin en marge des constructions de lycées par le conseil régional d'Île-de-France savent qu'ils ont la main. Une série de trésoriers de partis politiques viennent d'être accrochés et ont livré sur procès-verbal des aveux étonnants. Même Louise-Yvonne Casetta, l'ancienne «intendante» du RPR, semble leur avoir apporté des débuts d'aveux. L'avocat de Michel Roussin, Pierre Haïk, a compris qu'il y avait le feu. Son client, assez crânement, ne dit rien devant les magistrats. L'ancien directeur de cabinet de Jacques Chirac à la mairie de Paris, l'ancien gendarme des services secrets, l'ancien ministre de la Coopération du gouvernement Balladur reconverti dans les affaires part donc à la Santé installer sa brosse à dents. Pierre

Haïk demande sa libération devant la chambre de l'instruction. Des journaux lui ouvrent leurs colonnes. L'avocat se démène. C'est quitte ou double. Si Roussin reste, il aura braqué les juges et devra s'attendre à des interrogatoires difficiles. Mais Roussin sort. L'élan du dossier est brisé net. Dans les semaines qui suivront, Louise-Yvonne Casetta reviendra sur ses premières déclarations.

Troisième objectif: affaiblir le juge. Les requêtes en nullité visent seulement le travail du magistrat, mais les attaques directes ne sont désormais plus interdites dans une ambiance d'odeur de poudre.

«Un homme qui sue la haine», a osé dire Jean-Christophe Mitterrand de Philippe Courroye, le magistrat qui l'a envoyé quelques jours à la Santé. La formule, d'une violence inouïe, finalement assez peu critiquée dans la presse, est passée comme une lettre à la poste dans les rangs d'une magistrature pas préparée du tout aux attaques personnelles.

Michel Roussin s'est engouffré dans la même brèche. Dans la foulée de sa sortie de prison, l'ancien ministre a déposé un recours contre l'un des trois juges d'instruction de l'affaire des lycées, Marc Brisset-Foucault. Il estime que ce magistrat, procureur à Créteil au début de l'affaire Halphen, devenu juge d'instruction à Paris, n'est pas impartial à son égard. «Je suis victime d'un grave dysfonctionnement de la justice», plaide Michel Roussin dans les journaux. Message subliminal: ce juge s'acharne contre moi.

Que fait aussi Charles Pasqua, rejoint sur le même terrain par Jean-Christophe Mitterrand? Tous deux déposent plainte contre le juge Courroye pour «faux», estimant que le magistrat ou sa greffière ont antidaté un document de la procédure. Pourtant, la chambre de l'instruction, déjà saisie de ce même litige plusieurs mois avant ce dépôt de plainte, avait trouvé une explication à cette polémique. Entre-temps, les mois passent, les avocats travaillent avec énergie leur code de procédure pénale, et tous ces recours retardent indéfiniment les auditions sur le fond des dossiers. Michel Roussin refuse de s'expliquer «en attendant». Charles Pasqua est «en attente» de la levée de son immunité parlementaire demandée par le juge Courroye.

Quatrième objectif: sortir le juge ou, variante, casser le procès. Les défenseurs officieux de Jacques Chirac, Mes Francis Szpiner et Thierry Herzog, ont obtenu le dessaisissement du juge Halphen. Motif? C'est simple. Derrière la gangue incompréhensible de textes juridiques qui accompagnent la décision, la seule question est de savoir s'il y avait urgence, au lendemain de la publication de la cassette Méry, à l'automne 2000, à relancer l'enquête, pourtant bouclée un an plus tôt, et gelée pour cause de recours.

Toute l'argumentation repose sur cette notion juridique floue d'«urgence». Bien sûr, Halphen considérait, compte tenu de son enquête, de sa connaissance du dossier, des protagonistes, qu'il y avait «urgence» à aller saisir la vidéo, à entendre ceux qui l'avaient eue entre les mains, à interroger les proches de Méry, et à lancer des vérifications par rapport à son propre dossier et à ses six ans d'enquête. Mais la chambre de l'instruction présidée par un autre magistrat, Martine Betch, a donné raison aux avocats, estimant, au-delà de leurs propres souhaits, que le juge aurait dû attendre jusqu'en février 2001 la fin de tous les recours engagés contre son dossier initial pour s'intéresser à la cassette Méry. Selon la chambre de l'instruction, Éric Halphen aurait dû patienter six mois l'arme au pied. Exit Halphen. Drôle de justice.

Drôle de justice encore devant le tribunal correctionnel de Paris, en octobre 2000. Robert Hue, premier secrétaire du Parti communiste, est effondré. Le procureur, dans ce procès Gifco du financement présumé occulte du PC, vient de requérir contre lui quinze mois de prison avec sursis et deux ans d'inégibilité. Les avocats se regardent dans la salle d'audience. Ils auront le feu vert qu'ils attendent depuis plusieurs jours. Me Jean-Pierre Versini-Campinchi, avocat d'hommes d'affaires du Gifco, bureau d'études proche du PCF, et de Jean-Christophe Mitterrand dans une autre procédure, se lèvera tranquillement une feuille à la main. Il s'agit d'une cote du dossier. L'avocat soulève que Sophie Portier, la présidente du tribunal en train de juger, a déjà participé à une formation de jugement condamnant le Gifco. Il demande sa récusation et... l'obtient. Le procès du financement occulte du PC devra être rejoué, avec un nouveau tribunal et un nouveau procureur, qui ne requiert plus de peine. Relaxe pour Hue. Le premier secrétaire demandera sur-le-champ une réforme de la justice au nom des «graves dysfonctionnements» dont il a, lui aussi, été «victime».

Après l'année des juges, l'année des avocats d'affaires? Un de ces magiciens de la procédure croit dur comme fer qu'il aura bientôt droit à un fauteuil de garde des Sceaux dans un prochain gouvernement. C'est sans doute une illusion: une telle nomination susciterait aussitôt une polémique gênante pour le pouvoir.

Mais il reste que le prochain garde des Sceaux aura pour mission de remettre de l'ordre à la chancellerie. Il protégera enfin la présomption d'innocence tant bafouée par les (petits) juges avec la complicité des (petits) journalistes. Il remettra le parquet sous le contrôle de la place Vendôme, comme le propose déjà le RPR dans son programme. Il supprimera le juge d'instruction, comme le propose le procureur général Burgelin, un des plus hauts parquetiers de France, réputé proche du RPR. Et les enquêtes? Qui fera les enquêtes? Le nouveau parquet bien sûr, uniquement à charge, sur le mode américain. Mais bien sûr! Le nouveau parquet redevenu ouvertement aux ordres de la chancellerie se chargera des enquêtes. Comme avant. C'est cela, comme avant.

Petites amnisties
entre amis

Si les magistrats des chambres et de la Cour des comptes n'existaient pas, les juges d'instruction seraient au chômage technique, ou presque. Car personne ne viendrait mettre son nez dans les comptes des collectivités locales. Xavière T. pourrait écrire 35 rapports sur la francophonie, Xavier D. revendre à son profit 10 000 magnums de champagne payés par son conseil général. Si nos élus se souciaient véritablement du bien public, ils devraient tresser des couronnes, dresser des statues à ces pointilleux contrôleurs. Mais voilà: c'est le contraire qui se produit. Amnisties furtives, projets de loi anesthésiants, arrêts du Conseil d'État paralysants, tout semble mis en œuvre pour anéantir ces gêneurs. Sébastien Fontenelle nous dévoile les manœuvres de cette offensive secrète, dont une bataille décisive s'est tenue en novembre 2001.

À l'automne 2000, au lendemain de la publication des révélations posthumes du faux facturier Jean-Claude Méry sur le financement occulte du RPR, Patrick Devedjian semble n'avoir rien compris. Porte-parole du parti de Jacques Chirac, il parle publiquement d'«amnistie». Un vilain mot. Michèle Alliot-Marie elle-même, patronne du RPR, s'est empressée de se désolidariser. C'est que les vraies amnisties se préparent entre amis, loin des regards du public.

Prenons le cas, imaginaire, de M. W, maire de la bonne ville de Y, qui confie un marché public d'un montant de 10 millions d'euros à une grande entreprise de travaux publics, la société Z. Par exemple : la construction d'un nouveau stade. Un cas de figure *plausible*.

Si tout se passe normalement, la société Z, pour obtenir ce marché, va faire un petit cadeau à M. W. Par exemple : un million de francs, en espèces, sur un compte numéroté de la Société taiwano-panaméenne de crédit (STPC), établissement bancaire honorablement connu sur la place de Zurich. Sinon, M. W va confier la construction du stade à une autre entreprise, plus ouverte à la mondialisation.

Si tout se passe normalement, après avoir offert ce petit cadeau, la société Z, à quelques semaines du début des travaux, va subitement découvrir, dans son premier devis de 10 millions d'euros, une sotte omission : par exemple, l'achat de 100 000 boulons à 10 euros pièce. Elle va donc demander à M. W, qui va s'empresser d'accepter, une rallonge d'un million d'euros. Noter la coïncidence des sommes.

Si tout se passe normalement, six mois après l'inauguration du stade, un «magistrat financier» de la chambre régionale des comptes va venir contrôler «la gestion des deniers de la ville de Y». En clair, il va vérifier si M. W, maire, utilise honnêtement l'argent de ses administrés. Et là, il va probablement découvrir que M. W a accepté de payer un million d'euros pour des boulons fantômes. Alors, malgré les explications laborieuses du maire, il va flairer le mauvais coup. Et dans son rapport sur «la gestion des deniers de la ville de Y», il va écrire : «C'est bizarre, mais j'ai l'impression qu'au moment de la construction du nouveau stade, *quelqu'un* a reçu un gros pot-de-vin d'un million d'euros.» Bien sûr, il ne va pas l'écrire de façon aussi abrupte. Mais l'idée générale sera celle-là. Puis, il va transmettre une copie de ce rapport au procureur de la République le plus proche.

Si tout se passe normalement, le procureur va charger un juge «d'instruction» (à ne pas confondre avec son homologue «financier» de la chambre régionale des comptes) du «dossier W», comme l'appelleront les journalistes. M. W, mis en examen, protestera de son innocence, dénoncera l'acharnement de la presse et du procureur et, pour finir, fera peut-être même valoir que ce million n'était pas pour lui, mais pour son parti : dans l'esprit d'un M. W, ce type de justification représente le *nec plus ultra* de la circonstance atténuante : «Pas d'enrichissement personnel.»

Mais qu'on se rassure : si tout se passe normalement, M. W n'échappera pas, en dépit de ses dénégations, à une jolie condamnation.

Hautes protections

Pourquoi ce long prologue? Parce que les travées de l'Assemblée nationale et du Sénat comptent plusieurs M. W. Non que nos élus soient «tous pourris». Mais lorsqu'on jette un œil à la somme des rapports publiés chaque année par les magistrats des chambres régionales des comptes – et de la Cour des comptes – on s'aperçoit qu'ils sont *assez* nombreux à s'adonner à la soustraction de «deniers publics».

Rappelons que ces magistrats sont à l'origine, entre autres, des tourments judiciaires de Jacques Médecin (Nice), de Jean-Michel Boucheron (Angoulême) ou de Jean-François Mancel

(Oise), mais aussi des «affaires» de l'Arc, de la Mnef, du département de l'Essonne ou des marchés truqués de l'Île-de-France: un palmarès impressionnant. Comment la classe politique a-t-elle réagi? «Tout se passe, explique l'un de ces magistrats, comme si "on" avait décidé de nous anéantir.»

«On», dans cette affaire, c'est d'abord le Parlement. Les députés et les sénateurs. Ces respectables élus ont commencé par s'auto-amnistier de toute une série de péchés véniels. Ils ont fait leur coup en douce, mais il en reste des traces écrites. Indélébiles même, puisqu'on les retrouve par exemple dans la loi n° 99-586, du 12 juillet 1999, «relative au renforcement et à la simplification de la coopération intercommunale». Cette loi compte 113 articles, d'une lecture particulièrement pénible, mais ce n'est pas grave. Car trois de ces articles, seulement, nous intéressent.

D'abord l'article 63, qui s'applique aux «personnels employés par une association[13]». «Cet article va entraîner la dissolution d'un certain nombre d'associations paramunicipales dont les salariés vont être intégrés dans de nouveaux organismes publics, en conservant tous les avantages qui leur avaient été consentis par ces associations», explique un magistrat financier.

Et cela, poursuit notre magistrat, «c'est énorme. Parce que nous savons tous qu'au sein d'une municipalité, les "associations paramunicipales", bien souvent, servent à rémunérer des amis politiques».

Reprenons le cas de M. W, maire de Y, dont nous ferons, au hasard, un élu socialiste. Mettons qu'il ait besoin de trouver de l'argent pour M. S, un ami, lui-même cadre du Parti socialiste. Rien de plus simple: il le bombarde sous-directeur de l'Association municipale pour la promotion du sport et de la cornemuse (AMPSC), avec un salaire mensuel de 2035,20 euros (13350,06 francs) nets et des tickets restaurants à 8,99 euros (59 francs). Aux frais du contribuable.

Bien entendu, M. S ne mettra jamais le bout d'un doigt de pied à l'AMPSC. Mais personne ne le saura. Sauf, bien sûr, le juge de la chambre des comptes qui viendra un jour contrôler les comptes de l'association.

Avant 1999, ce juge pouvait exiger le remboursement des sommes versées à M. S, et ne s'en privait pas : dans la vraie vie, un ancien président de la région Centre a perdu son mandat à cause d'une affaire en tout point similaire à celle, fictive, de M. S.

Mais depuis la loi du 12 juillet 1999, article 63, plus question d'exiger quoi que ce soit : les MM. S qui peuplaient les associations paramunicipales de dizaines de villes françaises, « simplification de l'intercommunalité » oblige, ont été réintégrés dans de nouveaux organismes en conservant salaires, appartements de fonction et voitures de service. Mais plus personne n'ira le leur reprocher : ils « peuvent continuer à bénéficier de ces avantages », comme le stipule le texte de la loi, le plus légalement du monde.

Et ce n'est pas tout. Plus fort encore que son article 63, l'article 76 de la loi n° 99-586 légalise rien de moins que les emplois fictifs. En toute simplicité.

Ce petit texte est appelé l'« article Delevoye », du nom de son inventeur, le sénateur Jean-Paul Delevoye, météorique « candidat de l'Élysée » à la présidence du RPR. Il date, c'est curieux, de l'époque où la mythique Xavière Tiberi, épouse de l'ancien maire (RPR) de Paris, a été jugée pour avoir « indûment » reçu du département de l'Essonne la somme de 200 000 francs, en échange de trente pages médiocres sur « la francophonie », pompeusement baptisées « rapport ».

Et justement, extraordinaire coïncidence : c'est *pile* à cette époque-là que Jean-Paul Delevoye a suggéré à ses amis sénateurs d'intégrer son petit article 76 à lui dans leur grande loi de «simplification de l'intercommunalité»: «L'élu responsable de chaque groupe d'élus décide des conditions et des modalités d'exécution du service confié que ces collaborateurs accomplissent auprès de ces groupes au sein de l'organe délibérant.»

En clair, désormais, M. W, maire socialiste de Y, pourrait très bien demander à M. S, militant socialiste, de danser la sardane sur le parvis de sa mairie, avant de lui verser, pour le remercier, une somme forfaitaire de 450 000 francs: depuis le 12 juillet 1999,

MONSIEUR M.

Le 23 juillet 1996, la chambre régionale des comptes (CRC) Provence-Alpes-Côte d'Azur adresse au président du conseil général des Bouches-du-Rhône une lettre d'observations sur la «gestion des moyens mis à la disposition des conseillers généraux» de ce département entre 1987 et 1995.

Il est notamment question, dans cet intéressant document, d'un certain monsieur M. De qui s'agit-il? D'un avocat, ancien directeur général adjoint des services du département.

Il a pris sa retraite le 21 septembre 1990. Mais il a conservé «une activité» au sein du conseil général, «notamment sous le couvert d'un titre de "directeur général honoraire des services du département"», qui lui a très officiellement «été conféré» le 19 octobre 1990, moins d'un mois après son départ en retraite. Commentaire des observateurs de la CRC: «Ce titre, "purement honorifique", n'autorisait pas monsieur M. à continuer à exercer une activité au sein des services départementaux, ce qu'il a pourtant fait, sans statut officiel et sans convention, jusqu'au 27 janvier 1995.» Pendant ces cinq années, il a été rémunéré «par le biais d'associations para-départementales subventionnées par le conseil général». Cela a permis à monsieur M., qui s'était inscrit en 1992 au barreau de Marseille, «de continuer à bénéficier d'avantages en nature substantiels de la part [de ce] conseil général, avec, notamment, la disposition d'un bureau dans l'hôtel du département».

ce serait parfaitement légal. Même : M. S ne serait pas *vraiment* obligé, s'il ne s'en sentait pas, de venir danser sur le parvis ; il suffirait qu'un papier officiel témoigne de son projet d'esquisser quelques entrechats.

Autre exemple, plus concret : le président du conseil général de l'Essonne pourrait très bien demander à l'épouse du maire d'une grande ville de lui remettre un rapport de trente pages, indigentes et bourrées de fautes d'orthographe, sur « la francophonie », avant

---

Mais ce n'est pas tout : « Monsieur M. a également conservé, jusqu'à la fin de l'année 1995, c'est-à-dire pendant plus de cinq ans après son départ officiel à la retraite, l'usage d'un appartement de fonction rue Saint-Sébastien à Marseille. » Il le présente comme « un appartement de réception et de travail » et conteste les conclusions de la CRC.

Fort bien meublé, puisqu'on y trouve notamment, « sans compter les meubles », un sèche-cheveux, un presse-fruits, un grille-pain, un mixer, deux fers à repasser, quatre téléviseurs couleur, une machine à coudre, une coiffeuse, un appareil d'hydrothérapie avec accessoires, un magnétoscope, une chaîne hi-fi, quatre aspirateurs, un sèche-linge, un congélateur, un four multifonctions, un broyeur à glaçons, une machine à laver, et pas moins de sept tapis.

Tout cela, d'après les observateurs de la CRC, « ne correspond pas véritablement » à l'ameublement d'un « appartement de réception et de travail ».

Mais tout a été payé par le département, qui a dépensé plus de 463 000 francs, entre 1987 et 1994, pour meubler l'appartement : les tapis, à eux seuls, ont coûté 131 000 francs. (Entre le 21 septembre 1990 et le 31 décembre 1994, c'est-à-dire après le départ en retraite de l'ancien directeur général adjoint des services, plus de 212 000 francs ont été dépensés.)

Détail touchant : le 27 janvier 1995, une convention a enfin été signée entre monsieur M. et le département. « Signée pour une durée d'un an, renouvelable trois

de lui verser, pour la remercier, 200 000 francs. L'opération serait parfaitement légale.

D'ailleurs les avocats de Xavière ne s'y sont pas trompés : au lendemain de l'adoption de la loi du 12 juillet 1999, ils ont essayé de démontrer que son « article Delevoye » innocentait leur cliente. Mauvaise pioche : cette loi – imparfaite, donc – n'est pas rétroactive. Mais elle ouvre incontestablement des perspectives radieuses, où le moindre ami d'ami du moindre élu local a désormais toutes les chances de s'enrichir aux frais du contribuable, sans que les chambres des comptes puissent s'en offusquer.

Or rien ne serait vraiment possible sans un troisième article de la loi du 12 juillet 1999, l'article 79, qui prévoit qu'« un logement

---

fois par tacite reconduction », elle prévoit le versement à Me M. d'une rémunération annuelle de 298 872 francs, en échange de « dix jours par mois de consultations » juridiques. Sans compter ses frais de déplacement.

Commentaire, laconique, des magistrats de la chambre régionale des comptes : « Au total, l'activité de retraité de monsieur M. s'avère coûteuse pour le contribuable local. »

En 1996, ces magistrats pouvaient encore demander au département des Bouches-du-Rhône le remboursement des sommes affectées au train de vie de cet actif retraité. Mais aujourd'hui, cela ne serait plus possible.

C'est l'article 76 de la loi du 12 juillet 1999 qui le dit : « L'élu responsable de chaque groupe d'élus décide des conditions et des modalités d'exécution du service confié [à ses] collaborateurs. » Donc, il peut très bien employer un monsieur M. comme bon lui semble, même si monsieur M. a pris sa retraite. Avec ou sans convention. Quant à l'article 79 (voir ci-dessus), il rend légalement possible d'attribuer à n'importe quel monsieur M. un logement de fonction somptuairement meublé. C.Q.F.D.

de fonction et un véhicule peuvent être attribués par nécessité absolue de service aux agents occupant l'un des emplois fonctionnels d'un département ou d'une région ou de secrétaire général d'une commune ou de directeur d'un établissement public de coopération intercommunal». Et que «les frais de représentation inhérents [aux] fonctions [de ces agents] sont fixés par délibération de l'organe délibérant».

La boucle est bouclée: grâce à cet article, M. W pourrait attribuer à son danseur de sardane un logement de fonction, une voiture de fonction et un défraiement forfaitaire de 15 000 francs, pour l'aider par exemple à renouveler sa garde-robe – la sardane, c'est bien connu, use les espadrilles.

À l'été 1999, le législateur a donc tranquillement adressé un message aux juges des chambres régionales des comptes: «Libre à vous de découvrir des salaires de complaisance, des emplois fictifs et des avantages indus. Mais sachez que, désormais, tout cela est parfaitement *légal.*» Magnifique performance: le grand public et la presse, bien en peine de débusquer trois articles abscons au sein d'une loi passée inaperçue, n'y ont vu que du feu.

Retenons que, le 12 juillet 1999, le Parlement a inventé l'amnistie *furtive,* comme, disons, les avions du même nom.

Depuis, le système s'est encore perfectionné: au tout début de l'année 2001, le Parlement a introduit, dans la loi n° 2001-02 du 3 janvier «relative à la résorption de l'emploi précaire et à la modernisation du recrutement dans la fonction publique», ce délicieux alinéa: «L'État, les collectivités locales et leurs établissements publics peuvent confier à titre exclusif la gestion des prestations [sociales] dont bénéficient [leurs] agents à des organismes à but non lucratif ou à des associations nationales ou locales régies par la loi [de] 1901. Ils peuvent participer aux organes d'administration ou de surveillance de ces organismes.»

Cela signifie que M. W peut attribuer à ses collaborateurs, en plus de leurs salaires, une aide sociale de 1 000 euros par mois. (Par exemple, une retraite complémentaire.) Et qu'il peut confier la gestion de cette manne à une association loi 1901 présidée, par exemple, par un de ses amis politiques. Bien sûr, il «peut» décider de «participer» à la «surveillance» de cette association. C'est-à-dire qu'il «peut» décider de vérifier si cet ami ne détourne pas quelques parts du gâteau. Mais ce n'est absolument pas une obligation: il «peut» aussi décider de ne rien vérifier du tout, pour ne fâcher personne.

Ce qui est véritablement extraordinaire, c'est que ces amnisties maquillées en aménagements législatifs, conçues entre

---

LE GRAND ORAL DE CHARASSE

Le 11 mai 2000, une première mouture de la proposition de loi sénatoriale sur les chambres régionales des comptes est examinée au Sénat, en présence de Florence Parly, secrétaire d'État au Budget.

Bien sûr, le sénateur socialiste Michel Charasse est là, remonté comme une pendule, prêt à voler au secours des élus interpellés par les magistrats financiers: «Le citoyen qui se met volontairement au service des autres et qui obtient la confiance des électeurs ne saurait se heurter à un mur de procédures, d'exigences ou de sanctions allant au-delà de l'obligation d'une gestion sincère, économe, honnête, légale et transparente de l'argent public», explique l'ancien ministre.

En clair, les contrôles effectués par les chambres régionales des comptes sont surtout destinés à nuire à des citoyens d'autant plus exemplaires qu'ils ont «obtenu la confiance des électeurs».

Il est vrai que, pour Michel Charasse, la fin justifie les moyens: «Si une collectivité, quelle qu'elle soit, reconnaît l'utilité publique des dépenses qui ont été engagées, si

juillet 1999 et janvier 2001, répondent point par point aux griefs formulés en janvier 1999 par la Cour des comptes dans un rapport public qui dénonçait toute une série d'«irrégularités».

Ce rapport expliquait en effet que «les observations des chambres régionales des comptes portant sur des irrégularités ou pratiques critiquables concernant des avantages accordés à des élus locaux ou à des membres du personnel des collectivités territoriales sont nombreuses».

Ce rapport relevait aussi que «les chambres régionales des comptes sont amenées à rappeler les conditions d'octroi des avantages, trop fréquemment ignorées ou transgressées par les collectivités». Au total, les remboursements demandés aux collectivités fautives entre janvier 1997 et juin 1998 représentaient

---

elle estime que celui qui y a procédé a eu raison de le faire, même si la procédure était mauvaise, pourquoi s'indigner? [...] S'il n'y a pas eu malversation et que les dépenses ont été reconnues utiles à la collectivité, pourquoi poursuivre le comptable de fait?» Pourquoi, en effet? Nos élus n'ont-ils pas suffisamment fait la preuve de leur intégrité?

Puis Michel Charasse lance: «Quand, en 1984, à une heure du matin, des trésoriers-payeurs généraux se sont installés sur des tables pliantes, au bord de la nationale menant au tunnel du Mont-Blanc – qui était ouvert à l'époque – pour payer de la main à la main des indemnités aux chauffeurs routiers en grève, on ne s'est pas posé de question!» Assez curieusement, personne, à droite, ne relève cette énormité.

Les contribuables seront sans doute ravis d'apprendre que leurs impôts ont aidé le Parti socialiste à acheter la paix sociale.

Mais Michel Charasse n'en démord pas: «Si les dépenses sont justifiées, le reste est accessoire.»

près de 40 millions de francs. Aujourd'hui cependant, plus question de demander aux élus de rendre l'argent.

Ces messieurs du Conseil

Mais ces remarquables innovations législatives, apparemment, ne suffisaient pas. Car, en l'an 2000, le Conseil d'État est arrivé.

Les représentants de cette vénérable institution sont les juges de paix de la République : ils sont le dernier recours, l'instance de « cassation » des justiciables en butte aux tracasseries de l'administration. De *toutes* les administrations. Notamment : la Cour des comptes, qui est la maison mère des chambres régionales des comptes (CRC).

Imaginons, par exemple, que l'une de ces chambres, un peu mesquine, décide de condamner notre ami M. W, maire de Y, à rembourser le million qu'il a volé à ses administrés avec la complicité de l'entreprise Z. S'il a un peu de jugeote, M. W va essayer de gagner du temps. Il va faire appel du jugement de la CRC auprès de la Cour des comptes. Au bout d'un an, pas de chance : la Cour va confirmer ce jugement.

Alors M. W, habilement conseillé par un avocat *dans le vent*, va se pourvoir en cassation auprès du Conseil d'État. Qui finira, en principe, par confirmer le jugement d'appel de la Cour des comptes.

En principe. Parce que dans les faits, depuis quelques mois, les choses se passent d'une tout autre façon : « Ça a commencé, explique un juge de la Cour des comptes, par l'"arrêt Labor Métal" du 22 mars 2000. »

Au départ, l'affaire, connue aussi sous l'appellation autrement plus évocatrice d'« affaire des marchés fictifs du Commissariat de l'armée de terre (CAT) », est d'une banalité affligeante. Trois directions différentes du CAT commandaient des fournitures à une même entreprise, la société Labor Métal. Puis elles payaient ces fournitures, fictives, sur la foi de fausses factures. Ensuite l'entreprise, après avoir prélevé sa petite commission (prix de son silence), reversait au CAT les sommes ainsi dégagées, et le CAT les affectait, entre autres, à la décoration, somptuaire, des bureaux de certains officiers. Un vieux classique.

L'histoire a plu aux juges financiers. Ils ont décidé de la raconter, in extenso, dans le rapport annuel (1996) de la Cour des comptes. Un document accessible au public, qui recense chaque année un certain nombre d'«affaires», mais dont les rédacteurs ont le bon goût de taire les noms des protagonistes de ces affaires, histoire, sans doute, de ne pas heurter la légendaire sensibilité du contribuable.

Résultat: ledit contribuable a découvert, dans le rapport 1996, que son argent avait été détourné par des militaires avec la complicité d'«une entreprise privée», sans plus de précisions. À aucun moment le nom de cette entreprise n'était cité. Ce qui avait le mérite de ne pas lui aliéner de futurs clients.

Or, en 1996, cette si divertissante affaire n'était pas encore jugée. Du moins: pas complètement. Car les dirigeants de la société, condamnés en première instance, avaient fait appel de ce premier jugement, et ce n'est que le 7 novembre 1997 que la Cour des comptes a confirmé leur condamnation.

Alors, en 1998, Labor Métal s'est pourvue en cassation auprès du Conseil d'État. Démonstration, en substance, des avocats de l'entreprise: cette Cour a publié toute cette affaire en 1996, en insistant sur son «exemplarité», alors même qu'elle n'était pas jugée. Donc elle avait prévu, dès 1996, de confirmer en appel, en 1997, la condamnation de nos clients, faisant preuve d'une partialité écœurante.

Résultat: le 19 avril 2000, le Conseil d'État a jugé que la société était «fondée à soutenir que la Cour des comptes ne pouvait plus régulièrement statuer» sur toute cette affaire, mais aussi que le jugement en appel du 7 novembre 1997 devait être

LE CONTRÔLE DES COMPTES DES COLLECTIVITÉS

L'article L. 211-1 du code des juridictions financières prévoit que « la chambre régionale des comptes juge, dans son ressort, l'ensemble des comptes des comptables publics des collectivités territoriales et de leurs établissements publics ». La procédure est la suivante :

Le comptable de la collectivité contrôlée (mairie, département, région, etc.) remet sa comptabilité au magistrat financier chargé du contrôle.

Ce magistrat vérifie cette comptabilité, puis soumet ses conclusions à sa chambre régionale des comptes, qui adresse un jugement provisoire au comptable.

Le comptable répond à ce premier jugement.

La chambre examine sa réponse. Enfin la chambre adresse au comptable un jugement définitif. Si elle n'a relevé aucune anomalie dans ses écritures, elle lui accorde une décharge. Dans le cas contraire, elle le met en débet, c'est-à-dire qu'elle lui

« annulé ». Une décision extrêmement lourde de conséquences, car, « dans les faits, cette affaire s'arrête, purement et simplement, explique un magistrat financier : elle ne peut plus être jugée par personne. Et les sommes détournées ne seront jamais récupérées ».

« D'autres affaires, explique un juge, ont été évoquées dans des rapports annuels de la Cour alors qu'elles ne sont pas complètement jugées. Exemple, très précis : le département de l'Essonne. Le vrai-faux rapport de Xavière Tiberi était l'un des points forts du rapport 1999 : que va-t-il se passer lorsque cette affaire va être jugée en appel ? » Bonne question, dont la réponse, hélas, ne fait aucun doute : les avocats de Xavière ont amplement démontré qu'ils excellaient dans l'exploitation des moindres failles.

Le Conseil d'État, après s'être échauffé, a continué à s'acharner sur les juges financiers : dès le mois d'octobre 2000, un nouvel arrêt, l'« arrêt Michaux-Chevry », a consterné la Cour des comptes.

On hésite à présenter Lucette Michaux-Chevry, tant la dilection de cette dame pour les tribunaux est célèbre. En juin 1998, elle est condamnée pour «gestion de fait» par les magistrats financiers de la chambre régionale de Guadeloupe, pour avoir, en tant que maire RPR de Gourbeyre, «irrégulièrement extrait» de l'argent des caisses municipales – au profit d'une association paramunicipale. (Elle ignore alors que cette philanthropie atypique sera légalisée, et même sanctifiée, un an plus tard, par la loi du 12 juillet 1999.) Elle fait appel de cette condamnation: cet appel est rejeté, et le premier jugement confirmé, le

impose de rembourser les sommes indûment dépensées. Si elle considère que les faits sont particulièrement graves, elle peut transmettre le dossier à la justice pénale.

S'il est mis en débet, le comptable peut faire appel de cette décision devant la Cour des comptes. En dernier ressort, si cette instance d'appel confirme le débet, il peut introduire un pourvoi en cassation auprès du Conseil d'État.

(Source: Cour des comptes.)

7 avril 1999. Alors Lucette se pourvoit en cassation auprès du Conseil d'État, et là, elle obtient gain de cause.

«Non pas, explique un témoin, parce qu'elle n'avait pas commis les faits qui lui étaient reprochés. Mais parce que son avocat a fait valoir qu'elle n'avait pas été une nouvelle fois entendue par la Cour des comptes, comme elle en avait le droit, après avoir fait appel de sa première condamnation. Motif: elle n'avait pas été prévenue de la date à laquelle les magistrats chargés d'examiner cet appel se réuniraient. La loi, poursuit notre témoin, excédé, prévoit en effet qu'elle avait le droit d'être entendue: il lui suffisait de le demander. Mais elle ne l'a pas fait.» Évidemment: elle n'allait pas faire l'aller-retour Gourbeyre-Paris pour le seul plaisir de s'entendre confirmer son indélicatesse.

Mais le Conseil d'État, le 27 octobre 2000, a tout de même estimé que «Mme Michaux-Chevry [n'avait pas] été mise à même d'exercer devant la Cour [sa] faculté d'être entendue avant l'adoption, par celle-ci, de l'arrêt [la] déclarant comptable de fait à titre définitif des deniers de la commune de Gourbeyre». Puis il a «annulé l'arrêt de la Cour des comptes du 7 avril 1999», avant de «renvoyer l'affaire» devant cette même Cour, pour un nouveau round. Ce qui signifie que Lucette n'est pas tout à fait sortie d'affaire, mais qu'elle a gagné du temps. Là encore, les effets de la décision du Conseil d'État seront dévastateurs pour beaucoup d'autres dossiers similaires.

Et ça continue: en avril 2001, le Conseil d'État produit l'«arrêt Razel». Le maire d'une bourgade bretonne s'est entendu avec une entreprise pour qu'elle réalise une prestation qu'on a jugée fictive à la Cour des comptes. Il a payé cette prestation, puis l'entreprise lui a semble-t-il rendu les sommes concernées (amputées bien sûr d'une petite commission). Il s'agit en somme, d'un remake breton, tourné avec de très petits moyens, de l'affaire Labor Métal. Sans képis cette fois, mais avec des chapeaux ronds. La «gestion de fait» imputée à monsieur le maire a été confirmée en appel par la Cour des comptes.

Mais le Conseil d'État arrive alors, tel le preux chevalier du droit public qu'il prétend être. Il casse cet appel le 6 avril 2001, au motif, particulièrement vicieux, que l'enquêteur de la chambre régionale des comptes (CRC) de Bretagne qui avait découvert toute l'affaire faisait partie des magistrats qui l'ont ensuite jugée – et donc, qu'il n'était pas impartial.

Pourquoi est-ce particulièrement vicieux? Tout simplement parce qu'un texte réglementant le fonctionnement des CRC prévoit expressément que «le rapporteur [l'enquêteur] participe au délibéré [le jugement]». Mieux: lors de ce jugement, «il vote le premier». En somme, le Conseil d'État, avec son arrêt du 6 avril 2001, reproche aux juges financiers de se conformer aux textes qui régissent leur profession. Il suit en cela l'article 6.1 de la Convention européenne des Droits de l'homme. Mais il faut, alors, modifier sans tarder le règlement des CRC!

Après cette double offensive du Parlement et du Conseil d'État, le moral, à la Cour des comptes, n'est pas exactement au beau fixe. «Nous aurions pu nous accommoder de la loi du 12 juillet 1999, explique un juge. Mais maintenant, avec les trois arrêts du Conseil d'État [Labor Métal, Michaux-Chevry, Razel], il n'y a plus une procédure où un avocat un peu expérimenté ne puisse trouver un motif d'annulation.» C'est énorme.

Ces sénateurs qui osent tout

La situation s'est encore dégradée. À cause de quoi? D'une noble institution, le Sénat. Plus précisément d'un petit noyau de sénateurs, où l'on retrouve Jacques Oudin – ancien trésorier du parti de Jacques Chirac – et Michel Charasse – qu'on ne présente plus.

Au printemps 2001, ces gens ont intercepté un projet de loi très particulier portant sur la réforme statutaire des chambres régionales des comptes et de la Cour des comptes, pour le transformer en machine d'autodéfense. «Disons, observe un magistrat, très pince-sans-rire, qu'ils se sont lâchés.» Lâchés au point qu'on a du mal à croire, en lisant le projet de loi modifié par le Sénat relatif aux chambres régionales des comptes et à la Cour des comptes, que ce long document a réellement été rédigé par des parlementaires français et non par quelque général Tapioca.

Il faut commencer par citer dans le texte le magnifique article 31 D: «L'action en déclaration de gestion de fait se prescrit par cinq ans à compter du dernier acte constitutif de la gestion de fait.» Cette prescription que les sénateurs veulent ramener à cinq ans est de trente ans.

L'article 32 n'est pas mal non plus. Il organise dans un sabir incompréhensible une nouvelle protection pour les élus. En deux mots: si un juge financier débusque un maire corrompu six mois avant des élections municipales, il a le devoir de se taire. Si ce maire est candidat à sa propre succession, pas question d'informer ses électeurs de ses indélicatesses : il serait scandaleux de les empêcher de reconduire une canaille.

Article 35, assez créatif lui aussi : « Les observations définitives formulées par la chambre régionale des comptes sur la gestion d'une collectivité territoriale [ou] d'un établissement public local sont des actes susceptibles de faire grief. Ils peuvent être déférés devant le Conseil d'État pour excès de pouvoir. » De quoi transformer les magistrats les plus acharnés en délinquants.

Mais les propositions les plus incroyables se trouvent tout à fait à la fin du projet de loi mitonné par les sénateurs, dans les articles 41 et 42.

L'article 41, d'abord : il suffit qu'un élu ait obtenu l'assentiment de ses collègues (de son conseil municipal, ou général, ou régional) pour qu'on ne puisse rien lui reprocher ni lui réclamer lorsqu'il est comptable de fait. Son action est en effet considérée comme d'« utilité publique ». À condition, bien sûr, qu'il n'y ait pas « enrichissement personnel ».

Rappelons, pour la dernière fois, le maire de Y sur la scène. Imaginons qu'il décide d'accorder une subvention municipale de 500 000 euros à son parti politique. Imaginons que son conseil municipal, très majoritairement composé d'amis appartenant à ce même parti politique, reconnaisse d'enthousiasme l'« utilité publique » de cette subvention. Imaginons enfin qu'un juge financier s'étonne de cette utilisation atypique de l'argent du contribuable : l'élu, souriant, lui opposera l'article 41, made in Sénat. Et le juge de circuler : cet article 41, c'est le rêve fou des élus, c'est le financement politique occulte *enfin* légalisé.

Personne non plus ne connaît l'article 42 du projet de loi sénatorial, inventé par Michel Charasse, l'homme qui ose tout : « Sauf dans les cas d'enrichissement personnel », *aucun* des délits commis par des élus avant le 31 mars 2001, nous disons bien *aucun*, ne pourra être poursuivi par la Cour ou les chambres des comptes, « tant que des poursuites n'auront pas été engagées à l'encontre des magistrats de l'ordre judiciaire qui se sont rendus coupables des délits visés par le rapport de la Cour des comptes d'avril 2001 consacré à la gestion du ministère de la Justice».

Il faut, pour bien comprendre, se rappeler que la Cour des comptes a découvert en avril 2001 des anomalies dans la gestion du ministère de la Justice. (Le contraire eût été étonnant : elle en a découvert dans la gestion de *tous* les ministères. Même celui des Finances, où Michel Charasse dirigea un temps le Budget. *Surtout* celui des Finances.) Ces anomalies seront évidemment sanctionnées. Mais Michel Charasse, dans «son» article 42, exige que plus aucune condamnation ne soit prononcée à l'encontre d'élus impliqués dans des détournements de fonds publics tant que les juges et leur administration de tutelle n'auront pas payé.

Il faut l'énoncer posément, en articulant bien : un ancien ministre, sénateur, demande l'immunité absolue pour ses amis politiques – au sens large. C'est ahurissant, mais le plus stupéfiant est encore que cette exigence puisse être formulée, noir sur blanc, dans un projet de loi officiel.

Bien sûr, cette loi portant réforme des chambres régionales et de la Cour des comptes, dans sa version sénatoriale, était si énorme qu'elle n'a pas été adoptée. Le 10 octobre 2001, l'Assemblée nationale, qui l'examinait «en deuxième lecture», en a retiré la plupart des propositions formulées par le Sénat. Pour la forme, les sénateurs ont alors protesté contre la pusillanimité de leurs collègues députés. Mais un mois plus tard, le 14 novembre, ils se sont rendus à leurs arguments, et tout ce petit monde est tombé d'accord pour promulguer une loi à peu près présentable.

Officiellement, les juges des chambres régionales des comptes ont présenté ce résultat comme une victoire de la raison sur l'égarement d'une poignée de sénateurs exagérément hostiles. Mais, officieusement, ces mêmes juges reconnaissent bien volontiers qu'ils ont «tout de même l'impression de s'être laissé "couillonner"», car l'article 38 de «leur» loi leur reste en travers de la gorge.

Il stipule que «le maire déclaré comptable de fait par un [...] juge des comptes [...] est suspendu de sa qualité d'ordonnateur jusqu'à ce qu'il ait reçu quitus de sa gestion». Cela n'a l'air de rien, mais c'est une petite révolution.

Jusqu'au mois de novembre 2001, en effet, un maire reconnu «comptable de fait» des deniers de sa commune était automatiquement frappé d'une peine d'inéligibilité.

Pour bien comprendre ce que cela signifie, il faut parler de Patrick Balkany, qui fut le maire (RPR) de Levallois-Perret (Hauts-de-Seine) pendant douze ans. En 1995, ce distingué personnage a été viré de sa mairie, pour cause d'«affaires»[14], mais cela ne l'a pas empêché d'être réélu en mars 2001 : il faut croire que ses administrés avaient oublié le vacarme de sa batterie de casseroles judiciaires. Problème : en mars 2001, Patrick Balkany était inéligible. Car il n'avait toujours pas remboursé les millions de francs, jadis détournés des caisses municipales, que lui réclamait toujours la chambre régionale des comptes d'Île-de-France. Résultat : en octobre 2001, son élection a été invalidée.

Or, on l'aura compris : si l'article 38 de la loi portant réforme des chambres régionales et de la Cour des comptes avait existé en mars 2001, il serait resté maire de Levallois-Perret, puisque cet article supprime, purement et simplement, la sanction d'inéligibilité qui frappait jadis les maires indélicats.

En somme, le seul tort de Patrick Balkany est d'avoir été un peu trop en avance sur son temps : à douze mois près, il aurait bénéficié de l'article 38, cette nouvelle prime à l'indélicatesse, adoptée par ses pairs le 14 novembre 2001, qui autorise les maires indélicats à conserver leur fauteuil.

C'est sans doute ce que veut dire Georges Raquin, président du Syndicat des juridictions financières, lorsqu'il observe pudiquement que le texte sur lequel l'Assemblée nationale et le Sénat se sont mis d'accord ce jour-là «profite aux élus».

Chroniques de la censure douce

La France est la patrie des Droits de l'homme. Elle est aussi le terreau d'un système répressif qui limite sérieusement la liberté d'information. Les instances européennes lui en font d'ailleurs le reproche sans relâche. Mais qui s'en soucie? Les interdits ne sont en fait que rarement transgressés, grâce à un subtil mécanisme d'autocensure.

La chambre
du médiatiquement
correct

Plus que dans n'importe quel pays, il règne en France une étiquette très stricte, qui régit ce que l'on peut écrire et ce qu'il est interdit d'évoquer. Ne pas la respecter n'expose pas seulement à la réprobation, mais aussi à des représailles judiciaires parfois très sévères. En 2001, les magistrats parisiens qui arbitrent les élégances de l'information à la française ont dû admettre un vent de liberté venu d'Europe. Mais ils réattaquent sur d'autres fronts.

Il existe à Paris, au Palais de justice, un lieu parfaitement public mais très «select». Au premier étage, en haut d'un escalier donnant sur un palier majestueux s'ouvrent les portes battantes de la XVIIᵉ chambre correctionnelle. Rebaptisée récemment «chambre de la presse», à la suite de divers changements de structure, ses magistrats jouent un rôle non négligeable dans la société française : ils décident, en première instance, de ce que l'on peut dire et écrire en France sans être lourdement sanctionné.

À la différence des chambres voisines, on ne voit pas comparaître ici des voleurs à la tire, de petits truands ou autres droit commun mais des éditeurs, des journalistes, des écrivains. Les plaignants eux-mêmes sont rarement des citoyens lambda, des «vraies gens» mais plutôt des personnages publics, médiatiques, habitués à ce que leur nom soit évoqué dans un esprit «positif». Les magistrats, eux, se bousculent pour faire partie de ce petit cénacle aussi redouté que discret qui arbitre les élégances en matière de liberté de l'information. Ils sont trois présidents, très enviés. Mᵐᵉˢ Bézio et Dubreuil, et Hervé Stéphan, qui est arrivé en novembre 2001. Son prédécesseur, Jean-Yves Monfort, avait acquis une notoriété importante dans le milieu de la presse et de l'édition. «Ils sont tout-puissants pour rendre leurs jugements, commente un avocat. D'une part, il n'y a pas grand monde qui maîtrise le droit de la presse et qui puisse donc les critiquer. D'autre part, le parquet n'a pas grande importance dans la mesure où les affaires examinées opposent essentiellement deux parties. Le ministère public n'a donc pratiquement aucun rôle à jouer.» Tout-puissants, et en plus, c'est bon pour la carrière. Martine Ract-Madoux, qui partagea pendant des années la tête de la XVIIᵉ chambre avec Jean-Yves Monfort, a été promue directement présidente de chambre à la cour d'appel de Versailles. Un beau poste pour une magistrate longtemps réputée sévère mais qui, il est vrai, a aussi parfois su faire preuve d'audace et se montrer libérale dans l'argumentation de certains de ses jugements.

Alors, la chambre de la presse fait rêver. Certains magistrats, que l'on a évincés de là par la porte, tentent désespérément de revenir par la fenêtre. Il y a là, il est vrai, l'occasion de trancher des querelles autrement plus nobles, sensibles et parisiennes que partout ailleurs.

Dans un pays qui empile les lois restrictives sur la liberté d'informer, ces juges, ainsi que leurs confrères des Cours d'appel et de cassation, chargés de valider ou non leurs arrêts, sont à juste titre redoutés.

Ils s'intéressent à la diffamation. Une belle notion, traitée à la française. De quoi s'agit-il ? De réprimer la publication de fausses informations susceptibles d'être préjudiciables à ceux qui en font les frais ? Pas tout à fait. Ce concept recouvre en fait tout ce qui est susceptible « de porter atteinte à l'honneur ou à la considération » d'une personnalité. Voilà une définition bien large qui date de la loi sur la liberté de la presse de 1881 et que la plupart des magistrats et des avocats considèrent comme « libérale ». C'est peut-être aller un peu vite en besogne. La diffamation est donc licite, à condition toutefois d'apporter la « preuve parfaite » de ce qu'on a avancé. Dans la pratique, les preuves, même accumulées, ne sont presque jamais jugées assez « parfaites ». Alors les juges, avant de condamner les diffamateurs, leur laissent une dernière chance en scrutant ce qu'ils appellent leur « bonne foi ». Une autre notion intéressante, mais forcément assez... subjective. Le dispositif s'est en tout cas révélé assez dissuasif pour que MM. Papon (ancien préfet finalement condamné pour crimes contre l'humanité), Aussaresses (général ayant torturé en Algérie), Crozemarie (ex-président de l'Arc), Hersant (patron de presse décédé qu'on ne présente plus) aient pu atteindre la retraite sans être inquiétés pour leurs agissements ou rattrapés par leur passé. Ce n'est qu'entrés dans le quatrième âge qu'il leur a fallu répondre de leurs actes. Sans parler des faux facturiers ou des ministres qui, sur le moment, ont obtenu gain de cause avant d'être finalement condamnés par d'autres juges.

Diffamation, mais aussi atteinte à la vie privée, droit à l'image : voilà le lot quotidien de «la XVIIᵉ» comme on dit dans les milieux informés. Les motifs ne manquent pas, et les journées de ces magistrats s'en trouvent agréablement variées. Depuis quelques années, les nouvelles, sur ce front, n'étaient guère encourageantes. On voyait certains plaignants multiplier le nombre de procédures devant des tribunaux différents, tels les Intermarché contre le mensuel *Capital* : si chaque magasin, entité juridique indépendante, porte plainte contre le journal, celui-ci doit régler des centaines de milliers de francs avant la première audience... On devinait aussi une poignée d'avocats poussant leurs clients (les grands acteurs des affaires politico-financières notamment) à engager des procédures pour rétablir leur honneur perdu, bien sûr, mais peut-être aussi en songeant à leurs honoraires. Une manière, pour les plaignants et leurs défenseurs, d'être indirectement subventionnés par la presse et l'édition.

En 2001, l'atmosphère s'est un peu détendue sur deux fronts. Décrispation, d'abord, sur le fameux «droit à l'image». Cette notion, qui découle de l'article sibyllin du Code civil, nº 9-1, selon lequel «chacun a droit au respect de sa vie privée», n'a cessé de prospérer au cours des dernières années : toute image d'une personne, anonyme ou célèbre, publiée dans un média (photo, film...), nécessite une autorisation précise de l'intéressé. Après Caroline et Stéphanie de Monaco, ce sont de simples citoyens qui ont vu là, parfois, l'opportunité de se faire de l'argent de poche judiciaire. Et après les individus, ce furent les lieux, les bâtiments. Des dommages et intérêts réclamés (et obtenus, souvent !) pour avoir vu reproduire sa péniche, son île, sa maison sur papier glacé.

Sans oublier la Grande Arche de la Défense et l'illumination de la tour Eiffel! Les photographes d'actualité ont pointé avec justesse les conséquences de cette logique poussée à l'extrême : une époque qui restera sans image, sans mémoire visuelle, une époque non documentée. Pas par manque de moyens techniques, non, au contraire, par censure douce, au nom du respect d'autrui.

« Les juges ont longtemps considéré que le droit à l'image était un droit absolu, selon la jurisprudence établie par la Cour de cassation, explique un magistrat spécialisé. Autrement dit, que rien ne pouvait justifier que l'on y déroge. C'est toujours le cas. Sauf qu'en 2001, une fenêtre s'est entrouverte. »

Xavier Raguin était jusqu'en 2001 vice-président du tribunal de Nanterre. Il est ainsi venu troubler la quiétude, la fortune et les certitudes de quelques plaignants chroniques, qui ne s'y attendaient vraiment pas. Xavier Raguin a longtemps été considéré comme le persécuteur de journaux comme *Voici* ou *Gala*. C'est lui qui avait imposé, il y a quelques années, les publications judiciaires en Une des hebdomadaires *people*, privant ainsi les titres d'une couverture aguichante. Mais la famille de Monaco ou d'autres et leurs plaintes sélectives (en substance : j'attaque tel journal mais pas tel autre, qui publie les mêmes photographies mais avec lequel j'ai passé un accord) ont conduit ce magistrat à évoluer. Et à inventer le concept d'« illustration pertinente et adéquate ». Une formule testée à l'occasion du divorce de Stéphanie de Monaco. Xavier Raguin a admis que pour illustrer cet événement, il était légitime que soient publiés des clichés du mariage de la princesse, et même du faux pas de son mari Daniel Ducruet. Le message est limpide : d'accord pour le respect de la vie privée, mais avec une ouverture vers le public pour les stars, au nom de la légitimité de l'information.

Les célébrités ne sont pas les seules visées par cette exigence nouvelle. « Pour prendre un exemple qui a fait l'objet de plusieurs plaintes, quelqu'un qui est pris en photo sur un char de la Gay Pride pourra exciper du droit à l'image si la photo sert d'illustration à un guide sur le Paris gay, pas si elle vient en appui d'un reportage d'actualité sur cette manifestation », dit un avocat.

Cette tolérance nouvelle et bienvenue renforce toutefois encore le pouvoir des magistrats de la XVIIe chambre et de leurs homologues, à qui il revient désormais de décider de ce qui est légitime ou non en matière d'information.

La notion est on ne peut plus subjective. Légitime ou pas, la photo de la dépouille du préfet Érignac baignant dans une flaque de sang? La famille du haut fonctionnaire a porté plainte, en référé, contre *Paris Match* et *VSD*. Elle a gagné en première instance, au nom de l'« atteinte au deuil ». Puis en appel, au nom de l'« atteinte à la sphère familiale ». Puis, le 20 décembre 2000, la Cour de cassation donne de nouveau raison à la famille Érignac, invoquant cette fois l'atteinte à la dignité. Encore un nouveau concept, directement hérité de la loi Guigou du 15 juillet 2000. La Cour condamne parce qu'on peut voir le visage de la victime. Il fallait donc censurer les images – terribles – de l'odieux assassinat du préfet?

Déjà, les photographes brandissent, en signe de protestation, l'exemple de la publication de la photographie d'Aldo Moro assassiné, qui a contribué à marquer la fin des années de plomb en Italie. Dès le mois de février 2001, ils semblent être entendus. La Cour considère que publier des photos des victimes de l'attentat du RER à Paris, clichés pourtant très durs, ne représente pas une atteinte à la dignité. « Pour la première fois, les juges mettent en balance l'atteinte à la dignité et la nécessité d'informer, commente un expert. On quitte le domaine de l'image interdite pour entrer dans celui, plus libéral, de l'éthique de l'image. »

Cette prise en compte de la légitimité de l'information est confirmée au cours de l'année 2001. Le 12 juillet, le producteur de cinéma Alain Sarde perd son procès contre *Voici*, qui avait publié une photo de lui dans le cadre d'un article sur un réseau de call-girls et de proxénétisme de luxe. La publication de son image, selon les magistrats, était légitime au regard de l'actualité. Donc, pas d'atteinte à la dignité. Pour cette fois.

La menace européenne

Ce petit souffle de liberté ne doit pas être interprété seulement comme une évolution joyeuse et spontanée de M. Monfort, Mmes Dubreuil, Bézio et autres respectables éminences des juridictions chargées de la presse. Simplement, ces magistrats, craints et habitués à l'être, dont la presse et l'édition évitent de mentionner même les noms par prudence, doivent en théorie tenir compte d'un nouveau droit, supérieur au leur : le droit européen. Dire que cela les enchante serait exagéré. Longtemps, quand un avocat se référait à la Convention européenne des Droits de l'homme dans une plaidoirie, les érudits de la XVIIe ne pouvaient retenir un sourire. Le droit européen ! Au pays des Droits de l'homme ! Que l'on fasse fi de la supériorité ontologique de leur art ne leur semblait pas consternant, juste absurde. Mais les temps changent et il convient de s'adapter pour survivre. Et ne pas perdre la face en faisant l'objet d'une condamnation par la Cour européenne des Droits de l'homme.

À cinq reprises, en 2001, Paris a plié devant Strasbourg. C'est la Cour de cassation qui considère comme licite la publication des clichés de l'attentat du RER Saint-Michel, malgré « l'interdiction de publication de photographies retraçant les circonstances d'un crime ou d'un délit violent » remaniée depuis par la nouvelle loi Guigou.

C'est le président Monfort qui déboute le président du Gabon. Omar Bongo attaque *Noir Silence* (éditions des Arènes), un livre réquisitoire qui lui adresse, il est vrai, un joli petit paquet d'amabilités, pour « offense à chef d'État étranger ». Une arme implacable inventée par ce droit français que le monde entier nous envie

ARTICLE 10 : LIBERTÉ D'EXPRESSION

1. Toute personne a droit à la liberté d'expression. Ce droit comprend la liberté d'opinion et la liberté de recevoir ou de communiquer des informations ou des idées sans qu'il puisse y avoir ingérence des autorités publiques et sans considération de frontière. Le présent article n'empêche pas les États de soumettre les entreprises de radiodiffusion, de cinéma ou de télévision à un régime d'autorisations.

2. L'exercice de ces libertés comportant des devoirs et des responsabilités peut être soumis à certaines formalités, conditions, restrictions ou sanctions prévues par la loi, qui constituent des mesures nécessaires, dans une société démocratique, à la sécurité nationale, à l'intégrité territoriale ou à la sûreté publique, à la défense de l'ordre et à la prévention du crime, à la protection de la santé ou de la morale, à la protection de la réputation ou des droits d'autrui, pour empêcher la divulgation d'informations confidentielles ou pour garantir l'autorité et l'impartialité du pouvoir judiciaire.

puisque, comme en matière de vie privée, le «suspect» est carrément empêché d'apporter la preuve de ce qu'il énonce. Il a offensé. Il est condamné. Aussi simple que cela. Comme au bon vieux temps de la monarchie absolue. Ça, c'était avant l'Europe.

Désormais, il y a ce terrible article 10 qui instaure une proportionnalité entre atteinte à la personne et liberté de l'information. Ce qui impose, notamment, de ne pas condamner un auteur qui peut apporter la preuve de ce qu'il a écrit, sur un sujet qui peut légitimement susciter l'intérêt du public. Bongo ou pas Bongo. «Ami de la France» ou pas. Le président du Gabon a fait appel.

C'est la Cour de cassation, encore, qui accepte, à condition qu'il y ait une justification en matière d'information, que soit divulguée une plainte avec constitution de partie civile. Ce faisant, le 14 janvier 2001, elle s'incline devant la Cour de Strasbourg qui a donné raison à *L'Événement du jeudi* contre la Sonacotra. Seul problème: la décision européenne survient neuf ans après la publication de l'article! Le journaliste, Guillaume Malaurie, peut se satisfaire d'avoir gagné. Mais à quel prix! Neuf ans, est-ce le «délai raisonnable» dans lequel chacun a le droit d'être jugé?

C'est la chambre criminelle de la Cour de cassation qui considère, le 4 septembre 2001, que l'interdiction de publier des sondages dans la semaine qui précède une élection est incompatible avec le fameux article 10. Toujours au nom du droit du public à l'information.

C'est le président Monfort encore qui, en juin 2001, permet la mise en ligne d'informations nominatives. Des plaignants particulièrement créatifs avaient brandi les préceptes de la CNIL (Commission nationale Informatique et Liberté) qui encadre sévèrement la publication d'informations nominatives sur Internet.

Jean-Yves Monfort, toutefois, n'est pas guetté par un excès de laxisme. Le 3 octobre 2001, la cour d'appel de Paris confirme un jugement signé Monfort et condamne Noël Mamère et France Télévision à payer 10 000 francs d'amende et à verser 50 000 francs de dommages et intérêts à Pierre Pellerin. Un homme dont il convient d'évoquer le nom avec déférence si l'on ne veut pas se retrouver devant un tribunal pour diffamation.

Ce haut fonctionnaire susceptible dirigeait en 1986 le SCPRI (Service central de prévention des rayonnements ionisants). Après le passage du nuage de Tchernobyl, il lui fut reproché de ne pas s'être montré suffisamment alarmiste sur les conséquences de cette catastrophe pour la santé des Français. Noël Mamère, invité chez Thierry Ardisson, le 23 octobre 1999, se lâche un peu: «M. Pellerin n'arrêtait pas de nous raconter que la France était tellement forte, complexe d'Astérix, que le nuage de Tchernobyl n'avait pas franchi nos frontières.» 50 000 francs de dommages et intérêts, selon le président Monfort. Parce que Pierre Pellerin a averti convenablement l'opinion publique des risques encourus? C'est plus compliqué que cela. Dans un jugement rendu le 11 octobre 2000, il refuse à Noël Mamère le bénéfice de la bonne foi, au motif que les communiqués scientifiques du SCPRI contenaient, de manière implicite, l'information selon laquelle le nuage radioactif avait survolé la France. Voilà une innovation dont devraient s'inspirer tous les conseillers en communication : l'information « implicite ». Ce n'est pas précisé, mais cela pourrait l'être. La XIᵉ chambre de la cour d'appel, présidée par Dominique Charvet, n'a rien trouvé à redire à cette analyse.

Un choix moderne : receleur ou diffamateur ?

2001 ne sera donc pas encore le millésime de la liberté d'information. D'autant que se profile depuis peu un nouveau risque judiciaire. Un journaliste, selon la Cour de cassation, est aussi un receleur. C'est ce que semble considérer la haute juridiction dans un arrêt rendu contre *Les Oreilles du président*, livre publié en 1996 par deux journalistes de *L'Express*, Jérôme Dupuis et Jean-Marie Pontaut. Celui-ci décrit avec minutie, en s'appuyant notamment sur des pièces de l'instruction, les circonstances dans lesquelles l'Élysée de Mitterrand a mis sur écoute des milliers de personnes. Le crime des auteurs ? Avoir reproduit des conversations issues de ces écoutes téléphoniques.

En donnant tort aux auteurs et à Fayard, l'éditeur de cet ouvrage, la Cour de cassation laisse les journalistes face à une étrange alternative : être diffamateurs en ne rapportant pas la preuve de ce qu'ils avancent, ou bien receleurs (du secret de l'instruction) en présentant des morceaux de dossiers d'instruction.

Un dilemme absurde auquel la Cour de Strasbourg a pourtant voulu mettre fin dès 1999 avec l'« arrêt Calvet », qui donne raison au *Canard enchaîné* pour avoir publié des éléments de revenus de l'ancien président de Peugeot provenant de sa feuille d'impôt. Justification : la pièce ainsi recelée (il est possible de consulter une feuille d'impôt, mais pas d'en faire état publiquement) est nécessaire car elle sert la crédibilité de l'information.

Ce « grand bond en arrière » ne survient pas isolément. En 2001, plusieurs journalistes ont dû subir perquisitions, interrogatoires, gardes à vue, saisie de leur listing de téléphone mobile afin que la justice puisse percer le secret de leurs sources. Une stratégie très pernicieuse des juges, pas ceux de la XVIIᵉ chambre d'ailleurs, mais d'autres, chargés d'antiterrorisme ou d'affaires financières essentiellement. Pernicieuse car sans protection des sources, plus de sources accessibles et consentantes. Donc plus d'information indépendante des pouvoirs politique et économique.

Il y a à Paris une juge d'instruction, Mᵐᵉ Salmeron, qui semble même décidée à aller plus loin. En 1999, elle est saisie d'une plainte avec constitution de partie civile de la part de l'Aérospatiale. Ce groupe ne supporte pas que *L'Agefi*, hebdomadaire on ne peut plus sérieux, spécialisé dans l'information économique et financière, ait publié le 21 septembre 1999, avec deux jours d'avance sur l'annonce officielle, ses résultats semestriels : son titre a perdu plus de 6 % en bourse dans la journée. En janvier 2000, Mᵐᵉ Salmeron met en examen le directeur de la rédaction de *L'Agefi*, Éric Dadier, et le journaliste pigiste qui a obtenu ces informations confidentielles, Hubert Levet. Respectivement pour « recel » et « complicité » de diffusion d'informations privilégiées. En août 2001, elle renvoie ces deux journalistes devant le tribunal correctionnel ainsi que leurs deux informateurs présumés, deux syndicalistes qui siégeaient au conseil d'administration de l'Aérospatiale.

Ce qu'elle leur reproche ? D'avoir fait leur métier tout simplement. D'avoir cherché une information, de l'avoir trouvée, et surtout, surtout, de l'avoir diffusée. Car Mᵐᵉ Salmeron considère que ces résultats exclusifs ont été divulgués à des fins commerciales. L'horreur ! Si les journaux veulent se vendre le mieux possible, où va-t-on ? L'accusation, de plus, fait sourire : *L'Agefi* n'est diffusé que sur abonnements et ne joue pas vraiment sur la fibre racoleuse.

Mais tous les journaux français doivent le savoir : publier une information inédite en matière économique, c'est un pas important vers la délinquance, surtout si l'on espère vendre grâce à cela. *Le Wall Street Journal,* aux États-Unis, où les autorités boursières sont autrement plus sourcilleuses qu'en France pour les vrais problèmes, ne fait que cela tous les jours ou presque. C'est même un de ses principaux arguments rédactionnels et commerciaux.

Où les choses se gâtent pour Mme Salmeron, c'est lorsque l'Aérospatiale, rachetée entre-temps par Matra et fusionnée dans EADS, se retire du dossier. Conscients du caractère absurde de la situation, ses dirigeants renoncent à se porter partie civile afin de ne pas endosser le costume de l'étouffeur. Et voilà que le procureur requiert un non-lieu en faveur d'Éric Dadier.

Mais rien à faire. À l'abri des micros et des caméras, Mme Salmeron déclare qu'il n'existe en France aucune jurisprudence sur la question et qu'elle se fait fort d'en susciter une. Restrictive comme il se doit. Si son projet devient réalité, les entreprises cotées seront comblées: terminé le temps où il fallait supporter ces quelques journalistes fouineurs qui veulent apporter des informations privilégiées et indépendantes à leurs lecteurs. Ils feront comme les autres, la majorité. Ils attendront gentiment la conférence de presse pour recopier un article prérédigé par une agence de communication. Une «liberté d'informer» enthousiasmante!

En agissant dans ce sens, certains magistrats semblent manifester un double mécontentement. À l'égard des journalistes qui réalisent d'authentiques enquêtes sans demander la permission. Et à l'égard des juges européens qui, dès 1996[1], estimaient très clairement que «le secret des sources est la pierre angulaire de la liberté d'information».

Ce qui est dommage, vraiment dommage, c'est qu'ils piétinent du même coup la Constitution: «Les traités ou accords régulièrement ratifiés ou approuvés ont, dès leur publication, une autorité supérieure à celle des lois, sous réserve, pour chaque accord ou traité, de son application par l'autre partie» (article 55).

Les femmes du président

À l'été, Bernadette s'est engagée à sauver le soldat Chirac, que les affaires de voyages payés en liquide exposaient à un déballage de sa vie privée. À l'automne, l'Élysée tente, un peu tard, de limiter l'impact de son autobiographie, *Conversation,* où elle évoque à mots à peine couverts sa vie de couple.

Le 11 juillet 2001, *Le Canard enchaîné* reproduit une photo publiée dans *Libération* six jours auparavant. Elle montre Jacques Chirac, allongé sur un transat mauricien, en compagnie de deux journalistes, Françoise Varenne du *Figaro* et Élisabeth Friedrich de l'AFP.

La scène se passe en mai 1992. Elle est la concrétisation la plus tangible d'une réunion du bureau de l'AIMF (Association internationale des maires francophones) créée en 1979 par le maire de Paris. «Les statuts de l'AIMF obligent – pour des raisons d'économies – à tenir ce genre de conclave à Paris ou dans les villes qui hébergent les colloques et les assemblées générales prévus longtemps à l'avance, écrit *Le Canard*. Mais en 1992, pas de chance pour les amateurs de baignade: seuls ont été inscrits au programme des lieux éloignés de toute plage (Niamey, au Niger) ou à l'ensoleillement un peu faiblard (Montréal). Heureusement, il y a l'île Maurice. Le 6 mai 1992, Chirac s'envole donc le cœur léger. La questure de la ville a réglé son billet d'avion en première classe et quatre nuits dans son palace favori, le Royal Palm.»

Mais la jolie photo de Chirac et des deux journalistes, qui illustre le labeur acharné du maire de Paris et la distance qu'ont su garder les deux journalistes, à l'évidence lancées à corps perdu dans la chasse à l'info, on ne peut plus la voir. Car sa publication n'a pas plu au président, qui l'a fait savoir. Le cliché, propriété de l'agence Gamma, elle-même filiale du groupe Lagardère, n'a plus été reproduit. Il est pourtant disponible sur la base de données de Gamma.

Malheureusement pour les étouffeurs, il existe aussi des journaux à l'étranger. Le *Sunday Times*, par exemple. Dans son édition du 22 juillet 2001, il reproduit le cliché maudit, signe manifeste d'une mauvaise éducation, au regard du journalisme à la française. Mais il va beaucoup plus loin. Entoure le visage d'Élisabeth Friedrich et raconte tranquillement : « Les magistrats [qui enquêtent alors sur les bénéficiaires de billets d'avion payés en liquide depuis la mairie de Paris] ont établi que Chirac a payé 17 000 livres cash — dont ils tentent de déterminer l'origine — pour trois voyages avec Élisabeth Friedrich à Rome, en Tunisie et à Maurice entre 1992 et 1995 lorsqu'il était maire de Paris. Friedrich, une journaliste décrite dans l'enquête comme une "amie de longue date", a connu Chirac quand elle couvrait la mairie de Paris pour l'Agence France-Presse. Les journaux français, généralement très respectueux de la vie privée des politiciens, se sont abstenus de commenter une relation qui est l'objet depuis longtemps de rumeurs. Bernadette, l'épouse du président, est souvent décrite comme ayant souffert longtemps de cette situation. »

Jacques Chirac a-t-il téléphoné à la direction du *Sunday Times*, comme il l'avait fait à celle de *Libération*, pour manifester son vif mécontentement ? En tout cas, les rédactions anglo-saxonnes ignorent les bonnes manières qui prévalent à Paris, capitale de l'élégance, où tous les journalistes politiques connaissent l'histoire depuis des années.

Dans son édition du 13 juillet, *Le Monde*, rendant compte des auditions réalisées par les juges dans l'affaire des billets d'avion réglés en liquide, présentait ainsi celle que Jacques Chirac, friand de pseudonymes, appelait au bureau en se présentant comme « M. Nicolas » : « Est enfin mentionné le nom d'Élisabeth Friedrich, journaliste à l'Agence France-Presse, où elle suivit longtemps la mairie de Paris, et amie de longue date de M. Chirac. » « Amie de longue date », c'est donc le nouveau terme codé qu'il convient aux lecteurs de retenir, depuis que l'expression « amie proche » utilisée pour qualifier le lien qui unissait Christine Deviers-Joncour à Roland Dumas semble un peu dépassée. Ne dites plus donc « amie proche », dites « amie de longue date ».

« Friedrich n'était pas disponible pour commenter ces informations la semaine dernière, regrette le *Sunday Times*. Mais elle a déclaré précédemment que ces voyages avec le maire étaient pour le "travail". Dans ce cas, pourquoi l'AFP n'a-t-elle pas réglé la note de ces voyages ? » C'est en effet une bonne question.

21 octobre : trois mois après la publication de la photo maudite, Bernadette Chirac est la star. Et l'invitée de l'émission dominicale de Michel Drucker sur France 2, *Vivement dimanche*. Avec, en vedette américaine, Hillary Clinton. L'émission doit lancer *Conversation*, le livre entretien que la femme du président publie chez Plon. Avant d'être un atout de plus dans la stratégie de campagne de Chirac, cet ouvrage a été conçu comme une sorte de contre-feu. À l'été, toute la garde présidentielle redoute en effet une rentrée placée sous le sceau des affaires et de la vie privée. Car cette histoire de billets d'avion pour l'île Maurice et ailleurs a démontré à quel point les unes pouvaient être indissociables de l'autre.

Sans compter la sortie, en septembre, du livre de l'ancien chauffeur de Chirac[2]. Peu distingué mais promis à une bonne vente, il consacre un chapitre au « repos du guerrier ». On n'y apprend pas grand-chose, sinon le côté collectionneur de Chirac et sa manie de ramener de voyage des colliers et autres verroteries en plusieurs exemplaires. Et puis, on y évoque aussi une certaine Mme F. Celle de la photo mauricienne, peut-être.

Puisque le sujet allait être abordé, autant avoir la main. Bernadette Chirac connaît ses classiques. Seulement voilà, entre-temps, l'atmosphère a changé. Avec les attentats du 11 septembre, les révélations du chauffeur de son mari comme les menaces judiciaires perdent de leur consistance. Mais la machine est lancée. « Les Chirac, père, mère, fille, sont comme ces Français qui se demandent déjà à la Toussaint ce qu'ils feront pour le 15 août, raconte un proche. C'est ainsi qu'a été planifié, très à l'avance, le coming out de Bernie. »

Dans le livre, quelques confidences sont destinées à faire passer l'infidélité conjugale du président pour une banalité dépassée avant même d'avoir été énoncée : « Il avait un succès formidable. Bel homme, et puis très enjôleur, très gai. Alors les filles, ça galopait. Heureusement qu'il y a la philosophie de l'âge. Mais oui, bien sûr, j'ai été jalouse. Il y avait de quoi, écoutez! La chance de mon mari, c'est que j'ai été une fille très raisonnable, je crois. Mais j'ai été jalouse par moments. Très! Comment aurait-il pu en être autrement? C'était un très beau garçon. Avec en plus la magie du verbe... Les femmes y sont très sensibles [...]. Et puis le pouvoir attire. Les femmes s'approchent comme des papillons. On retrouve cela dans toutes les professions. Un grand chirurgien, un grand médecin, un ministre... Bon, c'est humain. Mais il faut quand même tenir. »

Pour compléter ce dispositif, destiné à décourager toute velléité de briser le tabou de la vie brisée sur le dos des Chirac, Hillary a donc été appelée à la rescousse. Sa mission, qu'on ne lui a sans doute pas exposée comme cela, relève du message subliminal : je suis l'amie de Bernadette et la preuve vivante qu'on peut être une épouse trompée et une femme de tête qui aime son mari et son pays, quoi qu'il advienne.

Une bien jolie trouvaille, mais qui ne convient plus vraiment aux stratèges élyséens à l'approche de la sortie du livre : puisqu'il n'y a plus de menace, pourquoi s'aventurer gratuitement sur ce terrain fatalement miné ? Pas question, toutefois, de décommander Hillary. On cherche juste à minimiser l'impact de son soutien.

Alors, au dernier moment, un reportage photo qui doit faire la couverture de *Télé 7 Jours* ne peut plus passer. On y voyait Bernadette Chirac et Michel Drucker préparant l'émission à l'Élysée. Mais l'Élysée ne veut plus. On peut peut-être, alors, remplacer par une autre photo, insolite, de Michel Drucker en compagnie d'Hillary Clinton. Mais cette fois, c'est Michel Drucker qui ne veut pas : il tient à ce que sa prestigieuse invitée soit effectivement là, et bien disposée, sur son plateau, le 21 octobre. Alors il ne va pas fâcher les châtelains.

Sur le plateau, ce 21 octobre, elle y est. Et elle dit quoi? Ce qui était convenu depuis le début. Depuis l'été. Il y a eu des moments difficiles... Mais comme dans tout couple, n'est-ce pas?... Et puis j'ai été son point fixe... Et puis nous sommes un couple stable, qui est toujours là, contre vents et marées...

Elle est sûrement très bonne à la télé, car son livre grimpe à la première place dans le classement des meilleures ventes. Dans ce livre, Bernadette dit aussi: «Il est vrai qu'aux yeux des Français, le général de Gaulle et son épouse ont été un couple forgé par les épreuves et la guerre, que l'image de Georges Pompidou tenant la main de sa femme faisait partie de leur histoire. Nous, c'est différent. Pour mon mari, qui est extrêmement pudique sur ce point, le couple correspond à une sphère intime.» Elle le dit, donc: mari, pudique, couple, sphère intime. L'important, dans la vie, c'est d'oser.

« Atteintes intolérables à leur vie privée »

Cela ne s'arrêtera donc jamais? C'est chaque année la même chose. Ils disent et redisent combien ils sont attachés au respect de la vie privée, exception française dont ils sont si fiers. Et puis on les retrouve dans les magazines colorés, avec femme, fiancée, enfants, petits-enfants, chien, ami d'enfance. De quelle malédiction sont-ils les innocentes victimes?

Bernadette, dans le livre où elle raconte sa vie et celle de sa famille, explique sans crainte de la contradiction combien elle tient à préserver la «sphère intime». Elle l'aurait bien dit aussi dans *Gala*, magazine qui adore aller explorer les «sphères intimes», mais dans la bienséance, avec l'autorisation de leur propriétaire. Et seulement, à son heure, en janvier, au moment des pièces jaunes et du lancement de la campagne électorale.

Sylviane, elle, ne nous dit rien sur cette grave question. Cette année, on ne fait que l'apercevoir sur un petit voilier où s'affaire son mari Lionel. Car c'est Jospin la petite vedette de *Paris Match*[3] et surtout de *Gala*[4] en cet été 2001. Pas sa femme. Le Premier ministre a réussi à vaincre son irréductible dégoût pour toute intrusion dans son intimité. Il a donné son accord à *Gala* pour une série de photos, à condition qu'il n'y ait pas d'interview à la clé et qu'aucun cliché ne soit pris dans sa maison. C'est qu'il a, lui aussi, son petit message à faire passer auprès des ménagères et de leurs maris. Il est sain, Lionel. La preuve, il fait du sport. Du bateau, donc, à voile. Et avec des gens simples: un petit conseiller municipal de rien du tout. Il est increvable, Lionel. Deux heures de tennis. Et toujours pas fatigué. Il est venu en vélo, il repart en pédalant. Tout juste s'il ne sème pas son escouade de sécurité. En d'autres termes, une vraie endurance de président. Et puis aussi une capacité à se détendre: pendant qu'il pédale, Lionel, qu'il affale la voile ou fait des lobs, il n'est pas à côté du fax et ça ne lui manque pas. Preuve qu'il n'y a que les malveillants, les chiraquiens, pour le faire passer pour un polard stressé.

Dans son entourage aussi, on se fait voler de bien beaux moments familiaux par ces «chiens» (dixit Mitterrand) que l'on conspue avec ostentation. Jack Lang cultive «l'art d'être grand-père». C'est dans *Paris Match*[5]. Il aurait tout de même dû s'apercevoir qu'il y avait un photographe dans la pièce, la salle à manger du ministère de l'Éducation, pendant qu'il tenait sa petite-fille Anna, 2 ans, sur ses genoux. Maintenant, c'est trop tard. Tout le monde peut voir, là, en gros plan, Anna, la petite-fille du ministre, fourchette à la main, en train de déjeuner dans la salle à manger privée du ministère (c'est la légende de la photo qui le dit). Et certains esprits sarcastiques vont croire que Jack Lang a volontairement exhibé une enfant qui sait à peine marcher! Même Chirac n'a pas osé avec Martin, que l'on voit toujours flou ou de dos. Cette année encore, on aura pu admirer le dos de Martin dans *Paris Match*[6]: c'est le «Dernier dîner de vacances pour les Chirac», au restaurant près de Brégançon, et toute la famille a le regard tendrement tourné vers le petit héritier. Tandis qu'Anna, c'est encore mieux qu'une photo d'identité. On revoit la petite-fille sur deux autres clichés: dans les bras de grand-père et marchant avec lui dans les très beaux jardins du ministère. «Quand je prends dans mes bras cette petite fleur qui s'épanouit, dit Jack, je me dis que l'on peut tout apprendre. Et qu'il ne faut pas laisser passer cette chance du premier savoir.» Et puis on pense avec nostalgie à Jules Ferry. À la dignité passée du débat politique, qui était d'abord celle des hommes.

François Hollande s'est fait piéger aussi. Lui, si discret, se promène avec femme et enfants sur une pelouse parisienne. Ils ont l'air aussi peu naturels que possible, les pauvres. Sa compagne, Ségolène Royal, est pourtant rompue à l'art de présenter ses enfants. On les voit d'ailleurs tous les deux, sur une autre page (nous sommes toujours dans *Paris Match*[7]), au ministère délégué à la Famille avec leur cadette: c'est une manie, au PS, de convier sa descendance et les photographes au ministère! Là encore, explication: François n'est pas assez connu. Il a gentiment tenu la maison PS pendant cinq ans, mais s'il aspire à plus, il faut qu'il «fende l'armure» comme dirait Lionel. Et qu'il devienne un personnage familier des Français. Alors, strip-tease.

Toujours parmi les «lionellistes historiques», nous voici transportés à Bizerte, en compagnie de Bertrand Delanoë[8]. Il est bronzé, détendu et heureux. Et il nous montre ses racines:

les treize premières années de sa vie. Avec Faouzi, l'ancien copain, Tatiana, l'amie d'enfance, et Babou, l'ancienne prof de maths. Lui aussi doit être attaché à la sphère privée, et pourtant il est là, en gros plan, fumant le narguilé devant nous. Alors? Il a failli n'être pas maire de Paris parce qu'un «parachuté», celui qui reçoit Anna au ministère, se prête à ce petit jeu sucré depuis des années. Alors il a compris.

Évidemment, pour se lancer dans cette course à l'hypocrisie, à l'exhibitionnisme contenu, au racolage tout en pudeur, il faut un peu de talent et de savoir-faire.

Les efforts désespérés du pauvre Alain Lipietz pour avoir l'air détendu, ouvert, joyeux et noceur ont quelque chose d'émouvant. À l'heure où il nous fait le coup du joyeux drille, il est encore candidat à la présidentielle. *Paris Match*[9], qui aime faire positif, titre gentiment «Le Vert qui monte» et le montre faisant des pirouettes de gamin dans la neige. Il fait de la randonnée avec Francine, sa compagne depuis trente ans. Il aimerait bien «la pacser», «pour faire encore la fête». Ce pathétique numéro de petit rigolo en témoigne: pour instrumentaliser sa vie privée, il faut quand même être crédible.

François Bayrou, lui, résiste. Pourtant, nous raconte Catherine Pégard dans *Le Point*[10], tous ses amis lui donnent le même conseil: «Il faut montrer Babeth.» Et l'article de nous raconter combien Babeth est autonome: «Élisabeth Bayrou a choisi son existence: ses enfants, la campagne, les livres, la musique et les devoirs de sa foi, qui est intransigeante comme son caractère», écrit la journaliste, qui ne semble pas s'apercevoir qu'elle est en plein dans la zone interdite. En fait, cela s'appelle de la communication paradoxale. Le message: François est un candidat différent, il protège sa famille (on avait tout de même eu droit à la fille polytechnicienne), il se révèle dans son authenticité. Malgré la pression de ses amis, relayée par la presse, il tient bon. Alors, il est seul sur son cheval blanc dans *Paris Match*[11].

Dans le même numéro que la chevauchée de «François», *Paris Match*[12] publie de magnifiques photographies des présidents de la République, présentées à l'exposition *Visa pour l'image* de Perpignan. On y voit René Coty, en décembre 1953, immortalisé par le grand photographe Izis lors de sa dernière soirée de simple citoyen. Dans leur appartement, il est assis tandis que sa femme Germaine lui sert la soupe. Sur la table : une bouteille de bière de ménage, une coupe de fruits. Le tout fait terriblement posé. C'est une photo solennelle. En 1954, de Gaulle est à Colombey. Il lit. À ses côtés, Yvonne brode. En 1969, Georges Pompidou est assis sur le pare-chocs d'une 4 L, son épouse Claude est debout, en mouvement, un bouquet de tulipes fraîchement cueillies à la main. 1967, c'est Giscard au coin du feu, qui caresse son chien de race tout en lisant non pas un livre, mais un dossier. Pas d'épouse, pas de fille à l'horizon. Plus on se rapproche dans le temps, moins ces photos sont intéressantes, moins elles nous racontent une histoire et une époque. Mitterrand et sa petite-fille Pascale, en 1985 ? Les Chirac et les Juppé dînant «à la bonne franquette» dans les jardins de l'Élysée ? La surenchère dans l'exposition d'une vie privée lisse, heureuse et chaleureuse a tué le charme de ces photos posées. En 1953, René Coty faisait sûrement, déjà, de la communication en montrant son dîner aux Français. Mais son costume croisé, sa chemise empesée, son air sévère laissent à cet exercice une forme d'authenticité.

Aujourd'hui, même les terroristes repentis jouent les jolis cœurs dans les magazines. Pour la promotion de son livre, François Santoni, quelques semaines avant son assassinat, posait dans *Paris Match*[13]. Première page : François en treillis dans le maquis, fusil à la main. On espère qu'il va seulement à la chasse. Page suivante, François fête ses 41 ans. Il est là, avec sa compagne, dans leur appartement parisien, en train de souffler ses bougies un verre de champagne à la main. Ils sont seuls à la table de cuisine. Tout cela n'a pas l'air très gai.

Mieux vaut, finalement, être dans les affaires. Si l'on en croit l'image que certains parviennent à donner d'eux, la vie de patron, c'est épatant. Prenez Jean-Marie Messier. Il n'a pas pris la grosse tête : il fait la couverture de *Time* mais accepte toujours de poser dans *Gala*[14] ou dans *Match*[15]. On le voit dans sa propriété de Rambouillet avant son passage chez Michel Drucker. « Côte de bœuf et pois gourmands » : vous n'y croirez pas, mais le samedi, Jean-Marie cuisine pour ses enfants. Et puis il prend aussi le temps de voir ses vieux parents. On les voit, là, Janine et Pierre, qui se promènent avec lui « dans le village du Dauphiné où il passait ses vacances ». Il est venu en hélicoptère ou on a reconstitué le village en studio ?

Jean-Claude Decaux, inventeur des abribus et des sanisettes, voulait mettre toutes les chances de son côté pour l'introduction en bourse de son groupe, le 19 juin 2001. Alors, pour donner confiance au petit porteur, hop, un petit roman-photo (on appelle cela un « reportage ») dans *Match*. On le voit tenir sa bicyclette à bout de bras : pas tout jeune, mais du tonus. Et puis la relève est là. Jean-Sébastien, Jean-François et Jean-Charles, ses trois fils, tous dans le groupe. Et quelle entente : on joue au rugby dans le bureau de papa, puis on se fait la bise avant de repartir travailler aux quatre coins du monde. Pour le bien du lecteur actionnaire, bien sûr.

Pauvres patrons : le début de l'année 2002 s'annonce difficile pour eux. Les pages glacées des magazines people seront prises d'assaut par les candidats à la présidentielle. *Match* et *Gala* vont devenir leurs journaux favoris. Jean-Pierre Chevènement et Noël Mamère avaient déjà noté, fin 2001, de recevoir gentiment leurs photographes dans les premières semaines de l'année.

La Corse, le préfet et le candidat

Dans un livre plaidoyer, le préfet Bonnet, accusé d'avoir donné l'ordre aux gendarmes de brûler des paillotes, accuse. La justice d'abord, pour avoir multiplié les erreurs de procédure, orienté l'enquête et négligé les droits de la défense. Matignon ensuite, pour l'avoir lâché en rase campagne après s'être comporté en pousse-au-crime. Mais tous ces éléments n'ont trouvé que peu d'échos dans la presse où il est bien porté de «charger» Bernard Bonnet.

C e n'est vraiment pas de chance. Bernard Bonnet, ancien préfet de Corse, sort un livre le 17 septembre 2001. Pas de chance vraiment: six jours après les attentats terrifiants de New York et de Washington.

Alors évidemment, les journaux ont autre chose à faire que de lire le livre et, éventuellement, d'interroger son auteur. Ils nous parlent de Ben Laden. Et de plein d'autres choses aussi, d'ailleurs. Les hebdomadaires, par exemple. Ils trouvent pourtant de la place pour évoquer le tutoiement, l'affaire Moulinex, le mal au dos, le malaise des infirmières, et bien sûr les romans de la rentrée. Mais aucun d'entre eux ne parle d'*À vous de juger*, le livre du préfet[16]. Seuls les lecteurs du *Figaro Magazine* puis du *Figaro* finiront par apprendre l'existence de cet ouvrage. Partout ailleurs c'est le silence. Dans l'indifférence ou dans l'hostilité.

Ce n'est vraiment pas de chance. Car Bernard Bonnet avait été la coqueluche des médias durant l'été 1998, quand il tentait de rétablir l'État de droit sur l'île. Alors, on s'arrachait ses confidences, on se rendait au palais Lantivy, siège de la préfecture à Ajaccio, comme on va en pèlerinage, on l'appelait le « préfet courage ». C'était avant l'affaire des paillotes, avant que ce héros offert par le gouvernement à une opinion bonne pâte ne soit transformé en pestiféré, après deux mois d'incarcération à la Santé.

Aujourd'hui, Bonnet, connaît plus. Seuls quelques titres régionaux, *Corse-Matin* bien sûr, mais aussi *Sud-Ouest* et *La Dépêche du Midi* semblent se souvenir de ce haut fonctionnaire, hier encore si médiatique.

Les radios se montrent plus enthousiastes. RTL, RMC, BFM tendent leur micro à Bernard Bonnet. Jean-Pierre Elkabbach aussi l'a invité. Il a pris date avant même la sortie du livre. Mais voilà, il est contraint d'annuler. Il appelle lui-même le service de presse, tant il ne voudrait pas donner l'impression qu'il se dérobe. Non. Il est, lui aussi, soumis à l'actualité. Et ce 17 septembre au matin, l'actualité afghane commande qu'il reçoive l'amiral Lanxade. Mais c'est promis, il invitera le préfet une autre fois.

Les journaux ne sont pas obligés de parler des livres qui paraissent. Il est même heureux qu'ils épargnent à leurs lecteurs la recension d'ennuyeux ouvrages sans valeur ajoutée. *À vous de juger* est un plaidoyer pro domo, certes, mais dans lequel on apprend beaucoup de choses. Pour étayer sa démonstration, Bernard Bonnet fait appel non seulement à ses souvenirs, mais aussi au dossier d'instruction dans lequel il est mis en cause pour «complicité de destruction de biens d'autrui en réunion», et aux notes et documents qu'il a rédigés ou vus transiter dans le cadre de ses fonctions.

Tout cela, donc, n'attire pas les journalistes. On ne peut imaginer que la présence d'un chapitre consacré à Jean-Marie Colombani, le directeur du *Monde*, et qui pointe le parti pris militant de ce Corse sentimental, partisan déclaré des accords de Matignon, ait pu contribuer à ce manque d'intérêt.

On ne s'intéresse donc pas à l'environnement judiciaire, pour le moins étrange, de cette affaire d'État. On se souvient du dessaisissement du juge Halphen, et de l'annulation de sa procédure dans l'affaire des HLM de Paris, pour avoir saisi dans des conditions irrégulières la cassette vidéo dans laquelle Jean-Claude Méry, faux facturier aujourd'hui décédé, raconte les circuits de l'argent sale et prononce le nom qui fâche, en six lettres, commençant par C. Près de huit ans de travail annulés, rayés de la carte judiciaire, pour respecter à la lettre les règles de procédure, destinées, rappelons-le, à protéger le justiciable.

Eh bien la chambre criminelle de la Cour de cassation, le 14 février 2001, a validé l'instruction du juge Cambérou en charge du dossier des paillotes. Un juge pourtant saisi illégalement, dans la mesure où, «juge volant», sans affectation officielle, il avait dépassé la date limite où il pouvait officier au tribunal d'Ajaccio. La chambre criminelle de la Cour de cassation nie-t-elle ce «dysfonctionnement»? Au contraire. Elle évoque dans son arrêt du 14 février 2001 «la méconnaissance des règles en ce qu'elles régissent la durée de l'affectation des magistrats temporairement placés». Mais voilà, ladite méconnaissance, poursuivent les hauts magistrats «n'affecte pas la régularité des actes qu'ils ont accomplis». Pour résumer: une cassette irrégulièrement saisie dans la procédure des HLM de Paris vaut annulation; un juge irrégulièrement saisi dans l'affaire des paillotes vaut au contraire validation.

Dans son livre, le préfet cite les commentaires malheureux d'un jeune député socialiste qui, au cours d'une fiesta donnée par une élue de Paris, en juin 2001, aurait imprudemment voulu bomber le torse à propos de ces démêlés judiciaires: «Ils [les avocats de Bernard Bonnet] pinaillent sur tout dans la procédure. Ils ont soulevé la nomination irrégulière du juge Cambérou. Pour éviter l'annulation de toute la procédure, l'affaire a été évoquée à Matignon avant que la Cour de cassation ne prenne sa décision.» «Ce jeune député socialiste est bien imprudent, nous dit Bernard Bonnet. Il faut croire et espérer que ses propos ont dépassé sa pensée, dans la mesure où l'on ne peut imaginer que les magistrats de la Cour de cassation soient sensibles à la pression politique.»

La cassette de Jean-Claude Méry saisie par le juge Halphen avait au moins un avantage: elle n'était pas trafiquée. Celle qui a servi à confondre Bernard Bonnet, elle, a été en partie effacée, volontairement. Ce sont les experts diligentés par la justice qui l'ont dit. C'est l'auteur même de l'enregistrement qui l'a reconnu, notamment le 21 septembre 1999, devant la commission d'enquête parlementaire sur la sécurité en Corse présidée par Raymond Forni. Extraits: Le président: «Vous décidez d'effacer une partie de l'enregistrement, au motif que la dernière phrase de la conversation n'avait pas d'importance pour la preuve que vous souhaitez rapporter.» Lieutenant-colonel

Cavallier: «Il est vrai qu'une partie de la conversation n'ayant aucun lien direct avec l'affaire, je décide de l'effacer.»

Le 26 avril 1999, alors que l'incendie de la paillote Chez Francis fait la Une de tous les journaux, le lieutenant-colonel Cavallier se rend en effet dans le bureau de Bernard Bonnet muni d'un petit magnétophone. Il enregistre la conversation à l'insu de son interlocuteur, puis remet la bande aux enquêteurs. C'est cet enregistrement qui «accable» le préfet, selon la presse de l'époque. Mais la fin a été effacée. Et le reste, reproduit dans le livre, ne prouve qu'une seule chose: l'incapacité des deux protagonistes à éviter les redites et les borborygmes. Mais cet enregistrement, effectué à l'insu de son héros – ce qui n'est pas le cas de la cassette Méry – et partiellement effacé – ce qui n'est pas le cas de la cassette Méry –, ne provoque aucun émoi de magistrats si attachés d'ordinaire aux règles de procédure, dès qu'il s'agit de défendre la présomption d'innocence de M. et Mme Tiberi, sans parler de leurs anciens amis plus haut placés.

Bernard Bonnet, préfet, avait entretenu des relations détestables avec une partie des magistrats affectés en Corse, tirés de leur sommeil ensoleillé par cet «agité» qui voulait rétablir l'État de droit. Bernard Bonnet, prévenu, va pouvoir apprécier le traitement que lui réservent ses anciens amis du palais de justice. Christophe Perruaux, jeune substitut du parquet au tribunal d'Ajaccio, est interviewé par *Le Monde*, le 31 mars 2000, en compagnie du juge Cambérou. «Nous sommes régionalistes par nature, expose-t-il. Il existe une réalité que la justice doit prendre en compte […]. Il faut à la fois reconnaître l'identité d'une région tout en appliquant la loi.» À Ajaccio, la justice à la mode locale. À Paris, les beaux discours sur la présomption d'innocence. C'est peut-être par goût du «régionalisme» que le juge Cambérou ne reçoit pas Philippe Gumery, le troisième avocat de Bernard Bonnet, quand il prend l'avion depuis Paris spécialement pour le rencontrer à Ajaccio. L'avocat atterrit avec une demi-heure de retard et prévient le tribunal. Mais trop tard. Le juge est parti travailler chez lui. Il ne va quand même pas retourner à son bureau pour si peu.

Et que pense Élisabeth Guigou, si attachée aux droits de la défense et à la présomption d'innocence, du refus du magistrat instructeur de réaliser toute une série d'actes demandés par le préfet Bonnet – notamment une confrontation avec le colonel Mazères, commandant de la légion de gendarmerie en Corse supposé avoir transmis l'ordre du préfet à ses troupes, et une autre avec la conseillère de Lionel Jospin, Clotilde Valter ?

Pour faire plaisir, peut-être, à Jean-Guy Talamoni, le nouveau flirt corse du pouvoir en place, la justice a décidé que le procès se tiendrait à Ajaccio. Malgré l'animosité de certains magistrats à l'égard du principal prévenu. Ainsi de l'ex-procureur général de la cour d'appel de Bastia, Bernard Legras, contre qui Bernard Bonnet a porté plainte pour violation du secret de l'instruction. Le juge parisien Jean-Paul Valat, saisi de la plainte, décide d'entendre son collègue comme témoin assisté ; le procureur proteste contre cette audition, qui a pourtant un caractère automatique et ne présume en rien d'une quelconque culpabilité. Il faut savoir que beaucoup de directeurs de journaux sont aujourd'hui mis en examen de cette manière, simplement à la suite d'une plainte déposée contre un article publié dans leurs colonnes. Mais le procureur général découvre les rigueurs de la machine judiciaire et le prend très mal. Car voilà que cette audition est médiatisée, que les journalistes posent des questions à Bernard Legras. On imagine que les fuites viennent de Bernard Bonnet ou de sa défense, dans le cadre de la petite guérilla qui dure depuis l'été 1999. Très ému, Bernard Legras écrit à Jean-Paul Valat, sur papier à en-tête de la cour d'appel de Bastia, pour s'insurger… contre la violation du secret de l'instruction dont il est l'objet. Petites niches entre magistrats.

Quand Bernard Bonnet parle de «complot», quand il nie avoir donné l'ordre d'incendier les paillotes, on commence évidemment par sourire: tous les prévenus, c'est bien connu, sont innocents et de surcroît victimes d'une machination.

Mais ce prévenu-là dispose de quelques arguments pour ne pas faire totalement confiance à la justice de son pays, pour reprendre la formule consacrée. «Alors que nous avions ratissé toute la plage, le gendarme départemental Dryser nous demande de fouiller à nouveau dans un endroit très précis où le sable rejoint une barrière rocheuse. Le gendarme départemental assis sur un tronc d'arbre semblait certain que nous allions trouver quelque chose. Nous avons mis au jour les jerrycans...» C'est un gendarme de l'escadron de Vouziers, unité appelée en renfort pour rechercher des indices sur la plage de Chez Francis, qui parle ainsi, évoquant la «découverte» pas tout à fait spontanée des jerrycans utilisés pour incendier la paillote. Il le dit sur procès-verbal, face à un autre gendarme.

L'un de ses collègues, Jean-Raphaël Maillet, raconte au juge Cambérou, le 3 mai 1999, comment on lui a fait modifier l'audition du lieutenant Tavernier, un témoin privilégié de l'incendie déclenché par les gendarmes de la paillote Chez Francis:

«J'ai commencé à prendre l'audition du lieutenant Tavernier, seul avec lui; l'adjudant-chef Mensa m'a rejoint ensuite, me demandant de ne l'entendre que sur les circonstances exactes de la perte du poste [de radio oublié sur la plage, qui contribue à «signer» le forfait des gendarmes]; je ne sais pas s'il avait reçu lui-même des ordres mais je le suppose; ayant déjà procédé à l'équivalent de trois pages d'audition, je lui ai effacé certains paragraphes qui n'avaient aucun lien direct avec la perte du poste, mais qui étaient en rapport avec l'affaire; l'audition complète était imprimée et signée par le lieutenant Tavernier et moi-même; l'adjudant-chef Mensa a relu cette audition et m'a demandé de supprimer les paragraphes en trop. J'ai procédé à une nouvelle impression du nouveau document, le capitaine Pons est entré dans le bureau, a lu la nouvelle audition et m'a montré que j'avais oublié d'enlever un paragraphe qui ne concernait pas la disparition du poste» (procès-verbal enregistré sous la cote D 119).

On imagine le sort d'une enquête aussi baroque, si les prévenus et suspects se nommaient Jean T., Xavière T., Michel R., Alain J., ou même Jacques C.! Mais, dira-t-on, Bernard B. a beaucoup changé. Aujourd'hui, il raconte: «J'étais dans mon bureau, en train de me faire signifier ma garde à vue, quand un gendarme a lancé: "Prenez Kiejman."»

Kiejman comme Georges Kiejman, plaideur talentueux et mondain, célèbre aussi pour avoir porté les clubs de golf de François Mitterrand avec beaucoup de ferveur et pour avoir fini par devenir, in extremis, garde des Sceaux adjoint, avec le titre officiel de ministre délégué à la Justice. «Les premières paroles de l'avocat, lors de notre rencontre, poursuit Bernard Bonnet, ont été: "Je suis très étonné que vous fassiez appel à moi." Ensuite, c'est moi qui ai été étonné. Quand, par exemple, Me Kiejman m'a dissuadé de demander que les cahiers sur lesquels Clotilde Valter, la conseillère de Matignon avec qui je parlais tous les jours, notait tout, soient saisis: "Vous allez passer pour un jaune", m'a-t-il dit.»

Puis Bernard Bonnet est tombé de Kiejman en Szpiner. Congédiant l'ancien ministre de François Mitterrand, il fait appel à un avocat très écouté de Jacques Chirac, Francis Szpiner. Un mélange des genres qui ne le sert pas. «Les esprits chagrins, dont bien évidemment je ne suis pas, ont pu faire de vilains commentaires, regrette Bernard Bonnet. Laisser entendre, par exemple, que le secrétaire général de l'Élysée, Dominique de Villepin, avait ainsi accès au dossier d'instruction sur les paillotes, où il est question de Matignon, et que j'étais l'objet de tractations qui me dépassaient.» Médisances évidemment mais qui ont pu nuire au préfet.

Mais ce livre apporte aussi des éléments pour comprendre le scandaleux cafouillage de l'enquête sur les assassins du préfet

Érignac et l'incroyable revirement du Premier ministre sur le dossier corse, passant de la restauration de l'État de droit au dialogue sans condition avec les nationalistes.

En février 1998, quelques jours après l'assassinat traumatisant du préfet Érignac, Lionel Jospin nomme Bernard Bonnet à la préfecture d'Ajaccio avec des consignes de fermeté et de retour à l'État de droit. En septembre 1998, puis en février 1999, il réaffirme son engagement. En septembre 1999, devant l'Assemblée de Corse, il fixe encore comme préalable à toute discussion l'abandon de la violence clandestine.

Deux mois plus tard, sous l'éclat des bombes, il engage le dialogue avec les indépendantistes, non sans avoir auparavant assuré ne s'être reconnu ni dans le fond ni dans le style de l'action du préfet Bonnet. Ce revirement répond-il à la menace d'attentats bruyamment formulée par les amis des futurs négociateurs des accords Matignon? Accompagne-t-il la montée en puissance des indépendantistes aux élections territoriales de mars 1999, dopés par tous ceux qui sur l'île font de l'excès de zèle pour saper l'action de l'État et exaspérer la population, tels ces directeurs d'agences bancaires supprimant tous les découverts, soi-disant sur ordre du préfet? Ou correspond-il, tout simplement, aux convictions profondes de Lionel Jospin?

Un peu de tout cela sûrement. Lionel Jospin est trop fin connaisseur de l'État et de ses troupes d'élite pour ignorer le profil conciliant de Jean-Pierre Lacroix, le préfet qu'il désigne pour succéder à Bernard Bonnet, en mai 1999. Quittant la préfecture d'Ajaccio en septembre 2001 pour rejoindre Orléans, une bourgade plus tranquille, Jean-Pierre Lacroix déclare sans rire dans les colonnes de *La République du Centre*[17]: «La Corse est une région où la délinquance a baissé de 4,6 % [...]. Il n'y a pas de regain de violence en Corse, même si l'on donne beaucoup d'importance à cela sur le continent... Cela étant dit, il est vrai qu'on assassine deux fois plus en Corse que sur le continent.

Mais il y a dix ans, c'était quatre fois plus.» Réjouissons-nous donc avec le préfet Lacroix. Deux fois plus d'assassinats «seulement»! On sait parfois voir la vie du bon côté dans la préfectorale!

Ce n'était pas exactement le langage qu'employait Clotilde Valter dans ses entretiens téléphoniques avec Bernard Bonnet, même au moment de l'affaire des paillotes. Le préfet détaille dans son livre le contenu d'une conversation datant du 9 avril 2001. Ce jour-là, le génie militaire doit procéder à la destruction de plusieurs constructions illégales, dont le fameux restaurant Chez Francis. Mais voilà que les nationalistes organisent le blocage des ports en représailles, et que deux élus de la nation, François Léotard et José Rossi, se mettent en travers des bulldozers. Le préfet Bonnet craint un dérapage et recule. Plus exactement, il accorde un nouveau sursis aux «paillotistes», jusqu'à l'automne. Ceux-ci, en contrepartie, s'engagent à détruire eux-mêmes leur édifice en octobre, engagement cautionné par les élus de Corse.

À 18 heures, ce 9 avril donc, raconte le préfet Bonnet, il est en compagnie du colonel Mazères, qui dirige la gendarmerie sur l'île, quand son téléphone sonne. C'est Clotilde Valter. Qui se montre fort mécontente de cette «reculade»: «C'est incroyable. Je suis un peu surprise. Quand vous êtes venu nous voir chez Olivier [Olivier Schrameck, directeur de cabinet du Premier ministre], en février dernier, pour nous présenter vos actions de remise en ordre du littoral, nous vous avons soutenu. Nous savions pourtant que faire appel à l'armée serait mal ressenti en Corse et que cela allait peser sur les résultats des élections territoriales. Nos amis ne cessent de venir à Matignon pour nous dire que cela a été une erreur. Ils prétendent que les opérations médiatisées de démolition des ports et des maisons d'habitation pendant la campagne ont renforcé les nationalistes. Alors, quand on apprend aujourd'hui que vous reculez devant José Rossi et François Léotard, c'est un peu fort.» Et Clotilde Valter de stigmatiser le «ratage de la gendarmerie».

Mais ces éléments nouveaux, sur une affaire d'État qui a conduit en prison un préfet de la République hier courtisé par les médias, n'intéressent apparemment aujourd'hui plus personne. Sauf une poignée de gens. Des magistrats. Ceux du tribunal d'Ajaccio qui tenaient beaucoup à juger leur préfet. La Cour de cassation leur a donné raison malgré les demandes répétées de l'ancien préfet, qui souhaitait être jugé de façon impartiale ailleurs qu'en Corse. Mais il paraît que cette revendication était extravagante. À l'image de toute l'affaire.

Jolies histoires pour « vraies gens »

L'une des caractéristiques de l'omertà, c'est de tenir spontanément le public pour immature. Alors, sans même s'en rendre toujours compte, la chaîne de fabrication de l'information lui offre un produit fini bien calibré. Elle lui mâche le travail. Et comme l'impératrice Catherine de Russie, le citoyen contemple parfois des « villages Potemkine ».

Influences :
la persuasion clandestine

Quel est le circuit complexe, et parfois inavouable, par lequel passe l'information avant de se retrouver sous nos yeux? Florence Autret figure parmi les très rares journalistes, en France, qui savent décrypter sans complaisance l'œuvre des lobbies en coulisse de l'actualité. Elle décode ici quatre événements qui ont eu leur heure de gloire en 2001, pour nous décrire quelles «transformations» ils ont subies avant d'arriver jusqu'à nous. Autodéfense, persuasion douce, privilèges secrets: on retrouve tous les moyens d'action de ceux qui savent se faire entendre sans se faire démasquer.

orsqu'une crise sanitaire se déclare en France, l'attitude des autorités ne varie guère en général : ne rien faire. Pourquoi ? Il ne faut pas encourager les victimes à se plaindre. Si elles se rebiffent malgré tout, on crée un fonds pour les dédommager ou, lorsqu'elles sont décédées, pour indemniser leurs familles. Avantage de la formule : pas de responsable, pas de coupable.

Cette méthode, dont les canons ont été définis suite à l'affaire du sang contaminé, s'applique désormais aux conséquences d'une autre affaire de santé publique. En octobre 2001, le gouvernement de Lionel Jospin a ainsi adopté un décret créant un Fonds d'indemnisation des victimes de l'amiante (Fiva). Des dizaines de milliers de personnes (100 000 selon l'Inserm) qui, exposées à l'amiante, ont souffert ou vont souffrir, dans les vingt années à venir, d'un cancer de la plèvre ou broncho-pulmonaire. Car ce matériau n'a été interdit qu'en 1997, et le délai de latence, avant que l'affection ne se déclare, peut atteindre vingt à trente ans.

Si la crise est d'une telle ampleur, c'est que rarement un matériau aura connu autant de succès. Pendant plus d'un siècle, ces fibres métalliques ont été utilisées dans toute l'industrie pour leurs exceptionnelles qualités ignifuges et isolantes. Elles sont pulvérisées sur les conduits d'aération, intégrées au ciment pour couvrir les toitures et les locomotives, elles entrent dans la composition des freins automobiles et sont omniprésentes sur les coques et dans les cales des navires. L'amiante est partout même si l'opinion publique n'a découvert que très tard ses ravages.

Gentilles indemnités pour gentilles victimes

Face au drame, le décret du 24 octobre qui crée ce fonds, le Fiva, un organisme destiné à garantir une réparation plus systématique des victimes et qui sera financé à 25 % par l'État et 75 % par les entreprises, arrive un peu tard s'il s'agit d'assurer une indemnisation décente aux victimes. Longtemps, en effet, celles-ci ont dû s'en tenir aux subsides accordés par la branche accidents du travail et maladies professionnelles (ATMP) de l'assurance maladie.

Puis, à la fin des années 90, la situation a radicalement changé, non sous l'effet de la réglementation mais par l'action de l'Association nationale des victimes de l'amiante (Andeva). Créée en 1996 par le Comité Jussieu contre l'amiante, l'Alert et la Fédération nationale des accidentés du travail et handicapés, cette fédération d'associations régionales met au point petit à petit une stratégie juridique particulièrement agressive permettant de contourner les antiques règles d'indemnisation en vigueur. En agissant devant les tribunaux des affaires de la sécurité sociale (Tass) et les commissions d'indemnisation des victimes d'infractions (Civi), elle obtient bien souvent une réparation intégrale des dommages, soit des sommes dix fois supérieures aux barèmes officiels. Le 20 juin 2001, la 18e chambre de la cour d'appel de Paris a par exemple accordé à un ouvrier souffrant d'une incapacité permanente de 30 % un doublement de la rente qu'il aurait reçue par le circuit ordinaire des accidents du travail, ainsi que 900 000 francs au titre des préjudices physiques et moraux.

Certes, les premières procédures judiciaires ont souvent pris plusieurs années, au point que les décisions ont parfois été rendues après le décès de la victime. Mais, au début de l'été 2000, lorsque le gouvernement envisage sérieusement la création du Fiva, la « jurisprudence amiante » est très bien établie et elle est franchement favorable aux victimes. À l'époque, plusieurs décisions de Tass ont été confirmées en appel. Dès le milieu de l'année 2000, la réparation des dommages « amiante » n'est certes pas automatique mais l'action des associations de victimes, souvent intéressées aux réparations dans le cadre d'une convention, garantit qu'elle soit décente. À l'automne 2001, les cabinets Teissonnière et Ledoux, avocats de l'Andeva, défendent chacun environ 2 000 recours « amiante » devant les tribunaux !

Or, c'est précisément le moment choisi par le gouvernement pour créer une indemnisation ad hoc. Curieuse démarche. Pourquoi ne pas l'avoir engagée lorsque les victimes devaient se plier aux barèmes indigents de la branche ATMP? En fait, longtemps, l'État a tenté de maintenir la crise de l'amiante dans le strict cadre de l'assurance sociale, mais la vague de procès lancée par l'Andeva l'a obligé à changer de stratégie et à chercher une autre issue.

Pourquoi? Parce que les juges ne se contentent pas de fixer des montants de réparations. Ils énoncent également les responsabilités des uns et des autres: des entreprises publiques comme la SNCF, la Direction de la construction navale, la RATP ou encore EDF, et privées comme Pechiney et sa filiale Everit, Eternit, Bosch, ou encore Alstom qui détient les Chantiers navals de l'Atlantique. Faible et diffus jusqu'alors, le risque explose tout à coup à cause de la justice.

Plus menaçant encore pour la paix des élites: les décisions judiciaires incriminent également les gouvernements successifs et l'administration qui ont eu en charge la réglementation de l'utilisation de l'amiante et son contrôle. Ainsi, en mai 2000, le tribunal administratif de Marseille reconnaît la responsabilité de l'État dans des affaires concernant d'anciens ouvriers des sociétés privées Sollac et Eternit victimes de cancers liés à l'amiante. L'État est coupable d'avoir manqué de prévoyance. Son «inaction est constitutive d'une faute grave», estime la cour. Insupportable!

Pour les juges de Marseille, si l'administration n'a pas agi plus tôt, c'est qu'elle a cédé à un lobby puissant et organisé, celui des industriels de l'amiante. Les ministres successifs se sont laissé dicter une politique dite d'«utilisation contrôlée de l'amiante». On lira d'ailleurs ce constat quelques mois plus tard sous la plume de la Cour des comptes dans un projet de rapport très critique sur le sujet: «Ce n'est qu'à partir de 1997, et donc postérieurement à l'interdiction, que le risque amiante est expressément mentionné et est présenté comme justifiant une action prioritaire» (il y avait alors 2 000 morts par an et les tableaux 30 et 30 *bis* qui regroupent les maladies liées à l'amiante dans le répertoire des maladies professionnelles représentaient déjà presque 50 % du budget des maladies professionnelles de l'assurance sociale).

L'accusation est grave et n'a rien d'accidentel. Le 18 octobre 2001, la cour administrative d'appel de Marseille confirme la responsabilité de l'État pour les... cinquante dernières années! Cette accusation, si elle vise l'État en général, risque fort d'atteindre personnellement ses serviteurs. Et notamment Martine Aubry, ministre de l'Emploi et de la Solidarité en juin 2000, au moment où est élaboré le projet du Fiva.

Martine Aubry connaît fort bien le dossier pour l'avoir eu en main à différents moments de sa carrière. Jeune administrateur civil, «chef de la section de la politique générale du travail», elle a eu en charge la préparation du fameux décret de décembre 1977 qui édicte pour la première fois une norme d'exposition maximale à l'amiante sur le lieu de travail. Elle retrouve le dossier en 1981, en tant que chef de cabinet adjoint de Jean Auroux, le premier ministre du Travail du gouvernement de Pierre Mauroy, puis encore entre 1984 et 1987, en tant que directeur des relations du travail dans ce même ministère. Enfin, pendant les deux ans qu'elle passe au sein du groupe Pechiney (propriétaire d'Everit) dans les fonctions de directeur général adjoint, elle ne peut ignorer le dossier. Contactée à plusieurs reprises, d'abord par téléphone, puis par des fax les 8 novembre, 4 et 12 décembre, l'ancienne ministre nous a laissé entendre, par l'entremise d'une de ses collaboratrices, qu'elle avait demandé une note au ministère afin de nous répondre. Mais la note n'est jamais arrivée, et Martine Aubry n'a donc pas donné suite à nos demandes répétées.

Elle a pourtant été l'un des principaux acteurs de la politique d'«utilisation contrôlée» de l'amiante, selon le terme que les industriels ont réussi à imposer pendant des années. Une «utilisation contrôlée» aujourd'hui vertement critiquée par les juges. À quelques mois des municipales, alors que, pour plusieurs ténors du Parti socialiste, les cicatrices laissées par l'affaire du sang contaminé sont à peine refermées, le chahut des associations de victimes et la tournure judiciaire de l'affaire commencent à devenir franchement inquiétants.

Avec la création du fonds miracle par Martine Aubry et ses services, tout le monde est donc content. Les seules qui doivent encore s'inquiéter, ce sont... les associations de victimes, parce qu'elles souhaitent faire payer les entreprises responsables et non un fonds nébuleux financé essentiellement par des cotisations sociales. Or, le principe même du Fiva est d'accorder une réparation sans faute. Et, comme deux précautions valent mieux qu'une, le gouvernement propose d'en déléguer la gestion au Fonds de garantie automobile (FGA) qui gère déjà le Fonds d'indemnisation des transfusés et hémophiles (FITH), autrement dit les victimes du sang contaminé. L'Andeva, qui a gagné une première bataille en obligeant juridiquement le fonds à poursuivre les responsables, risque de perdre la guerre si celui-ci n'a pas les moyens d'assumer cette obligation. Or les services du FGA, qui comptent 200 personnes – dont 100 rédacteurs –, traitent pas moins de 40 000 demandes par an. L'expérience des avocats des victimes de l'amiante montre que la recherche des preuves contre les anciens employeurs suppose de remonter parfois trente ans en arrière, de reconstituer la vie d'un atelier, etc., et peut donc durer des mois. Un «luxe» que le FGA ne peut certainement pas s'offrir.

Complication supplémentaire: l'État et les entreprises voient leurs intérêts diverger à la suite de la décision rendue en octobre 2001 par la cour d'appel administrative de Marseille: si l'État est responsable, comment peut-on invoquer la faute des entreprises? Elle survient comme une faille dans une omertà jusqu'alors subtilement gérée.

Il a donc fallu que la haute administration, se comportant ainsi comme un véritable lobby – paradoxe choquant –, invente d'urgence un mécanisme capable de protéger ses serviteurs de la férocité – nouvelle – de la justice. Sans oublier les médias, toujours à l'affût de «scandales», réels ou imaginaires mais faciles à lancer. Le Fiva est donc arrivé in extremis. De là à y voir une victoire de la morale, ce serait peut-être exagéré.

Concorde : un «bel oiseau» bien embarrassant

Le 13 mai 2001, le quotidien britannique *The Observer* publie, sous le titre «La véritable histoire du vol 4590», une très longue enquête sur le crash du Concorde qui fit 114 morts le 25 juillet 2000. Son auteur, David Rose, s'appuie sur les deux rapports qui ont alors été publiés par le Bureau enquêtes accidents (BEA) du ministère français des Transports et, surtout, sur le témoignage de trois personnes: John Hutchinson, ancien chef des pilotes de Concorde de British Airways, et deux anciens d'Air France: Jean-Marie Chauve, commandant de bord sur Concorde pendant cinq ans et Michel Suaud, qui y a été officier mécanicien navigant pendant quinze ans, l'un et l'autre retraités.

Que disent les informateurs de David Rose? Qu'en mettant en avant une cause unique (le heurt d'une lamelle provoquant l'explosion d'un pneu et l'incendie d'un réservoir), le BEA laisse de côté de nombreux autres facteurs ayant concouru à l'accident, et que ces facteurs, contrairement à la lamelle, ne sont pas extérieurs à la compagnie aérienne. Sans s'être préalablement consultés, ces trois experts insistent tous sur l'absence d'une pièce dans le train gauche de l'appareil, laquelle n'avait pas été remontée lors du dernier passage de l'avion dans les ateliers de maintenance. Cette pièce – une entretoise – a été retrouvée par une équipe de gendarmes quelques jours après l'accident. Elle avait été oubliée sur un panneau dans les hangars de la compagnie!

Les «sources» de David Rose sont unanimes: l'absence de la pièce a exercé une forte poussée latérale, réduisant l'efficacité des réacteurs qui n'allaient pas tarder à se trouver endommagés par un incendie. Ils soulignent également la nette surcharge de l'appareil au moment du décollage: 6 tonnes sur 180 de poids total. Chargés en hâte à Roissy, certains bagages des passagers allemands n'avaient pas été comptabilisés. Le commandant de bord ignorait ce handicap aggravé par un vent devenu défavorable au moment du décollage. Bref, le Concorde F-BTSC avait de nombreuses raisons de peiner à prendre son envol. À tel point que, déporté vers la gauche, il s'est même dangereusement approché d'un Boeing 747 stationné sur un taxiway perpendiculaire à la piste. À son bord se trouvaient le président de la République Jacques Chirac et son épouse de retour d'une réunion du G7 à Tokyo. Le pilote de cet appareil confiera que l'aile gauche du Concorde est passée à «50 mètres» de sa cabine.

Christian Marty, le commandant du Concorde, a-t-il décollé au plus vite, quitte à manquer de puissance afin de ne pas heurter l'avion présidentiel? L'explosion du pneu supposée être à l'origine de l'incendie pourrait-elle venir des frottements occasionnés par l'absence d'entretoise, plutôt que du heurt d'une lamelle perdue par un DC 10 de Continental Airlines comme l'affirme le BEA? Allez savoir. Là, il ne s'agit pas d'adapter les règles ou de créer une nouvelle structure. Non, c'est l'absence de curiosité des médias français qui surprend. Comment l'expliquer?

À partir de mars 2001, Suaud et Chauve tiennent à la disposition de qui veut bien les lire leur propre analyse de l'accident, leurs doutes sur le scénario officiel du BEA et leurs inquiétudes sur la maintenance du Concorde à Air France. Pour eux, l'appareil F-BTSC n'aurait jamais dû s'élancer sur une piste le jour du crash. De fait, ce n'était pas prévu. Deux autres appareils avaient été successivement programmés pour le vol, mais ils furent tour à tour déclarés indisponibles pour des raisons de maintenance.

À l'exception d'une lettre d'information confidentielle qui publie en mars 2001 certaines de ses analyses, le duo Chauve-Suaud constate que ses hypothèses hétérodoxes ne sont nulle part reprises. Il faut attendre le 30 novembre 2001 pour que *Le Point* publie une « contre-enquête sur un crash » qui souligne « le refus d'Air France de répondre aux dix-huit questions très précises » qui lui ont été posées.

Si la presse les boude, les gendarmes de la cellule Concorde 95, qui assistent les trois juges d'instruction chargés du dossier, s'intéressent de près aux témoignages de Chauve et Suaud et leur demandent même de plancher sur les données communiquées par le BEA. Le 17 janvier 2001, Chauve et Suaud ont adressé à Gilles Fournier, doyen des juges du tribunal de grande instance de Pontoise, un rapport de 27 pages où la maintenance d'Air France est ouvertement mise en cause. Les légers remous provoqués par la révélation de l'absence d'entretoise obligeront le BEA à publier le 10 avril 2001 un communiqué déniant toute importance à ce « défaut ».

Autre question embarrassante, l'indépendance du BEA n'est pas abordée non plus. Depuis sa création en 1946, le Bureau est placé sous l'autorité du ministre des Transports. Le même ministre qui exerce la tutelle sur Air France, compagnie publique dont l'État est l'unique actionnaire. Le risque de conflit d'intérêts saute aux yeux. Le résultat de l'enquête administrative devait nécessairement avoir une influence sur la réputation de l'entreprise, son exploitation et en définitive sa profitabilité.

Les liens entre la Direction générale de l'aviation civile (DGAC) et Air France ne sont d'ailleurs pas seulement organiques

– la double tutelle du ministre sur la compagnie et sur l'enquêteur – mais aussi personnels. Ainsi, Pierre-Henri Gourgeon, numéro 2 d'Air France au moment du crash, a-t-il été le patron de la DGAC entre 1990 et 1993. Alain Monnier, inspecteur général de l'aviation civile en juillet 2000 et à ce titre supérieur hiérarchique direct de Paul-Louis Arslanian, le patron du BEA, a longtemps siégé au conseil d'administration de la compagnie en tant que représentant de l'État.

Précautionneux au possible, le ministre en exercice, Jean-Claude Gayssot, crée au lendemain du crash une commission d'enquête chargée d'«assister le BEA» dans ses travaux et confie sa présidence à Alain Monnier. Pourquoi? Le ministre a voulu dresser un «garde-fou», laisse-t-on échapper au ministère. Contre qui? Contre quoi? Silence au ministère. Un mois après le crash, en tout cas, l'administration propose déjà un scénario «clé en mains» où la responsabilité d'Air France est on ne peut plus limitée.

Pourtant, pendant ce temps, avocats et assureurs se lancent dans une véritable course contre la montre pour régler au plus vite la délicate question des «réparations» à verser aux familles des victimes. Le moins que l'on puisse dire est que ce délicat exercice, qui pose la question des responsabilités des uns et des autres, ne va pas contribuer à faire la lumière sur le crash!

«Un sinistre réglé exceptionnellement vite», titre le 25 juillet 2001 le quotidien *Les Échos*, tout juste un an après le drame. Et Me Fernand Garnault, l'avocat des assureurs, de reconnaître qu'une telle affaire prend habituellement plutôt trois à cinq ans. Alors qu'est-ce qui explique une telle promptitude? Le niveau exceptionnel des réparations et le total secret qui entoure leur négociation. À ce jour, le montant exact des réparations est estimé entre 100 et 130 millions de dollars selon les sources.

À en croire les assureurs, la menace d'actions judiciaires aux États-Unis (le droit international autorise les victimes d'accident aérien à saisir la justice dans le pays de destination) aurait été un puissant aiguillon pour régler l'affaire à l'amiable. Les tribunaux américains ont en effet la réputation d'être très généreux en matière d'indemnisation. Mais lesdits tribunaux avaient des chances de se déclarer incompétents au titre du «forum non convenience», une règle qui invite à confier le dossier à la justice du pays le plus concerné. Or l'accident a eu lieu en France, avec des victimes européennes embarquées dans un avion construit en Europe et affrété par une compagnie française! Et si toutefois ils s'estimaient compétents, les juges américains auraient pu choisir d'appliquer le droit allemand, lequel ne connaît pas la notion de préjudice moral. Bref, les raisons d'appliquer le droit américain étaient ténues, pour ne pas dire franchement indigentes.

Les assureurs optent cependant pour un «compromis» qui accorde à chaque ayant droit une réparation supérieure en moyenne à 1,2 million de francs au titre de son préjudice moral, lorsqu'elle aurait été de 150 000 à 750 000 francs en droit français.

Dès la mi-décembre 2000, une poignée d'avocats et d'experts se réunissent à Londres pour valider ce «package» négocié en moins de six mois. Le partage entre assureurs est «totalement confidentiel». Chose étrange, les habituels conflits entre assureurs et les interminables procès qui s'ensuivent n'ont pas cours. Pourtant, si vraiment Continental Airlines – dont la fameuse lamelle s'est en outre révélée ne pas être aux normes – porte une responsabilité écrasante dans cet accident, pourquoi les assureurs d'Air France, du fabricant de pneus Goodyear ou encore des constructeurs EADS ou BAE se seraient-ils solidarisés avec la compagnie américaine? Pourquoi donc paieraient-ils pour un dommage dont le BEA laisse entendre qu'Air France n'est pas – ou si peu – responsable? Et pourquoi, surtout, feraient-ils preuve d'un tel empressement à régler l'affaire, quitte à payer le prix fort? Pour toute réponse, les assureurs évoquent une exceptionnelle convergence d'intérêts.

Il est vrai que le chef de file des assureurs d'Air France, la Réunion aérienne (consortium réunissant notamment les Mutuelles du Mans et Generali), est également le principal assureur d'EADS (la Réunion aérienne nous dira avoir «délégué» son leadership dans ce dossier à un autre membre du consortium pour éviter les «conflits d'intérêts»), et qu'il supporte enfin une partie des risques de Continental. De concert, ces assureurs se choisissent comme avocat commun Fernand Garnault, une référence dans le domaine aéronautique. Côté allemand, les avocats des victimes ont également agi de concert et fait appel à un conseil britannique: Nigel Taylor. Pratiquement, ce sont ces deux hommes, Taylor et Garnault, qui ont eu carte blanche pour allouer l'enveloppe de 130 millions de dollars! Leur unique contrainte: qu'aucune famille ne reste en dehors du *deal*, autrement dit la renonciation à toute action judiciaire civile. La «générosité» des assureurs était à ce prix. Les velléités des dernières familles récalcitrantes ont été vaincues en juillet 2001, un an jour pour jour après le drame.

Et puis, il y a la fierté nationale qui joue un rôle dans cette volonté de ne pas trop savoir. On peut lire dans *Le Monde* du 23 juillet 2001 ces lignes empreintes d'un sentimentalisme peut-être exagéré: «Quelle ligne! Quelle émotion à voir le grand oiseau blanc se soulever, long corps fuselé, nez effilé, ailes en delta! Concorde n'est pas seulement une merveille technologique, il était d'une beauté à couper le souffle.» La suite de l'article ne dément pas cet enthousiasme manifesté au sortir d'une conférence organisée par British Airways pour le premier vol (d'essai) longue distance de l'appareil depuis le crash.

Pourquoi tant de complaisance dans l'immense majorité des médias? La compagnie, qui transporte chaque année environ 40 millions de passagers, est certes une très importante vitrine de la presse. Les exemplaires distribués se comptent en millions. Elle est également l'un des principaux annonceurs publicitaires du marché français. Elle est enfin le principal transporteur aérien des collaborateurs de tous les médias pour lesquels elle concocte des offres plus ou moins généreuses. De ces relations étroites avec les professionnels de l'information, pratiquement rien ne filtre. Mais là n'est peut-être pas l'essentiel.

Si les sommités de l'aviation française ont pu neutraliser si facilement toute velléité de contre-enquête sur le Concorde, c'est en jouant sur la fascination qu'exerce le « bel oiseau » sur bon nombre de journalistes, sans oublier leurs hiérarques. « Ajoutez à cela l'habitude de passer un petit coup de fil au service de presse pour être surclassé quand on voyage en famille, rien de tout cela n'incite vraiment à l'investigation virulente », ironise un pro de la communication.

Confrontés à cette « attitude positive » des médias, les juges chargés de l'affaire ont de quoi se sentir un peu seuls. Car le « risque » d'une constitution de partie civile par les familles des victimes est désormais écarté. Les indemnités records accordées par Air France – entre 113 et 153 millions d'euros au total – ont, rappelons-le, été négociées contre le renoncement à toute action en justice. Or les juges ne clôtureront pas l'information judiciaire avant mi-2002. Si bien que, lorsque les vols reprenaient en novembre 2001, personne n'était encore capable d'expliquer de manière totalement convaincante pourquoi le Concorde avait pris feu peu avant de décoller sur la piste 26-R de Roissy le 25 juillet 2000 vers 16 h 40.

Viagra et Cie : remboursez !

Au printemps 2001, avec le retour des beaux jours, les Français découvrent dans leurs quotidiens et leurs hebdomadaires préférés un slogan choc s'affichant en pleine page sur la photo d'un couple enlacé : « Ils en ont parlé à leur médecin, pourquoi pas vous ? » En caractères plus discrets, il est précisé qu'un Français sur dix souffre de troubles de l'érection. Dans un coin, le nom d'une obscure association : l'Adirs, Association pour le développement de l'information et de la recherche sur la sexualité, un numéro de téléphone et un coupon-réponse.

Cette campagne grand public, la première ouvertement lancée contre le tabou de l'impuissance, va se poursuivre pendant des semaines et coûter plusieurs millions de francs. Par quelle magie cette association inconnue peut-elle se permettre un tel luxe?

L'Adirs est présidée par le Dr Jacques Buvat, dont les nombreux titres ne peuvent qu'inspirer le respect, puisqu'il est présenté par la brochure de son association comme «spécialiste en médecine interne, en neuropsychiatrie, en endocrinologie, en maladies métaboliques et en sexologie». Prodigue de conseils médicaux, l'association n'aime pas parler de ses sources de financements. Le Dr Buvat, sollicité sans doute par ses nombreuses spécialités, n'a pas souhaité répondre à notre demande d'entretien. Ses associés, eux, assurent tout ignorer de ce chapitre. En 2001, ce groupe d'urologues, sexologues, psychiatres ou généralistes a pourtant financé, outre une multitude d'encarts publicitaires et de tirés à part dans la presse nationale, un standard téléphonique accueillant jusqu'à 200 appels par jour, un site Internet qui comptabilise entre 600 et 800 connexions quotidiennes et l'envoi de plusieurs dizaines de milliers de livrets sur la sexualité dont 45 000 sur les troubles de l'érection.

C'est, curieusement, un haut responsable de Pfizer, le producteur du désormais célèbre comprimé bleu Viagra, qui reconnaît financer l'Adirs, avec quatre autres laboratoires: Schwarz Pharma, Pharmacia, Abott et Takeda. Le premier commercialise l'Edex, concurrent du Caverjet distribué par le second, ces deux produits s'administrant par injection intracaverneuse. Abott et Takeda sont en phase de lancement de deux nouvelles «pilules du désir» (commercialisées sous les noms respectifs d'Ixense et Uprima). Bien que concurrents, ces industriels se sont alliés ponctuellement pour développer la demande de traitements des troubles de l'érection en levant le tabou qui pèse sur le sujet.

Mais cette coalition de circonstance n'est pas seulement le fruit d'un marketing bien senti. Il est aussi un moyen légal de contourner la réglementation en vigueur sur la communication grand public. Car en principe, les laboratoires n'ont pas le droit de faire la promotion directe de leurs produits auprès des patients. La raison en est simple. La santé n'est pas un marché comme les autres. Outre les risques d'abus de consommation, les pouvoirs publics redoutent une explosion des dépenses de santé sous l'effet d'une hausse des prescriptions. Les consommateurs, en effet, ne sont pas toujours les payeurs.

Pfizer, qui avait eu le projet, dans un premier temps, de jouer cavalier seul, choisit finalement de s'entendre avec ses concurrents, afin de diluer le lien direct entre la campagne et son produit, et de mieux « passer » auprès de l'Afssaps (Agence française de sécurité sanitaire des produits de santé), chargée notamment de faire respecter la réglementation sur le médicament.

Cette précaution prise, McCann Erickson, l'agence de communication de cette association désintéressée – l'Adirs donc –, se rapproche début 2001 de l'Afssaps, pour lui soumettre les messages qu'elle entend communiquer. Parmi eux le slogan : « Un homme sur cinq a des troubles de l'érection », fait tiquer l'organisme de contrôle par son caractère exagéré. Les communicants savent s'adapter. Ils sont là pour ça. Ce ne sera pas « un sur cinq » mais « un sur dix ».

Cet ajustement laisse songeur tant sur l'exactitude des messages que sur la vigilance scientifique de l'Afssaps. Si bien que les laboratoires ont pris l'habitude de tenter leur chance. Ainsi, en 2000, Pfizer avait fait passer pour une simple campagne de communication institutionnelle des spots TV montrant un homme grisonnant portant dans ses bras une femme beaucoup plus jeune que lui. Le nom du Viagra n'apparaissait nulle part. Mais l'Afssaps avait dit « non ».

Dans le cas de l'Adirs, elle avait le choix entre deux mauvaises solutions. Soit elle obligeait l'association à faire apparaître ses sponsors, mais cela aurait renforcé le caractère publicitaire implicite de la campagne. Soit elle acceptait d'ignorer ses bailleurs de fonds, ce qui maintenait les millions de personnes visées dans une ignorance ambiguë. Elle a choisi la seconde solution. Celle de l'annonceur masqué.

Cette campagne des laboratoires intervient alors que la guerre du Viagra et de ses semblables entame sa dernière phase: la demande de remboursement du médicament par la Sécurité sociale. Une bataille décisive pour des médicaments destinés à devenir des «blockbusters», autrement dit des vaches à lait, pour leur créateur. Pour Pfizer, la première bataille a été remportée en avril 1998, avec l'autorisation de mise sur le marché du Viagra. Schwarz Pharma, lui, vient d'adresser au ministère une demande de remboursement de son produit contre l'impuissance, l'Edex. Deux mois plus tard, Bernard Kouchner, secrétaire d'État à la Santé, saisit à ce sujet le Comité consultatif national d'éthique (CCNE), un «comité des sages» composé de sommités dans les domaines des sciences humaines ou de la médecine. Joël Ménard, alors directeur général de la santé au ministère, crée de son côté une commission ad hoc officiellement chargée d'étudier l'opportunité d'une prise en charge de ce type de médicament par la collectivité. Il cherche en fait des arguments pour éviter le remboursement, lequel ouvrirait la voie à celui du Viagra et de ses futurs concurrents. Rapidement, la fameuse commission se prononce effectivement contre une prise en charge. Cet avis négatif n'empêche pas Schwarz Pharma d'obtenir en janvier 2001 le remboursement à 35 % de l'Edex. La mesure ne s'applique toutefois qu'aux personnes dont les problèmes d'érection découlent d'autres «atteintes organiques»: diabétiques, opérés de la hanche, etc. Mais c'est un pas dans la bonne direction pour les groupes pharmaceutiques.

En moins de deux ans, la position des pouvoirs publics a donc basculé sous l'effet combiné des conclusions du CCNE et du lobbying des industriels. Fin 1999, les deux rapporteurs du Comité d'éthique, le Pr Étienne-Émile Beaulieu et le Dr Jérôme Montagut, avaient remis au secrétaire d'État à la Santé leur avis intitulé « Médicalisation de la sexualité; le cas du Viagra ». Ils se prononçaient en faveur de la prise en charge du Sildénafil (le principe actif du Viagra) lorsque « la dysfonction érectile est organiquement perturbée », autrement dit pour les gens dont l'impuissance est l'effet secondaire d'une autre maladie. Cette brève note, qui ne sera rendue publique que cinq mois après avoir été remise à Bernard Kouchner, semble avoir fortement orienté la décision sur l'Edex.

Parallèlement, le lobby du traitement de l'impuissance s'organise. Le 8 janvier 2000, un groupe de médecins emmené par Jacques Buvat dépose à la préfecture de Lille les statuts de la fameuse Adirs, qui se greffe sur un réseau européen d'associations fédérées au sein de l'European Sexual Dysfunction Alliance, autre support de campagnes de communication. On retrouve ainsi dans l'hebdomadaire anglophone *Newsweek* daté du 4 décembre 2000 une publicité signée de toutes ces associations, dont le graphisme et l'argumentaire ne laissent absolument aucun doute sur sa parenté avec celle qui sortira quelques mois plus tard dans la presse française. À ceci près que le lecteur attentif de *Newsweek* est informé de la participation de l'industriel par la discrète mention : « *Supported with a grant from Pfizer.* »

La bonne parole doit aussi toucher les médecins. En mars 2000, le Dr Buvat ainsi que sa collègue Marie Chevret-Meason, membre du comité scientifique de l'Adirs, participent à une Journée d'amphis en urologie – parrainée, bien sûr, par les laboratoires Pfizer – pendant un congrès (le Medec 2000 à Paris).

Un an plus tard, c'est le tour des politiques. Le 25 avril 2001, le député socialiste Jean-Paul Bacquet, élu du Puy-de-Dôme, organise dans les murs de l'Assemblée nationale, sur la «suggestion» de Pfizer – décidément très actif même si le nom de la firme n'apparaît nulle part –, un colloque intitulé «Prise en charge des troubles de la sexualité dans le système de santé». Parmi les (heureux) participants, l'incontournable Dr Buvat. On remarquera au passage qu'à l'Assemblée où de tels colloques sont organisés à longueur de session, personne n'est chargé d'en tenir la liste. Si bien que personne n'est en mesure de dire si Peugeot, Aventis, EDF ou Pfizer a été à l'origine de une, cinq ou dix réunions pendant telle ou telle mandature! Le droit français et le règlement de l'Assemblée sont si vertueux qu'ils ignorent le lobbying, lequel se pratique donc sans contrôle.

Entre-temps, Pfizer dépose une demande de remboursement du Viagra auprès du ministère. Fin 2001, le principe semble d'ores et déjà acquis dans les conditions restrictives déjà définies pour son concurrent. Reste une question délicate: celle du nombre de comprimés hebdomadaires ou mensuels qu'il est normal de faire prendre en charge par la collectivité! Le CCNE penche pour quatre à six par mois. Pour l'Edex, le ministère, plus généreux, a plafonné à deux par semaine le nombre d'injections prises en charge. En la matière, chacun doit encore se faire une religion. Le Royaume-Uni s'est pour sa part arrêté à quatre comprimés de Viagra par mois, tandis que la Suède rembourse sans modération.

Le jackpot vert

Les lois du marché sont impitoyables. De nos jours, il est pour le moins difficile de faire de vraiment très, très bonnes affaires sans se faire rapidement rattraper par la concurrence ou par la justice. À moins de s'écarter dangereusement de la loi, d'être un inventeur génial, ou de jouir d'un monopole, inutile de rêver à un retour sur investissement de 20 à 30 % l'an. Depuis juin 2001 toutefois, une quatrième possibilité existe. Elle consiste à investir dans les éoliennes. C'est propre. Et c'est une rente. Plus prometteuse même que le Viagra.

Le 22 juin 2001 paraît en effet au *Journal officiel* l'arrêté du 8 juin fixant les conditions d'achat de l'électricité produite par les installations utilisant «l'énergie mécanique du vent», autrement dit le régime de subvention à l'électricité éolienne. Ce texte, totalement incompréhensible pour un non-initié, n'est pratiquement pas commenté dans la presse. Pourtant, l'enjeu n'est pas mince. Si les objectifs de développement du parc d'éoliennes français que s'est fixés le gouvernement sont atteints ne serait-ce qu'à 50 %, cette mesure coûtera au bas mot 4 milliards de francs aux consommateurs en 2010.

D'ailleurs, le jour même où sort ce coûteux arrêté, la Commission de régulation de l'électricité (Cré), autorité administrative indépendante, publie un communiqué incendiaire contre ladite subvention. Selon cet organisme censé être au marché électrique ce que l'Autorité de régulation des télécommunications (ART) est à celui des télécoms, cette mesure garantit des «rentes indues» aux propriétaires d'éoliennes. Elle va renchérir la facture électrique des industriels de 15 % et celle des particuliers de 3 %, si la France, comme elle s'y est engagée à Bruxelles, se dote de 10 000 MW de capacité de production d'électricité éolienne d'ici 2010. Si la Cré publie son avis le même jour que l'arrêté qu'elle conteste, c'est tout simplement parce que, sympathique spécificité de la transparence à la française, le gouvernement lui a interdit de le faire avant!

Dans un document de 14 pages transmis le 5 juin au gouvernement, la Cré dénonce donc les effets pervers du système de prix de rachat garanti retenu par le gouvernement pour promouvoir le développement de l'électricité produite à partir de sources d'énergie renouvelables. Les éoliennes n'étant pas compétitives, le système consiste à obliger l'exploitant dominant, EDF, à racheter l'électricité produite par les éoliennes à un prix tel qu'il couvre leurs coûts et leur assure une marge bénéficiaire.

Ce prix est évidemment très supérieur à celui du marché. La différence devra donc être financée par un organisme répondant au doux nom de Fonds des charges d'intérêt général de l'électricité, lequel est abondé par les «fournisseurs d'électricité» – essentiellement EDF évidemment – grâce à une surfacturation aux consommateurs. Autant dire une taxe camouflée.

Le procédé participe d'une politique d'aide à l'électricité verte qui n'a en soi rien de contestable, à condition que l'avantage accordé soit proportionnel aux gains pour la collectivité. Et connu de tous. Sa justification dépend donc totalement du niveau du prix de rachat et de la marge bénéficiaire garantie à l'exploitant de l'installation. Or, selon l'organisme régulateur, qui s'appuie sur les coûts de production des quelques éoliennes existantes, cette marge se situe entre 12 % pour une très faible productivité de l'installation et 35 % pour une utilisation quasi maximale. Elle atteint 22 % pour une installation normalement productive (éolienne «tournant» 2 600 heures par an). Les fonctionnaires de la Cré ne plaisantent pas avec les chiffres, pas plus que leurs collègues de la Digec (la Direction du gaz, de l'électricité et du charbon) du secrétariat d'État à l'Industrie, chargée de préparer l'arrêté. Les uns comme les autres sont dans leur grande majorité issus de Polytechnique, de l'École des mines ou de Centrale. Ils bataillent à coups de chiffres, la Digec accusant au passage la Cré, présidée par Jean Syrota, ancien patron de la Cogema et figure de la filière nucléaire, de ne pas être le meilleur allié de l'électricité verte. Mais cette joute se déroule en coulisse et l'avis de la Cré ne reçoit aucune réponse officielle. Lorsqu'il est publié, c'est trop tard : le débat est clos avant d'avoir commencé.

En vérité, les magnifiques subventions accordées aux éoliennes résultent des efforts conjugués de trois acteurs que tout aurait dû opposer.

Au sein de la «majorité plurielle», tout d'abord, les Verts poussent le gouvernement à développer, comme il s'y est engagé, cette source d'énergie. La France connaît un sérieux retard sur ses voisins européens. En avril 2000, Lionel Jospin charge donc le député écologiste Yves Cochet de rédiger un rapport sur la promotion des énergies renouvelables. On est alors en pleine négociation d'une directive européenne. En France, la puissance du parc d'éoliennes raccordées au réseau électrique atteint à peine 25 MW contre 1 500 en Allemagne. Et Bruxelles se propose de fixer l'objectif de 10 000 MW installés en 2010!

Cinq mois après avoir reçu sa lettre de mission de Matignon, Yves Cochet rend sa copie. Il suggère de «mettre le paquet» sur l'éolien, plaide pour un système de prix de rachat garanti et propose, sans qu'aucun calcul le justifie, un tarif de 45 à 55 centimes par kWh, au plus grand bonheur des industriels qui souhaitent se lancer sur ce marché. Cette proposition est reprise pratiquement telle quelle le 16 décembre 2000, lors d'une conférence de presse donnée par la ministre de l'Environnement Dominique Voynet – qui cédera six mois plus tard sa place à Yves Cochet – et le secrétaire d'État à l'Industrie Christian Pierret.

Dans la coulisse, un homme s'est beaucoup activé. André Antolini, président du Syndicat des énergies renouvelables, est depuis longtemps une personnalité admirée et redoutée dans le monde du lobbying. Il avait aussi laissé un souvenir amusé aux membres de la commission d'enquête parlementaire sur le financement des partis politiques, en 1991.

À l'époque, il n'avait pas encore découvert l'énergie verte. Il était président de la Fédération nationale des promoteurs constructeurs (FNPC). Venu défendre l'honneur de la profession devant les élus de la nation, il avait voulu les rassurer: non, il n'existe aucune pression financière des promoteurs sur les collectivités locales. «Je lis les journaux comme tout le monde. Si je vous disais que je n'ai jamais entendu parler de fausses factures ou de sociétés taxis, vous auriez l'impression que je me paie votre tête», avait-il concédé aux parlementaires ébahis.

Sous sa présidence, en tout cas, promoteurs et constructeurs ont été gâtés : baisse des droits de mutation, prêt à taux zéro, amortissement accéléré des biens locatifs (la loi Périssol), André Antolini a fait des miracles auprès de Bercy et du ministère de l'Équipement et du Logement. Lorsqu'il est reconduit dans ses fonctions à la FNPC, en 1994, il préside le groupe Sofap Helvim et le Conseil national de la construction. Pourquoi, en 1996, passe-t-il la main pour prendre la barre du Siprofer[1]? Mystère. Il est alors encore PDG de Soderetour (chaîne Citadines) et de l'Immobilière Saint-Paul. Mais il a également pris la tête de SIIF Énergies, une société spécialisée dans le montage de projets en métropole et outre-mer.

Très actif, André Antolini est aussi un homme discret, tout comme certains actionnaires de SIIF Énergies : SIIF Luxembourg SA et Synergie Développement et Services (SDS) ne figurent pas au registre du commerce français. Le président Antolini est même si discret qu'au terme de deux mois de sollicitations, il a fallu renoncer à le rencontrer.

En tout cas, il a mené d'une main de fer la négociation avec la Digec entre janvier et juin 2001. Ne se satisfaisant pas de la position très volontariste affichée par le secrétaire d'État Christian Pierret dès décembre, il obtient cinq mois plus tard un ultime «coup de pouce» de l'État améliorant encore de 2 % la rentabilité des investissements dans les éoliennes. Au grand dam de la Cré. Les éoliennes avaient bien besoin d'un peu de promotion. Les voilà devenues un business très juteux.

Grâce à un heureux calendrier, depuis décembre 2000, SIIF Énergies est une filiale à 50 %… d'EDF. Cela explique peut-être, au moins partiellement, la placidité avec laquelle cette forteresse s'apprête à payer au prix fort l'énergie éolienne. Jusqu'alors, le géant électrique n'avait pas été le plus fervent défenseur de l'électricité verte. En 1996, le gouvernement lui avait confié la gestion du programme Éole 2005. L'électricien était censé sou-tenir le développement de l'éolien en lançant des appels d'offre à un prix suffisamment intéressant pour susciter les vocations. Mais le programme a piétiné.

Désormais, en tant que principal fournisseur d'électricité, EDF aura pour mission de financer le fameux fonds qui gérera les subventions. En tant qu'exploitant du réseau, c'est lui qui a l'obligation de racheter l'électricité produite par les éoliennes, dont il répercutera le coût sur ses clients. Et, enfin, en tant qu'exploitant d'éoliennes, il sera également l'un des principaux bénéficiaires desdites subventions. C'est ce que l'on appelle l'omniprésence.

Le magicien
de l'Éducation nationale

En sixième, quatre à cinq enfants par classe ne savent pas lire. Mais Jack Lang nous parle «itinéraires de découvertes». À l'Université, les étudiants ne veulent pas devenir enseignants. Mais Jack Lang commande des rapports à toutes les sommités de la pédagogie. C'est ainsi que tout le monde l'aime.

C'est une école où tous les enfants apprennent une langue étrangère dès 5 ans. À 18 ans, ils en maîtriseront deux, voire trois. Au même âge, tous auront le bac ou «une qualification comparable». Entre-temps, la même école leur aura permis de s'épanouir grâce à des activités artistiques ou manuelles…

Cette école, les élèves, leurs parents et leurs enseignants en ont rêvé. Jack Lang l'a faite.

Bien sûr, c'est lui qui le dit. Mais on l'entend, on le croit. Jack Lang promet, assure, rassure. Il raconte au pays une école virtuelle. Et ça marche : sa popularité est au zénith. Les enseignants lui sourient, les parents d'élèves sont flattés.

L'artiste de la politique a été maintes fois salué. Jamais il n'avait à ce point fait merveille. Qu'on se souvienne de l'état insurrectionnel dans lequel se trouvait l'Éducation nationale quand Claude Allègre fut limogé par Lionel Jospin au printemps 2000. En deux temps trois mouvements, Jack Lang a pacifié le peuple enseignant. Mais il a fait beaucoup mieux : il a évité le piège de l'immobilisme que tout le monde lui prédisait. Résultat, il réalise le tour de force de contenter à la fois son prédécesseur et l'ennemie jurée de celui-ci, la syndicaliste Monique Vuaillat. Claude Allègre, d'abord revanchard contre son successeur, a fini par lui délivrer des brevets de «réformisme», en assurant : Lang «a poursuivi les réformes que j'avais engagées». La seconde, ex-secrétaire nationale du Snes (Syndicat national de l'enseignement de second degré), assenant ses leçons au moment de partir à la retraite dans *J'ai connu sept ministres de l'Éducation nationale*, délivre plus qu'un bon point : «Jack Lang est un ministre qui travaille et qui prend des décisions.»

Alors ? Alors bravo l'artiste. L'inventeur des fêtes en tous genres maîtrise l'art de contenter tout le monde. Il en a donné le meilleur exemple à propos de la réforme du collège. Lieu de toutes les désillusions de la «démocratisation» de l'école, il est aussi le champ de bataille des combats idéologiques les plus acharnés. Au sein même du gouvernement, l'unanimité n'était pas acquise. Au début de l'année 2001, alors que Jack Lang ne cessait de différer l'annonce de son plan, le ministre délégué à l'Enseignement professionnel, Jean-Luc Mélenchon, mettait les pieds dans le plat en se prononçant pour le retour des quatrièmes et troisièmes technologiques, autrement dit pour l'orientation dès la cinquième. Derrière la cuisine éducative, il y avait la remise en cause du dogme du «collège unique».

À vrai dire, le représentant de la gauche socialiste ne se faisait pas révolutionnaire : le collège unique et indifférencié pour tous les élèves compte désormais beaucoup plus d'ennemis que de défenseurs. À commencer par les enseignants, notamment les plus jeunes qui, sondage après sondage, déboulonnent consciencieusement le mythe de l'égalité républicaine via le collège unique.

Mais ce retour à la lucidité risque de fâcher les idéologues de l'égalitarisme. Il y a des symboles qu'il vaut mieux se garder de toucher si l'on veut faire une longue carrière politique. L'expérimenté Lang s'est chargé de le rappeler au fougueux Mélenchon. Par une heureuse coïncidence, ce dernier accompagne Lionel Jospin au Brésil au moment où le ministre de l'Éducation choisit d'organiser la conférence de presse annonçant son projet pour le collège. Le terrain est libre pour un brillant exercice d'équilibriste. Chaque syndicat, chaque courant trouve dans le catalogue des «Orientations pour un collège républicain» de quoi se satisfaire. Grâce à l'arme préférée de l'étincelant ministre : les mots. À l'orientation précoce, on substitue des «itinéraires de découvertes» – nouveaux habits des vieilles options qui ont toujours servi à opérer une sélection rampante, au profit des initiés. Le collège se voit assigner un «idéal éducatif», qu'un «cahier des exigences» traduira à l'intention des élèves. Quant à

DICTIONNAIRE FRANCAIS-LANG LANG-FRANCAIS

Pour l'illusionniste, le langage est un allié de poids. Voici quelques rudiments du dialecte chic que manie Jack Lang pour nous faire croire que tout va bien.

Ne dites pas «langues régionales», dites «*langues de France*» (à propos de son combat pour imposer l'enseignement des langues régionales dans les écoles, malgré la double censure du Conseil constitutionnel – annulant la ratification de la Charte européenne des langues régionales – et du Conseil d'État – suspendant le protocole d'intégration des écoles bretonnes Diwan dans le service public).

Ne dites pas «options», dites «*itinéraires de découvertes*». Ou les habits neufs de l'orientation précoce, dès la classe de cinquième.

Ne dites pas «enseigner les sciences», dites «*répondre à la gourmandise de sciences des*

la «nouvelle sixième», entrée en vigueur à la rentrée 2001, elle ne présente guère de différence avec la vieille. Mais la magie du verbe fait son œuvre...

En bon architecte du «village Potemkine» de l'Éducation, il est un mot que Jack Lang chérit particulièrement: «priorité». Le ministre n'a que des «priorités». La maîtrise parfaite de la lecture et de l'écriture à la sortie de l'école primaire en est une. Mais l'apprentissage précoce des langues étrangères aussi. Et encore la création d'internats... Au total, à la rentrée 2001, on recensait quinze «chantiers» en cours. La lutte contre la violence y côtoie l'éducation à la sexualité; la formation des maîtres voisine avec l'éducation aux médias; l'enseignement des langues régionales avec l'éveil aux arts et à la culture... Pour faire bonne mesure, il faut encore ajouter l'adresse Internet «gratuite et à vie» offerte à chaque élève grâce à un partenariat avec La Poste. La banale boîte à e-mails devient dans la bouche de Jack Lang une «adresse citoyenne[2]». Peu importe si nul n'a besoin ni de l'Éducation nationale ni de La Poste pour bénéficier d'une adresse Internet gratuite, proposée depuis bien long-temps par des dizaines de fournis-seurs d'accès sur le web. Peu importe aussi que l'élève défavorisé, qui n'a pas d'ordinateur chez lui, n'ait pas l'usage immédiat d'un tel «cadeau électronique». Il ne sera pas dit que le ministre a manqué le train des nouvelles technologies...

Il est un domaine où l'enthou-siasme a atteint des sommets, c'est celui des langues vivantes. Avec une clé de voûte: l'apprentissage d'une langue étrangère dès le plus jeune âge. On ne lésine pas: dès 2004, les élèves de maternelle devront s'initier à une langue étrangère. En janvier 2001, Jack Lang assurait que «94 % des classes de CM2 assurent l'appren-tissage d'une langue étrangère[3]», et prévoyait la «généralisation» dès le CP pour la rentrée 2002. Seulement, l'intendance ne suit pas. En 2000-2001, selon les chiffres officiels de l'Éducation nationale et malgré les affirmations ministérielles, 20 % des CM2 ne recevaient aucun enseigne-ment. Au total, dans le premier degré, seuls 28,4 % des élèves appre-naient une langue étrangère, princi-palement l'anglais. C'est qu'en la matière on a beaucoup navigué à vue. L'Éducation nationale en est à

écoliers», à propos de l'énième rénovation des enseignements scientifiques et de l'extension de l'opération «Main à la pâte» lancée par le prix Nobel Georges Charpak.

Ne dites pas «programmes sco-laires», dites *«cahier des exi-gences du collégien»*. Un des piliers de la réforme du collège de Jack Lang. Le vocable, qui sonne agréablement aux oreilles de la tendance «républicaine» du monde enseignant, est choisi pour récuser par avance l'accu-sation de laxisme.

Ne dites pas «apprendre à lire et écrire aux enfants», dites *«gagner la bataille de la langue nationale»*. Le registre séman-tique est le même que pour les «exigences», appliqué ici à l'école primaire. La principale action qui l'accompagne tient en une nou-velle batterie d'évaluations des élèves. Les conclusions à en tirer ne sont pas précisées.

Ne dites pas «brevet des col-lèges», dites *«brevet d'études fondamentales»*: le vieux BEPC devient rien moins que le « *bac-calauréat du collégien*».

Ne dites pas «première langue, deuxième langue… », dites «*langue vivante A et langue vivante B*». La domination de l'anglais étant haïssable, il faut supprimer toute hiérarchie entre les langues pratiquées au lycée. La disparition des LV 1 et LV 2 au profit des LV A et LV B est censée y pourvoir.

Ne dites pas « 80 % d'une classe d'âge au niveau du baccalauréat », dites « *100 % des jeunes avec une qualification comparable au bac*». Inventé par Jean-Pierre Chevènement en 1985, le slogan des 80 % est aujourd'hui repris par toute la classe politique, malgré les déboires de la «massification» de l'enseignement. En réalité, le niveau bac n'est atteint que par 64 % d'une classe d'âge.

Ne dites pas «enseigner les arts à l'école», dites «*l'intelligence sensible est inséparable de l'intelligence rationnelle*». Ou comment surfer sur sa réputation de «grand ministre de la Culture».

son quatrième essai «langues à l'école», après que les tentatives se sont succédé dans le plus grand désordre. Jospin ministre de l'Éducation avait introduit les langues pour les grands du primaire, puis Bayrou pour les petits, avant qu'Allègre ne redonne la priorité aux grands. Sur le terrain, le résultat de ces errements a été parfois catastrophique, obligeant des écoles qui pratiquaient une langue depuis longtemps à tout remettre en question au gré des plans ministériels.

Surtout, c'est du côté de la formation que rien ne va. Pour l'heure, on ne trouve pas plus de 15 à 20 % des instituteurs ayant une compétence affichée en langues vivantes. Bref, on bricole. Pour le malheur des enfants: malgré tous les efforts déployés, aucune évaluation faite en sixième n'a permis de mettre en évidence une différence nette entre les enfants ayant commencé une langue étrangère dès le primaire et ceux débutant au collège. Abondamment cité et consulté par Jack Lang, le linguiste Claude Hagège répète depuis toujours que seuls les locuteurs natifs des pays concernés peuvent apprendre une langue étrangère aux jeunes enfants, «pas des maîtres à peine anglophones».

Seulement, ces «locuteurs natifs», l'Éducation nationale a bien du mal à les utiliser. Comme les autres «corps étrangers», l'institution les rejette.

L'autre cheval de bataille linguistique de l'ancien maire de Blois, ce sont les langues régionales. Lui les appelle les «langues de France». Tout à son militantisme, il assure que le bilinguisme serait un gage de réussite scolaire, assurant une «agilité d'esprit» qui garantirait l'excellence académique, notamment en langues. Le hic, c'est qu'aucune étude sérieuse ne le démontre. Pour justifier son acharnement à intégrer les écoles bretonnantes Diwan dans le service public, Jack Lang le martèle: «Les statistiques démontrent que les élèves qui ont suivi un parcours Diwan sont parmi ceux qui réussissent le mieux au bac, notamment en français.» Convaincantes statistiques, qui reposent, pour la session 2001, sur vingt-huit candidats...

Pendant ce temps, 12 à 15 % des enfants ne maîtrisent pas la lecture (du français) à l'entrée au collège[4]. Ce sont, dans chaque classe, quatre à cinq enfants de sixième qui, s'ils peuvent déchiffrer, ne comprennent pas ce qu'ils lisent. Pendant ce temps, la violence scolaire s'incruste. Et pendant ce temps, les candidats à l'enseignement se font de plus en plus rares. Selon un sondage réalisé pour le compte de l'Éducation nationale[5], seuls 18 % des jeunes entrés à l'Université en 2000 souhaitent devenir enseignants. Le rejet de la profession (52 %) est en hausse de douze points depuis 1998. Pour les écoles françaises, c'est peut-être un drame démographique qui s'annonce. Du fait du départ à la retraite des enfants du baby-boom, les besoins en recrutement vont être considérables dans les prochaines années. Pour les couvrir, il faudrait qu'un licencié sur trois ou quatre rejoigne l'Éducation nationale.

La crise des vocations touche plus encore les candidats au Capes, qui enseigneront en collège ou lycée, que les futurs professeurs des écoles. Au Capes 2001, la moyenne des candidats présents au concours était de six par poste offert. Mais dans certaines disciplines, les jurys n'ont eu à choisir qu'entre deux ou trois candidats par poste. «À ce niveau, la qualité de recrutement n'est plus assurée», s'est alarmé le Snes.

Pour tenter de répondre à l'inquiétude des futurs profs, Jack Lang a bien sûr agi. Ou du moins bougé, et lancé une réforme des IUFM (Instituts universitaires de formation des maîtres). En fait, une collection de cinq «bidules»: un haut comité de suivi des concours de recrutement; une mission sur la «Relation entre les contenus des formations dispensées et les programmes scolaires»; un comité d'experts pour unifier la formation dispensée en deuxième année dans les différents IUFM de France; une mission encore sur la formation des formateurs; une autre pour «stimuler et mettre en cohérence les différents pôles de recherche en éducation»; enfin une table ronde sur les problèmes de la recherche en éducation et en didactique... Chacune de ces nobles tâches est confiée à des personnalités réputées, pour la plupart très connues du monde de l'éducation. Jack le tacticien a compris que pour travailler tranquillement dans l'Éducation, le mieux est d'occuper ses innombrables experts...

Au milieu de l'avalanche de rapports qui s'abat sur son bureau, Jack Lang en aura peut-être négligé un. Celui, signé Claude Pair, du Haut Conseil de l'évaluation de l'école, organisme créé par le ministre en 2000. En bref, il conclut que «l'évaluation a progressé, mais encore faut-il que l'évaluation ait un usage». En clair, les rapports ne servent à rien.

La saga des « e-pigeons »

2001 a été l'année de vérité pour la Net économie. De vérité ? Pas tout à fait. Car personne n'a vraiment posé les questions qui fâchent : derrière les « e-pigeons », ces petits porteurs qui se sont appauvris au grand jeu du Nasdaq et du nouveau marché, comment s'en sont sortis les instigateurs du système, ceux qui se faisaient fort de « reconstruire le monde » ? Antoine Aurel est en fait le pseudonyme de deux personnages qui ont rédigé cette contribution mais ne peuvent apparaître à visage découvert : ils ont, l'un comme cofondateur d'une start-up, l'autre comme journaliste spécialisé, activement participé au système qu'ils dévoilent. Mais ni l'un ni l'autre ne s'y est enrichi.

L a nouvelle économie, ça vous rappelle quelque chose? Mais si, souvenez-vous, c'était il y a tout juste dix-huit mois. Un culte étrange s'emparait des esprits: notre avenir, jurait-on, se jouait sur Internet. Une révolution technologique que l'on comparait volontiers à l'invention de la machine à vapeur ou à l'avènement de la fée électricité. Rien ne devait résister à la déferlante des start-up. Ces entreprises d'un nouveau genre, fondées par de jeunes aventuriers sortis du rang, allaient court-circuiter le commerce traditionnel pour vendre leurs services innovants à des millions de clients. Sur la foi d'un maigre «business plan», elles se voyaient offrir des ponts d'or par des financiers assoiffés de plus-values, prétendaient devenir des multinationales en quelques mois et s'introduire en bourse avant trois ans. «On est en train de reconstruire le monde. On change de matière première (l'information), de moyen de transport (les réseaux) et d'organisation. Que voulez-vous changer de plus? C'est une nouvelle ruée vers l'or», prophétisait Bernard Maître, gourou et financier de la Net économie en janvier 2000.

Comme chacun sait, cette illusion collective a été de courte durée. La bulle financière s'est dégonflée en avril puis en septembre 2000. Et 2001 restera l'année des faillites en rafale. À Paris, capitale de la Net économie française, une centaine de start-up ont coulé. Les entrepreneurs en baskets ont disparu des gazettes aussi vite qu'ils y étaient apparus. Plus une entreprise pour rajouter un «.com» à son nom et prétendre ainsi conquérir le monde!

La nouvelle économie est morte, enterrée et peut-être déjà oubliée. Mais le bilan de la catastrophe, lui, n'a pas été établi. Comment avons-nous pu croire à l'éphémère théorie du «funky business[6]», aux soirées des «first tuesday[7]» et aux «n'importe-quoi.com» qui ont monopolisé l'attention pendant toute une année? Qui a tiré les ficelles? Où sont passés les milliards de la nouvelle économie? Et en définitive qui paie l'addition?

Répondre à ces questions revient à mettre en cause l'establishment financier qui a gonflé la bulle spéculative, les autorités boursières qui ont abandonné toute prudence et les médias qui ont célébré un âge d'or improbable.

Les vrais parents de la nouvelle économie ne sont pas des babas californiens férus d'informatique. Mais de purs financiers qui ont utilisé ce leurre pour attirer une épargne largement disponible en période de croissance. Qui sont-ils?

Des capital-risqueurs tout d'abord. Ces professionnels investissent dans les start-up des fonds qui leur sont confiés par des institutions financières, des grandes entreprises ou des particuliers. Ils promettent en général à leurs clients de décupler la valeur de leur portefeuille en trois ou quatre ans. Mais en attendant, ils se rémunèrent en percevant 2 % de frais de gestion et 20 % sur les plus-values annuelles de leurs fonds.

On comprend mieux pourquoi ces aventuriers de la finance ont multiplié les opérations: en France, 1,5 milliard d'euros ont été investis dans 450 PME de l'Internet en 2000. Derrière ce dynamisme apparent se cachait le manque de discernement. Ces investisseurs ont confié des dizaines de millions de francs à des entrepreneurs de 25 ans sans expérience. Ils leur ont souvent dicté une conduite suicidaire. «Ils vous poussent à croître le plus vite pour s'introduire en bourse ou se revendre à un grand groupe», pleure Jacques Rosselin, le malheureux fondateur de Canalweb, la télé du Net aujourd'hui en redressement judiciaire.

Les capital-risqueurs s'accommodent d'un déchet considérable. Qu'importe si une start-up sur dix survit. Car lorsque la jeune pousse se vend ou s'introduit en bourse, c'est le jackpot! Largement de quoi compenser les «paumes» enregistrées. D'autant que les moins-values ne se réaliseront vraiment qu'à l'échéance des fonds, d'ici deux ou trois ans.

En attendant, les capital-risqueurs, en 2001, n'ont pas tous voulu avouer leurs pertes et repartir sur des bases plus saines. Certains se contentent aujourd'hui d'éviter les faillites en accordant des rallonges aux jeunes pousses qu'ils ont imprudemment arrosées. Ils en ont les moyens : le capital-risque français a encore collecté 1 milliard d'euros en 2001.

Plus discrets, les gestionnaires de fonds d'investissements (Sicav, fonds communs de placements...) ont aussi pris part au festin. Grâce au mythe de la nouvelle économie, ils ont pu promettre des rendements mirifiques à leurs clients... et percevoir des frais de gestion confortables (2 % du montant des dépôts).

LES E-MILLIONS DE BERNARD ARNAULT

S'il est un businessman qui incarne l'invraisemblable gâchis de la nouvelle économie, c'est bien Bernard Arnault. Le patron de LVMH a investi 800 millions d'euros (5 milliards de francs !) de son immense fortune personnelle dans la Net économie. Il a gagné parfois. Mais il a aussi beaucoup perdu. Et n'apprécie guère qu'il en soit fait état. Sa réputation d'homme d'affaires pourrait en pâtir. Et sans réputation, il n'est pas d'homme d'affaires qui vaille...

Arnault découvre les ficelles du e-business en 1998. A l'époque, il place 10 millions de dollars sur e-Bay, un site californien de vente aux enchères. Jackpot ! Arnault réalise en quelques mois une plus-value juteuse. Il passe la vitesse supérieure et investit 300 millions d'euros de sa fortune personnelle dans des sites américains. Avec plus ou moins de bonheur. Sa mise de 700 millions de dollars dans le site musical Mp3.com, par exemple, se solde par une abrupte moins-value : le titre vaut 28 dollars quand Bernard Arnault achète en juillet 1999. Vivendi Universal n'en offre plus que 5 dollars lorsqu'il rachète le site en mai 2001.

Dans le même temps, Arnault crée Europ@web, un fonds doté de 500 millions d'euros qui prend des participations dans une cinquantaine de start-up. Mais attention, le roi du luxe n'est pas un investisseur angélique. S'il s'entiche des jeunes entrepreneurs de la Net

En France, ils ont investi une part de l'épargne des ménages dans la nouvelle économie grâce aux plans d'assurance vie en actions créés par le ministre des Finances Dominique Strauss-Kahn dès 1998. Taillés sur mesure pour la nouvelle économie, ces contrats offrant des avantages fiscaux (pas d'imposition des plus-values après huit ans) ont permis de collecter plus de 2 milliards d'euros, investis à 50 % dans des actions et à 5 % dans des sociétés de croissance non cotées.

Autre pilier du système : les sociétés de courtage, notamment les géants américains JP Morgan, Goldman Sachs et Lehmann Brothers. Rémunérés par des commissions (1 % sur chaque

---

économie, il leur fait aussi signer des contrats dits de « best effort ». Les « entreprenautes » doivent s'introduire en bourse en quelques mois, sous peine de voir Arnault racheter leur participation et prendre le contrôle de l'entreprise. Objectif : créer un groupe présent sur tous les fronts du Net. Mais voilà, en investissant presque exclusivement dans des start-up de commerce électronique, le patron de LVMH s'est fourvoyé. Dès le printemps 2000, la retentissante faillite de Boo.com (une gabegie à 152 millions d'euros !), dont il est actionnaire à hauteur de 7,5 %, marque la fin d'une époque.

Europ@web n'est plus dans le coup. En juin 2000, Arnault doit renoncer, en catastrophe, à introduire sa pépite en bourse comme il l'avait initialement prévu… Mais chut ! Pas question de mettre en doute sa stratégie. *Le Nouvel Observateur* l'apprend à ses dépens. En publiant un article critique, le « milliardaire s'est pris les pieds dans la Toile », l'hebdo s'attire une mise au point courroucée. La « réussite d'Europ@web » y est qualifiée de « peu discutable ». Pour punir *Le Nouvel Obs* et dissuader toute autre gazette de l'imiter, le patron de LVMH lui retire ses pages de pub durant trois semaines.

Cela ne l'empêche pas de recruter un nouveau PDG pour remettre de l'ordre dans sa pépinière de jeunes pousses. Philippe Jaffré, ancien patron du groupe Elf, fait le tri entre « les start-up à fermer, celles à céder et celles à renflouer ». Il licencie les golden boys recrutés à prix d'or, ferme des filiales… ➤

transaction), ces intermédiaires ont tout fait pour gonfler la bulle spéculative. Leur truc? Un astucieux partage du travail. D'un côté, leurs analystes financiers publient des notes d'analyses dithyrambiques sur le business Internet. De l'autre, leurs brokers les placent auprès des clients: des banques et des entreprises.

Cette manipulation fait aujourd'hui l'objet de procédures judiciaires aux États-Unis. On reproche aux analystes d'avoir recommandé systématiquement l'achat des actions – seulement 220 recommandations «vendre» pour 27 408 actions cotées à New York. Tenus pour responsables des délires spéculatifs de la

---

Tout en s'allégeant discrètement, Arnault recherche un partenaire. C'est Suez, spécialisé dans les services aux collectivités et actionnaire de M6, qui s'y risque: en novembre, le groupe annonce qu'il prend 30 % d'Europ@web pour 300 millions d'euros. Les nouveaux mariés doivent lancer des services pour le téléphone mobile de troisième génération (UMTS) branché sur le Net. En mars 2001, le groupe dirigé par Gérard Mestrallet finira par renoncer à cette grandiose offensive dans la téléphonie. Il renégociera son entrée au capital d'Europ@web, se contentant d'acquérir 18 % du capital contre un chèque de 132 millions d'euros. Un investissement sans grand intérêt stratégique pour Suez mais qui donne un peu d'air à Arnault.

Le grand patron case aussi une poignée de jeunes pousses chez Vivendi Universal, le titan de la communication piloté par Jean-Marie Messier. Rien d'étonnant. Les deux hommes entretiennent d'excellentes relations: Bernard Arnault siège au conseil de surveillance de Vivendi Universal. Preuve que le capitalisme à la française, qui repose sur de petits arrangements entre patrons de l'establishment, n'est pas mort.

Bernard Arnault est suffisamment puissant pour trouver des échappatoires. Quitte à bousculer un peu les règles du business. La preuve? L'affaire LibertySurf. Créé dès 1999 en partenariat avec le britannique Kingfisher (Darty), ce fournisseur d'accès à Internet fait un tabac en France. Normal: il est le premier à proposer une connexion au réseau sans abonnement. Il parvient à séduire des centaines de milliers d'abonnés. Et malgré des pertes abyssales, Arnault parvient à l'introduire en bourse... sur le premier marché du règlement

nouvelle économie, les analystes vedettes Mary Meeker (Morgan Stanley) et Henry Blodget (Merrill Lynch), qui émargeaient à plusieurs millions de dollars par an, ont même été renvoyés, cet automne, par leurs employeurs respectifs.

Ces gourous et leurs adeptes ont appliqué des méthodes de calcul surréalistes à la valorisation des sociétés. Jusque-là, la valeur d'une entreprise dépendait de son bénéfice par action ou de son cash-flow (produit de l'activité une fois déduites les charges d'exploitation). Mais les sociétés de la nouvelle économie ne dégageant pas un tel excédent avant de longues années, les analystes

---

mensuel. En principe, la COB n'y admet que des entreprises confirmées, capables de présenter trois exercices comptables complets. Mais pour Bernard Arnault et son associé britannique, l'autorité de régulation fait une exception. On lui a laissé entendre que LibertySurf serait tenté de se faire introduire ailleurs. Chaudement recommandé par les analystes financiers, LibertySurf parvient à lever 458 millions d'euros. Depuis, le cours de l'action a plongé de 90 % depuis son introduction... C'est la «dure loi du marché». Pour les petits porteurs. Car Arnault, lui, s'en tire bien. En mars 2001, l'italien Tiscali lance un raid boursier sur LibertySurf. Par échange de titres, Arnault met la main sur un paquet d'actions Tiscali et encaisse 71 millions d'euros de cash.

Le grand patron parviendra-t-il enfin à se tirer du fiasco de Zebank, la banque électronique qu'il a inventée puis confiée aux bons soins de Philippe Jaffré ? Pas sûr. En effet, comme l'a révélé le *Journal du Net* en novembre 2001, la banque virtuelle sur Internet, lancée à l'automne 2000, ne va vraiment pas bien : lancement retardé, informatique cafouilleuse, dépenses de recrutement des clients abyssales... Arnault a investi 175 millions d'euros avec son partenaire Dexia. Désormais, on le sait vendeur. Mais il n'est pas certain qu'il trouve acquéreur pour ses 45 000 clients revendiqués en octobre dernier. Le *Journal du Net*, lui, croit savoir que seulement 500 comptes étaient réellement actifs. La majorité des clients de Zebank se seraient contentés d'encaisser le chèque de 1 000 francs (152 euros) offert à l'ouverture du compte. Qui a dit qu'on ne gagnait rien au jeu de la nouvelle économie ?

financiers ont décrété que leur valeur serait calculée en fonction de leur chiffre d'affaires. À quoi bon se préoccuper de rentabilité! Il suffit de gonfler les ventes.

Quand ventes il y a… Car certains sites commerçants ou les fournisseurs d'accès gratuit à Internet ne produisent même pas de chiffre d'affaires… Qu'à cela ne tienne. Les cadors de la finance se sont mis à valoriser les sites en fonction du nombre d'utilisateurs. Au paroxysme de ce délire, chaque client des courtiers en ligne (Boursorama, Self Trade et Consors) a été valorisé jusqu'à 15 000 euros (100 000 francs) par tête! Et le site communautaire ifrance qui comptait quelques dizaines de milliers

---

COMMENT «BRÛLER» DES MILLIONS, OU LA CONFESSION D'UN CRÉATEUR

«Au départ, ce n'était pas gagné. Notre start-up n'était qu'un dossier parmi 41 projets de courtage en ligne sur le Net! Et pourtant, en dix-huit mois d'existence, nous sommes parvenus à lever 24 millions de francs. Que nous avons intégralement dépensés. Voici comment.

Tout a commencé en mai 1999. Lors de mon premier rendez-vous avec H. et T., les fondateurs de Trade World qui recherchent un associé expert en télématique me disent: "Rejoins-nous, tu connais Internet, nous la finance." Ces pros de la nouvelle économie apportent une mise initiale de 3 millions de francs (quelque 457 000 euros) à la société. Et surtout un précieux carnet d'adresses. Polytechnicien du corps des Mines, H. fait partie du sérail. Il a convaincu un de ses camarades de promo, responsable des activités Internet d'un grand groupe de communication, de nous suivre. C'est certain, La Multinationale, appelons ainsi ce géant, va devenir notre partenaire et faire connaître nos services à des millions de clients. "Tu connais ce rapport?" ajoute-t-il en lâchant sur la table un volume signé de la banque d'affaires JP Morgan. Si je connais? Bien sûr. L'étude s'intitule *Unstoppable*. Elle affirme que les entreprises américaines qui se sont lancées sur le créneau des transactions boursières sur Internet ont fait fortune en quelques mois. Tope-là! J'accepte de rejoindre l'équipe comme directeur du marketing. J'acquiers 30 000 actions à 1 franc et deviens propriétaire de 3 % de la société

d'aficionados s'est vendu 152 millions d'euros (un milliard de francs) à Vivendi.

Au cœur de cette économie virtuelle, les banques d'affaires, qui parrainent les fusions-acquisitions et les introductions en bourse, ont multiplié les deals par échange d'actions. Une formule très avantageuse car ces officines se sont rémunérées en percevant des commissions astronomiques : 6 % des fonds levés ! Ce sont elles qui ont le plus profité de l'essor des marchés de nouvelles valeurs : Nasdaq aux États-Unis, nouveau marché en France. Depuis 1998, cette place, promue par Euronext — le groupe qui gère la bourse de Paris et perçoit une commission sur

que nous créons en décembre 1999. Je négocie aussi un plan de stock-options me garantissant 3 % supplémentaires après trois ans. Mon objectif, c'est de faire fortune. "D'ici là, nous aurons introduit la boîte en bourse ou nous l'aurons revendue à un gros bonnet de la finance", répètent alors H. et T., des dollars plein les yeux.

En attendant, il nous faut réunir notre premier tour de table. Lors d'un rendez-vous dans un superbe appartement du VIIe arrondissement, H. parvient à convaincre une grosse fortune américaine de ses connaissances. La folie Internet est à son comble. Ce financier septuagénaire croit en nos concepts révolutionnaires et salive à la perspective de notre accord avec La Multinationale. Dans une "lettre d'intention", il s'engage à nous allonger 600 000 francs. Fort de cette promesse, nous rallions quatre autres "business angels" (investisseurs en capital-risque). Au total, ces premiers investisseurs prennent 15 % du capital pour 4 millions de francs. Faites le calcul vous-même : notre société, qui n'a pas engrangé le moindre franc de chiffre d'affaires, vaut déjà 24 millions de francs !

Vient l'étape du "business plan". Une nouvelle fois, le carnet d'adresses de notre associé fait merveille. Il connaît le patron d'un prestigieux cabinet en France. Ces pros de la stratégie concoctent un plan de "classe internationale" — en anglais s'il vous plaît ! Pour la prestation,

chaque transaction – a levé 3 milliards d'euros. Tant mieux pour les entreprises qui y ont trouvé une source de financement parfois inespérée. Et tant pis pour les investisseurs qui ont misé sur Multimania, Père Noël.fr ou Artprice.com dont les cours ont plongé de 80 % depuis leur introduction.

La COB veut y croire

Peu regardante, la Commission des opérations de bourse (COB), gendarme du marché, a donné sa bénédiction. Bien sûr, elle a attiré l'attention des épargnants sur le fait, par exemple, que la société ne disposait «que d'un historique d'exploitation limité et intervient sur un marché nouveau et en forte évolution» (*sic*).

---

ils réclament 1 million de francs : 500 000 en cash et 500 000 en actions. Le point clé de ce "business plan" ? C'est la "valorisation" de la boîte, bien sûr. Le cabinet estime la valeur de chacun de nos futurs abonnés à 1 000 euros. Nous en aurons bientôt 200 000. Trade World vaut 1,2 milliard de francs ! Ma fortune virtuelle s'élève à 43 millions de francs.

Avant de toucher le pactole, il faut bâtir le site. Le lancement est prévu pour la rentrée 2000. Mais en février, le Comité des établissements de crédit et des entreprises d'investissement qui réglemente les métiers de l'épargne et délivre des agréments se montre soudain tatillon. Devant la recrudescence des candidats au courtage en ligne, il exige des garanties. Financières, naturellement. Nous sollicitons La Multinationale, notre parrain jusque-là resté dans l'ombre, qui accepte d'apporter 13 millions de francs pour satisfaire aux exigences de l'instance de régulation. Une grande victoire pour nous ! Du coup, nous entamons illico des négociations pour un partenariat beaucoup plus large. Le géant de la communication nous apporte sa force de frappe marketing : des millions de téléspectateurs, d'internautes et de lecteurs de la presse pourraient être exposés à nos services. Il propose de verser 80 millions de francs pour prendre une part minoritaire au capital de la société. Un montant qui correspond à notre besoin de financement pour trois ans…

Seulement voilà, au moment où nous entamons cette délicate négociation, les valeurs Internet plongent à Wall Street. "Les conditions du marché changent", nous lance le patron des

Mais elle les a renvoyés à la lecture de notes d'introduction qui tiennent plus de la science-fiction que de l'analyse financière. Aufeminin.com, un portail destiné aux femmes, s'est introduit sur le nouveau marché en juillet 2000. Alors même qu'elle ne réalisait que 250 000 euros de chiffre d'affaires, cette entreprise fondée par la polytechnicienne Anne-Sophie Pastel Dubanton est parvenue à lever 23 millions d'euros en bourse. Dans sa note d'introduction, elle promettait d'augmenter son chiffre d'affaires de 400 % et de limiter ses pertes. Il n'en a rien été. En 2001, Aufeminin.com a encore creusé un trou de 5 millions d'euros pour un chiffre d'affaires de 2 millions d'euros... Mais la COB, qui sait sur d'autres dossiers se montrer fort pointilleuse, n'a pas

---

activités Internet de La Multinationale. Sentant le vent tourner, notre interlocuteur réclame le contrôle de notre affaire. Adieu l'indépendance, mais, après six mois de travail, nos participations valent encore quelques dizaines de millions de francs.

Pendant un mois, les pourparlers traînent en longueur. Jusqu'au jour fatidique du 20 juin : le géant de la communication nous informe alors que, suite à une fusion majeure dans l'industrie des loisirs, le rachat de Trade World ne présente plus d'intérêt stratégique à ses yeux. Il réclame "une solution de sortie" pour récupérer ses billes — 13 millions de francs.

Nous cherchons un autre repreneur. Plusieurs pointures de la finance et de la Net économie se penchent sur le dossier. Le projet éditorial que nous avons développé les intéresse. Mais, à l'époque, les start-up susceptibles d'être rachetées abondent. C'est une foire d'empoigne. Et certains de nos acquéreurs potentiels finissent eux-mêmes par être avalés par mieux portant qu'eux ! L'étau risque de se refermer sur nous. Dans un ultime baroud, H. décroche une dernière rallonge auprès de La Multinationale. Il dit être proche d'un accord avec un gros courtier en ligne et obtient 4 millions de francs pour tenir jusqu'à la signature du deal. L'affaire ne se fera pas, bien sûr. Mais les 4 millions de francs nous permettront de liquider notre entreprise à l'amiable, en avril 2001, sans faire faillite. Au total, notre aventure aura coûté 24 millions de francs : 3 millions de capitaux des fondateurs, 4 millions venant de nos "business angels" et 17 millions provenant de La Multinationale. Une paille ! »

sourcillé devant ces prévisions extravagantes. Elle a même autorisé, le 16 mars 2000, l'introduction de LibertySurf directement sur le premier marché, dans la cour des grands. Prix d'introduction : 41 euros. Après être montée jusqu'à 70 euros quelques jours plus tard, l'action LibertySurf est estimée à 9,83 euros au moment du rachat par Tiscali (voir encadré sur les e-millions de Bernard Arnault). Son cours actuel oscille autour de 4 euros.

Chouchoutés par les financiers, les «start-upers» ne sont pas non plus exempts de tout reproche. Loin de là. Comme l'illustre la retentissante faillite de Boo.com en mai 2000. Doté de puissants actionnaires (JP Morgan, Bernard Arnault...) et de 110 millions d'euros de fonds propres, le site se proposait de vendre des articles de mode via Internet. Mais ses fondateurs, une ancienne mannequin et un ex-éditeur, basés à Londres, préfèrent se divertir. Voyages en Concorde, fêtes à tout casser, soirées vodka : ces joyeux énergumènes et leurs 350 employés vident la caisse en dix-huit mois. Un record dans l'histoire du business.

Tous les «entreprenautes» n'ont pas poussé le bouchon aussi loin. Mais ils ont allégrement pratiqué le «cash burning» (dilapidation des fonds propres). Pour se faire connaître, doper l'audience des sites et décrocher des financements, ils ont englouti des millions d'euros dans la publicité, la location de locaux prestigieux, la rédaction de «business plans» mirobolants, l'organisation de fêtes tonitruantes ou la création très prématurée de filiales à l'étranger.

Pressés de faire fortune, ils se sont jetés sur les projets les plus invraisemblables. «Il suffisait qu'un site ait trouvé un financement aux États-Unis pour que tout le monde veuille l'imiter», se souvient un fondateur de start-up. Exemple: les sites d'achats groupés. Sur le modèle du californien mercata.com, inventeur du concept, se sont créés Koobuy, Clust, Uniondream, Akabi... Aucun n'a survécu. Comme trop de start-up, ils ont tablé sur le boom hypothétique du commerce en ligne et l'explosion du marché publicitaire pour financer leurs sites. Or le «cybershopping» et la «e-pub» ont stagné en 2001.

Ce n'est pas tout. Les jeunes pousses ont aussi abusé des plans de stock-options pour «motiver» leurs troupes. En contrepartie de ces paquets d'actions, leurs serviteurs corvéables à merci ont accepté des salaires souvent inférieurs de 10 à 20 %, et parfois 40 %, à la moyenne du marché. L'effondrement du secteur les a floués. Ils s'en retournent aujourd'hui vers les entreprises traditionnelles.

Tout en prétendant révolutionner le modèle de l'entreprise, les start-up ont souvent bafoué les droits sociaux les plus élémentaires. Ces derniers mois, le rachat du portail Spray a entraîné une réduction d'effectifs sans plan social. Chez un fournisseur d'accès Internet, des entraves au droit syndical, des écoutes illicites et des licenciements sauvages ont été relevés en 2001.

Au jeu de la Net économie, tout le monde a menti. Même les entreprises les mieux établies. Pour trouver grâce aux yeux des marchés, mieux valait afficher une ambitieuse stratégie électronique. En mars 2000, l'annonce d'une future cotation des activités Internet de France Telecom a suffi à faire grimper le cours de l'opérateur de 25 %.

Mais le plus habile fut sans conteste Jean-Marie Messier, le patron de Vivendi Universal. Pour soutenir son cours de bourse, il n'a cessé d'échafauder des stratégies Internet toujours plus sophistiquées. Sans vraiment passer à la réalisation. Ainsi son portail Vizzavi, présenté au printemps 2000 comme le point de rencontre des millions d'abonnés, n'a toujours pas décollé. Il n'enregistre que quelques milliers de pages vues chaque mois, un score plus que médiocre. Mais peu importe; en entonnant le grand air du Web, la grenouille Messier est parvenue à se faire plus grosse que le bœuf Universal. Par échange de titres, le Français a fini par s'offrir une pépite de la «vieille économie»:

des studios hollywoodiens et le premier catalogue musical du monde.

Affaire de communication avant tout, la nouvelle économie a tout naturellement séduit les médias. Elle apportait au business une touche de séduction. Du coup, les jeunes milliardaires du Net, ces pionniers qui ont eu la chance de revendre leur start-up au plus haut de la spéculation, sont devenus des icônes de la presse *people* et des plateaux de télévision. Les multimillionnaires Oriane Garcia (Caramail), Charles Beigbeder (SelfTrade), Jean-David Blanc (AlloCiné) ont été présentés comme des modèles de réussite. Qui cachent les rangs, cent fois plus fournis, de ceux qui ont dû, dans la débâcle, revendre leur matériel informatique au poids.

Les médias aussi

Pour «couvrir» la nouvelle économie, la plupart des quotidiens et des hebdomadaires ont lancé des suppléments. Et l'on a aussi vu fleurir un bouquet de titres spécialisés: Transfert, Newbiz,

LE PALMARÈS 2001 DES « START-DOWN »

SOCIÉTÉ	ACTIVITÉ	CAPITAUX LEVÉS*	SITUATION
Sportal	Informations sportives	106	Dépôt de bilan - décembre 2001
Letsbuyit	Achats groupés	54	Redressement judiciaire - janvier 2001
Canalweb	Télévision sur Internet	20	Redressement judiciaire - septembre 2001
Audienta	Mesure d'audience	15	Redressement judiciaire - juillet 2001
N@rt	Galerie d'art en ligne	8	Redressement judiciaire - octobre 2001
Cdandco	Commerce en ligne	7,5	Cessation de paiement - avril 2001
Etexx	Achats professionnels	7	Dépôt de bilan - juin 2001
Buycentral	Achats groupés	5,5	Redressement judiciaire - mai 2001
Yzea	Lingerie en ligne	4	Cessation d'activité - juillet 2001
Nouvo	E-commerce	2	Redressement judiciaire - mars 2001

Source : *Journal du Net*, greffes des tribunaux de commerce.
*en millions d'euros

Futur(e)s... Pourquoi un tel intérêt? D'abord parce que le monde de la Net économie a exercé une fascination sur nombre de journalistes. Quelques-uns s'en sont même allés créer leur start-up. D'autres ont trouvé là le moyen d'aborder des sujets neufs qui leur ont permis de se faire une place dans les rédactions.

Mais il y a aussi dans cet intérêt des médias quelques solides motifs économiques. La nouvelle économie et le high-tech (informatique, téléphonie..) ont été d'abondantes sources de revenus publicitaires. Une manne que les pages et les magazines consacrés à la nouvelle économie se sont efforcés de capter. Et puis, dès la fin de l'année 2000, la «pub.com» s'est tarie. Au premier trimestre 2001, les journaux ont traité vite fait du phénomène des «start down», ces jeunes pousses fauchées. Et à l'automne, la plupart d'entre eux ont discrètement réduit voire supprimé leurs cahiers spécialisés. Les magazines traitant de la nouvelle économie ont mis la clé sous la porte. Les lecteurs et les petits porteurs qui ont cru aux belles histoires qu'on leur racontait ont à peine eu le temps de comprendre ce qui se passait: la valeur de leur investissement a fondu de 70 à 80 %. Ils peuvent toujours, à leurs moments perdus, relire les belles notices d'introduction en bourse visées par la COB.

Bernard Maître n'a pas révolutionné le monde. Mais il est toujours directeur associé du fonds de capital-risque Galileo Partner.

Récits d'initiés

Un professionnel des sondages, un scientifique, un journaliste de télévision, un magistrat spécialiste de l'argent sale : ces quatre acteurs ont accepté de nous faire pénétrer au cœur de leur milieu professionnel et de nous livrer, chacun dans son domaine, les clés des coulisses et des arrière-salles.

Jean-Marc Lech : Les coulisses de la présidentielle

Pour choisir son président, le citoyen est-il mieux armé que du temps du Général ou bien, au contraire, est-il ensorcelé par les faux-semblants de la communication ? Quel usage les candidats font-ils des sondages, en particulier des enquêtes secrètes réalisées pour leurs yeux seulement ? Quels sont les petits secrets des grands communicants ?

À l'origine, il faisait des sondages. Avec les années, il est devenu l'un des principaux pourvoyeurs de conseils des hommes politiques. Jean-Marc Lech, coprésident d'Ipsos, nous raconte trente ans de campagnes présidentielles, depuis les cuisines et les coulisses.

Sophie Coignard. – **Commençons par l'un des sujets de l'année, l'argent noir ou gris. Vous conseillez depuis trente ans beaucoup d'hommes politiques. Vous connaissez donc bien leurs pratiques. Certains sondages vous ont été réglés en liquide, grâce aux fonds secrets?**

Jean-Marc Lech. – C'est arrivé, il y a longtemps. Quand Mitterrand est entré à l'Élysée, j'ai demandé à être payé par chèque: sinon, comment aurais-je fait pour recycler l'argent dans l'entreprise? On a ouvert un compte spécial à la Banque de France, sur lequel Mitterrand avait la signature. Bien sûr, c'était pris au moins en partie sur les fonds secrets, mais je recevais des chèques, TVA incluse. En général, ceux qui sont au pouvoir aiment bien payer les sondages en liquide aussi pour la discrétion: personne ne sait, même dans leur entourage, ce qu'ils ont demandé. Édith Cresson, quand elle était Premier ministre, ne voulait pas que l'on sache qu'elle faisait faire des enquêtes qui mesuraient son impopularité: elle répétait partout qu'elle n'en avait «rien à cirer» d'être aimée.

– Et aujourd'hui? Est-ce que l'Élysée, pour qui vous travaillez, vous demande de tester l'impact des affaires sur l'image du président?

– Pour tester ce genre de chose, on a surtout recours à des tables rondes où un petit nombre de gens s'expriment librement. Ce qui en ressort, c'est une grande indifférence au thème du «Tous pourris». Chirac ne pourrait être atteint en termes de popularité que si le public pensait qu'il en a fait beaucoup plus que les autres.

– Et il ne le pense pas?

– Non. Pour le faire, peut-être, changer d'avis, il faudrait que Jospin dise publiquement quelque chose comme: «Vous savez ce que j'ai dit sur François Mitterrand. Eh bien, Jacques Chirac c'est la même chose.»

– Pourquoi ne le fait-il pas?

– Parce qu'il pense que cela affaiblirait la fonction qu'il rêve d'occuper. Il y a aussi une autre dimension dans le fait que la popularité des politiques est quasiment insensible à la révélation de nouvelles affaires les concernant. C'est que l'image des médias n'est pas assez bonne pour qu'on les croie. Le public ne prend pas cela pour des révélations, il pense que cela vient d'une «balance» qui a des comptes à régler, que les journalistes se sont juste penchés pour ramasser. J'ajoute que Mitterrand est passé par là. Même si les Français considèrent qu'il a exagéré, il a accrédité l'idée qu'un président se comporte comme ça. Alors, comme beaucoup de Français font refaire leur appartement au noir...

– Sauf que s'ils se font prendre, eux risquent quelque chose...

– L'expérience prouve qu'ils ne se font presque jamais piquer. C'est pour cela que ça marche.

– Et les journalistes politiques? Quels rapports entretenez-vous avec eux?

– Ils se vivent souvent comme des pourvoyeurs de conseils pour les responsables politiques, qui pensent qu'ils sont bien renseignés. Bref, ce sont un peu des concurrents. Je ne dis pas qu'ils sont rémunérés, leurs interlocuteurs leur paient juste le repas ou le voyage en contrepartie de cette activité de consultants informels.

– Pour vous, ce sont aussi des clients...

– C'est assez spécifique à la France. Aux États-Unis, par exemple, les journaux ne paient pas les sondages. Ils se contentent de les citer comme référence dans le texte et ne font aucune mise en scène autour. Ici, Jérôme Jaffré, qui était mon principal concurrent, et moi avons structuré le marché il y a longtemps déjà. En expliquant aux journaux que ça leur ferait de la publicité grâce aux reprises dans d'autres médias, et aux journalistes que, pour avoir l'information, il fallait payer.

– Vous avez donc une double clientèle: les journaux et les hommes politiques...

– Oui, cela facilite le travail. Pour l'interview du 14 Juillet, cette année, on était en plein dans l'affaire de l'argent liquide et des billets d'avion. Ipsos a vendu au *Point* une enquête sur le thème: «De quoi voulez-vous que le président vous parle?» Cela a permis de cadrer les questions des trois journalistes qui allaient interviewer le président à la télévision: la première préoccupation, et de très loin, n'était pas les affaires mais la sécurité dans toutes ses dimensions: urbaine, sociale, économique, monétaire…

– **Votre rêve de sondeur?**

– Pouvoir publier des enquêtes jusqu'au dernier moment, y compris le jour du scrutin. Donner au public, via un numéro de téléphone réservé, donc en temps réel, des résultats SSU (sondages sortis des urnes). Et ce, plusieurs fois dans la journée, jusqu'à 19 heures le dimanche. Et à 20 heures, comme d'habitude, on donne le résultat final.

– **Vous poussez un peu loin. Cela ressemble à un jeu de «télé-réalité».**

– Il faut savoir ce qu'on veut. On ne cesse de nous répéter que le témoin du malaise de la démocratie française, c'est le niveau de participation. Eh bien moi, j'ai la solution pour faire massivement participer les électeurs!

– **En 1974, qu'est-ce que le candidat Giscard fait miroiter aux Français? Qu'est-ce qui explique le fort taux de participation de l'époque?**

– La modernité, dont l'expression symbolique est l'affiche où il pose alors en compagnie de sa fille cadette Jacinthe. Le passage à la modernité, ce moment de vérité, dont les deux temps forts sont l'abaissement de la majorité à 18 ans et le vote de la loi Veil, va durer deux ans. Puis en 1976, les cantonales marquent le recul de la majorité. Pierre Juillet, l'éminence grise de Chirac, qui est alors à Matignon, pousse Giscard à dramatiser en venant à la télé en costume sombre. Fin de la période «moderne».

– **Et en 1981?**

– La signature de la campagne, «La force tranquille», symbolise le changement. Mais cette fois, ça ne dure même pas deux ans. Début 1982, quatre législatives partielles sont gagnées par la droite, suivies de cantonales et de municipales catastrophiques pour la gauche. Là, les communicants comprennent que faire rêver les gens avec des promesses démagogiques et intenables est dangereux. Et puis survient le moment excessif de la première cohabitation, 1986-1988.

– **Pourquoi excessif?**

– Parce que tout alors est dans la communication. Le public est déçu par la politique. Ce n'est plus le discours des élus, des ministres, mais la conjoncture économique qui fabrique le moral des Français. Le contenu politique devient secondaire et tout se joue sur l'image. Très vite, avec Jacques Pilhan, je travaille pour le compte de Mitterrand sur l'image de Chirac. Nous constatons qu'il n'est pas perçu comme le gaulliste pur et dur face au renard Mitterrand, mais que son image est plus brouillée. Alors, Mitterrand l'attaque sur l'État RPR, sur les bandes et les clans, tandis que lui joue au consensuel avec le ni ni: ni privatisation ni nationalisation.

À cette époque, les candidats dépensent des sommes folles en campagnes de pub, en affiches, etc. Cet excès de communication signe donc aussi le début des affaires financières en politique, parce qu'il faut trouver de l'argent, beaucoup d'argent.

– **Comment les médias réagissent-ils à cette nouvelle forme de campagne, moins politique, plus personnalisée?**

– Par un excès de servilité. Tous les soirs, pendant la campagne présidentielle de 1988, le 20 heures ouvrait sur Mitterrand qui arrive à un meeting, tapis rouge, zoom arrière. Aujourd'hui, ce serait plus difficile de le faire. Parce que les journaux sont moins prêts qu'avant à suivre les metteurs en scène de la politique et aussi parce que le public est moins dupe.

– **En 1988, Mitterrand attaque Chirac, mais comment se vend-il lui-même?**

– Séguéla concocte, entre autres, une affiche sur laquelle on voit un vieillard et un enfant se donner la main. Parmi les conseillers, certains sont hostiles à cette idée, à cause de la référence possible à Pétain. Mais cette image a été utilisée quand même pour faire passer l'idée transgénérationnelle. De toute façon, pour qu'un symbole marche, il faut qu'il fasse travailler l'imagination, et donc qu'il comporte une part de risque. Voyez Bayrou qui chaque été veut se faire remarquer en montant gentiment son cheval dans les Pyrénées : il n'intéresse personne.

– **En 1995, Balladur bénéficiera aussi de la servilité de certains médias. Mais lui ne l'emportera pas en paradis.**

– Il se produit un effet boomerang tandis que Chirac, qui n'est pas à l'aise dans une utilisation forte des médias, bénéficie de sa sous-exposition. En fait, les Chirac père et fille font une découverte qui les stupéfie pendant cette campagne, au moment où les sondages sont au plus bas. Alors que les patrons de chaînes de télévision ou de radio sont toujours à la porte pour accueillir les vedettes de la politique, même le dimanche, même si cette courtoisie doit écourter leur week-end, les Chirac arrivent un matin à Europe 1 et personne ne les attend à l'accueil, même pas un sous-rédacteur en chef. C'est tout juste s'il y a de la lumière.

– **Depuis, les choses ont changé pour eux…**

– Mais Chirac, contrairement à Mitterrand, ne provoque pas d'émissions spéciales. Il se contente de faire des photos communes avec Juppé dans le jardin de l'Élysée quand son Premier ministre souffre d'un déficit d'image, ou de faire l'opération génération avec son petit-fils Martin. Toujours dans *Match*, car *Le Figaro Magazine* est le média de Balladur. Mais ces stratégies qui jouent sur la mise en scène de la vie privée sont dangereuses. Chirac l'a éprouvé quand *Match*, son canal habituel de communication, a passé le fameux reportage sur ses vacances de luxe au Royal Palm, à Maurice.

– Au final, les électeurs sont-ils plus manipulés aujourd'hui qu'hier?

– Faute de débat, faute de mise en scène, l'essentiel se réduit à l'idée de palmarès donné par les sondages. Ils sont plus métissés politiquement, ce qui leur donne des degrés de liberté supplémentaires. Par exemple, ils manipulent les sondages. En 1995, des électeurs de gauche répondaient aux sondeurs qu'ils allaient voter Laguiller, ou Voynet, ou s'abstenir parce qu'ils voulaient donner une leçon aux socialistes. En fait, juste avant le premier tour, ils n'ont pas voulu être complices d'un deuxième tour Balladur-Chirac et sont devenus des «malgré nous» du socialisme. Ce métissage n'est pas compris par les états-majors, toujours très monolithiques.

– Il y a les sondages publiés, achetés par les journaux, et puis les autres, réservés aux candidats. Qu'ont-ils de différent?

– Pendant les deux semaines où la publication de sondages est interdite, celle d'avant le premier tour et celle d'avant le second, les instituts font des enquêtes tous les jours et vendent les résultats à un groupe d'abonnés où l'on retrouve tous les candidats ayant plus de 5 %, même Arlette Laguiller, mais pas Le Pen pour ce qui concerne Ipsos. Parmi les souscripteurs, peuvent aussi s'inviter, selon les scrutins, l'ambassade des États-Unis ou de grandes banques internationales.

– Combien d'«abonnés» au total?

– Entre dix et quinze. Et puis parfois, un candidat veut l'exclusivité, il désire avoir son outil à lui, qui lui permet de mesurer des choses différentes voire pas très avouables. Mitterrand faisait tester l'image de Chirac en 1988. Il n'a jamais été vraiment inquiété, car il n'a jamais été en dessous de 52-53 %, mais les histoires d'Ouvéa, de libération des otages le troublaient. Il voulait tous les jours une livraison à 15 heures.

– Chirac aussi, en 1995, voulait des enquêtes exclusives?

– Oui, par exemple on a demandé pour le compte de Chirac si les Français trouvaient Balladur hypocrite.

– Et alors?

– Alors oui.

– C'est le sondeur qui propose ou l'entourage qui passe une commande précise?

– Avec le métissage politique et la volatilité des électeurs, les entourages sont de moins en moins capables de formuler les bonnes demandes. Mon travail, c'est de trouver les angles qui vont permettre à tel ou tel d'améliorer sa part de marché. Comme un avocat, je suis là pour faire gagner mon client. Ensuite, il accepte ou pas. En 1995, Jospin m'a consulté et m'a demandé cinq idées pour démarrer sa campagne. Comme il se trouvait en deuxième position, je lui ai suggéré la suppression du service militaire. Il a refusé, au motif que les Français n'étaient pas prêts à l'accepter. Alors, je l'ai proposé à Chirac.

– En 1977, lorsque la loi a interdit la publication de sondages une semaine avant le scrutin, vous l'avez combattue publiquement. Cette année, la Cour de cassation vous a indirectement donné raison, en estimant cette interdiction non conforme au droit européen, au nom de la liberté d'information...

– J'étais le seul, en 1977, à avoir critiqué cette loi. Je suis sûrement celui qui en a le plus profité financièrement. Pourtant, cette année, j'ai encouragé l'élaboration de la proposition de loi de Didier Mathus, le «monsieur communication» du PS, visant à autoriser la publication de sondages jusqu'au vendredi. Simplement, l'entourage du Premier ministre a fait en sorte qu'elle ne soit pas inscrite à l'ordre du jour.

– Pourquoi?

– Parce que l'hypocrisie est la même chez tous les puissants. Ils apprécient de disposer d'une information que n'a pas le citoyen lambda.

Bernard Nicolas : Ce que la télé ne vous montrera jamais

Depuis quelques années, les chaînes de télévision, qui suivent la mode, proposent sur leur antenne des émissions dites d'«investigation». Il est rare, pourtant, qu'elles se trouvent en pointe pour révéler une affaire, dénoncer un scandale.

Bernard Nicolas est journaliste d'investigation et journaliste de télévision. Une double appartenance souvent difficile à concilier. Rédacteur en chef adjoint à TF 1 jusqu'en 2000, il a rejoint l'équipe du magazine *90 minutes* de Canal Plus. Il nous raconte les impossibilités techniques, les difficultés du métier, mais aussi la pression et la censure.

Sophie Coignard. – Avez-vous le souvenir d'une révélation faite par la télévision ?

Bernard Nicolas. – *(Silence perplexe.)*

– Qu'est-ce que la télé ne peut pas montrer ?

– Je pense qu'elle peut tout montrer. Même si le nombre très important de téléspectateurs qu'elle touche lui donne des responsabilités particulières. Simplement, à la télévision, on s'interdit beaucoup de choses : de faire original, de faire différent, de faire dérangeant. À TF 1, le leitmotiv était : « Nous ne voulons pas être en pointe sur cette affaire. » Il existe une forme exagérée de retenue que tout le monde justifie par un certain nombre d'arguments plus ou moins convaincants.

– Par exemple ?

– L'argument juridique. Ce qu'on redoute toujours, c'est le référé, procédure d'urgence par laquelle une personne mise en cause demande l'interdiction de diffuser un reportage. Les juges prennent très rarement cette décision, mais c'est un risque potentiel. Et il arrive que les chaînes le mettent en avant pour justifier leur refus de diffuser un reportage. Souvent de manière spécieuse : à TF 1, quand j'y travaillais, les services juridiques provisionnaient des sommes d'indemnités éventuelles à payer aux plaignants en cas de procès, ce qui alourdissait virtuellement le budget des magazines d'investigation, déjà réputés chers.

– Mais au-delà de cet artifice, il existe un vrai risque juridique ?

– Oui, d'autant que l'impact important de la télévision pousse les gens à attaquer. Par exemple, une personne accepte de témoigner devant la caméra, puis vous attaque si elle n'est pas contente du résultat. Cela m'est arrivé en octobre 2000, dans le cadre d'une enquête sur la mairie de Paris diffusée par Canal Plus. Marcel Campion, le roi de la grande roue et grand maître des forains de France, a accepté de me recevoir après que deux de ses consœurs m'eurent raconté, devant une caméra et à visage découvert, les «quêtes» organisées parmi les forains pour aider les élus RPR parisiens. Marcel Campion a répondu à mes questions sur la circulation de l'argent liquide puis a attaqué en diffamation. Je suis mis en examen, en attente de jugement. Plus récemment, j'ai fait un reportage sur la sympathique commune de Beausoleil, qui jouxte Monaco. Un promoteur italien qui a refusé de me rencontrer et dont la société immobilière est hébergée par le consulat de San Marin, ce qui lui assure l'immunité, m'attaque aussi en diffamation.

– Vous vous heurtez aussi à des contraintes techniques : il vous faut l'image...

– Nous devons montrer les témoins, ainsi que les personnes mises en cause. J'ai fait pour Canal Plus, il y a un an, un reportage sur le vaccin contre l'hépatite B, vaccin qui a été l'objet d'une campagne nationale hasardeuse en 1994 et qui présente malheureusement des effets secondaires parfois graves. Cette grande campagne était le résultat d'un lourd travail de «persuasion» des laboratoires pharmaceutiques qui produisent les vaccins.

À l'époque, le ministre de la Santé était Philippe Douste-Blazy. C'est lui qui a mis en place le dispositif de vaccination systématique. Je prends rendez-vous pour l'interviewer, très officiellement. Nous filmons notre arrivée à l'Assemblée nationale pour pouvoir scénariser le sujet au montage. J'entre seul dans le bureau de Philippe Douste-Blazy pour lui expliquer la nature du sujet. J'évoque les pressions exercées par les labos. Il reconnaît leur existence. C'est au moment où j'ajoute : «Ce serait mieux que vous me le disiez devant une caméra» que tout se gâte : «Non je ne peux pas.» Il refuse de parler. Notre entretien, porte semi-ouverte, est filmé de loin par le cameraman. Nous en diffuserons un morceau, pour montrer que nous avons voulu rencontrer le ministre en charge de la campagne et qu'il n'a pas voulu s'expliquer. Depuis, Douste raconte partout que Canal Plus l'a trahi et qu'il se vengera. Complication supplémentaire :

les politiques sont habitués à instrumentaliser la télévision, à s'inviter au journal télévisé quand cela les sert. Mais ils redoutent l'impact de ce média quand ils n'ont plus le contrôle de leur message. Il faut toujours garder ce paramètre en tête.

Quant aux témoins anonymes, beaucoup ont peur d'être reconnus, ce qui présente une difficulté particulière à la télévision. Mais c'est souvent le contenu de ce qu'ils disent qui est important. Alors, on trouve des artifices de lumière, on leur montre d'abord ce que ça donnera à l'écran, on accepte même de maquiller leur voix.

— C'est le traitement que vous réservez à ceux qui veulent bien «coopérer». Pour les récalcitrants, il vous arrive d'employer la caméra cachée, un procédé que certains, des «étouffeurs» direz-vous, trouvent discutable...

— La caméra cachée, c'est le moyen que l'on utilise quand tous les autres ont échoué. Quand j'étais à TF 1, j'ai préparé un magazine, qui n'a d'ailleurs jamais été diffusé, sur l'affaire Vasarely. Souvenez-vous: au début des années 90, la famille du peintre accuse la Fondation Vasarely de détourner des tableaux et de les vendre sous le manteau. Cette Fondation est alors présidée par Charles Debbasch, par ailleurs doyen de la faculté de droit d'Aix-en-Provence et bien introduit dans les milieux politiques de droite. Au cours de mon enquête, je retrouve à Genève le patron d'une galerie qui écoule des tableaux détournés. Je sais par des témoignages qu'il pourrait en avoir quarante dans son arrière-boutique. Un matin, j'y envoie un membre de mon équipe accompagné d'un spécialiste du marché de l'art. Équipés d'une caméra miniature et d'un micro HF, ils se font passer pour des acheteurs fortunés et manifestent de l'intérêt pour les Vasarely. «J'en ai une quarantaine si cela vous intéresse», leur dit le galeriste. L'après-midi, j'y vais accompagné d'un cameraman: «Bonjour, Bernard Nicolas, de TF 1, j'enquête sur l'affaire Vasarely.» Le galeriste ne fait pas le rapprochement et me tient tout un discours sur le fait que les Vasarely sont très rares, que s'il veut organiser quelque chose, il s'adresse à M. Debbasch. Au montage, j'ai mis les deux séquences côte à côte. Mais personne n'a pu les voir car elles n'ont jamais été diffusées.

– Pourquoi?

– Charles Debbasch, le président de la Fondation, s'agitait beaucoup, inondait les rédactions de fax préventifs et menaçants, dans lesquels il se plaignait du «harcèlement» dont il était l'objet. Étienne Mougeotte, le numéro 2 de TF 1, s'est peut-être montré exagérément précautionneux. Il a ajouté de sa main la mention «Cher Ami» sur un courrier rédigé par le service juridique à l'attention de Charles Debbasch et destiné à calmer le doyen. Deux ans plus tard, celui-ci était arrêté par les gendarmes d'Aix-en-Provence et mis en examen pour escroquerie et abus de confiance. Mais mon enquête n'a jamais été diffusée.

– Vous avez déjà été victime de censure dans l'exercice de votre métier?

– Plusieurs fois. Dès qu'il était question de personnages politiques de premier plan, les ennuis commençaient à TF 1. Pour résumer ma pensée, sur cette chaîne, le journaliste d'investigation n'a pas d'obligation de résultat. Une fois, j'avais fait un reportage sur une histoire politico-financière compliquée qui devait passer dans l'émission de Julien Courbet *Tout est possible*. Dans la journée, une autopublicité annonce le thème de mon enquête. La direction de TF 1 s'inquiète: cette affaire peut-elle être gênante pour Dominique Strauss-Kahn? Il est alors ministre des Finances et Anne Sinclair, son épouse, n'a pas encore été remerciée par la chaîne. J'étais interloqué: rien n'indiquait dans mon enquête que DSK fût mêlé en quoi que ce soit à cette affaire. Soit on se trompait en haut lieu, soit on en savait plus long que moi. Finalement, le directeur de l'antenne, Xavier Couture, me convoque et me dit sans rire: «C'est un très bon sujet, il faut continuer l'enquête.» Les téléspectateurs qui ont vu la bande-annonce n'ont jamais vu la suite. Car si quelqu'un a pris ma succession sur ce dossier et «continué l'enquête», il a dû suivre de trop près les conseils de Xavier Couture: des années plus tard, il investigue encore.

– Si cela engendre un tel stress dans les étages de la direction, pourquoi alors TF 1 a-t-elle voulu innover en mettant à l'antenne une émission imprudemment intitulée *Le Droit de savoir*?

– À cette époque, au début des années 90, TF 1 était en effet la seule à programmer une émission dite d'investigation. *Le Droit de savoir* avait de nombreux parrains. Ils étaient cinq coproducteurs: Charles Villeneuve, Gérard Carreyrou, alors directeur de l'information, Robert Namias, qui était son numéro 2, PPDA et Franz-Olivier Giesbert. Les sujets étaient choisis tous les mardis au cours d'un déjeuner, dans un salon particulier du restaurant très médiatique Chez Edgard. Avant d'être écarté de ces agapes, j'ai assisté à ces déjeuners en tant que sous-officier chargé de l'exécution. Et je n'ai compris qu'à l'usage combien *Le Droit de savoir* était le bras armé de la chaîne. La machine à faire comprendre au gouvernement (alors de gauche) quelle capacité de nuisance elle peut mettre en œuvre. C'est là, dans les petits salons de Chez Edgard, qu'ont été décidées les enquêtes sur l'affaire Urba ou le sang contaminé. Cette dernière affaire, révélée ailleurs, par Anne-Marie Casteret dans *L'Événement du Jeudi*, et qui impliquait trois ministres de gauche (Laurent Fabius, Georgina Dufoix, Edmond Hervé), a eu les honneurs du *Droit de savoir* à deux reprises, en 1991 et en 1992. Carte blanche était donnée aux journalistes (dont j'étais alors) qui ont eu le sentiment d'être enfin en pointe sur un sujet. Avant de se demander, un peu plus tard, s'ils n'avaient pas été un peu instrumentalisés. D'ailleurs, au moment du procès de ces trois ministres devant la Cour de justice de la République, Claire Chazal est venue ostensiblement serrer la main de Laurent Fabius. Les temps avaient changé.

— Les autres chaînes ont succombé à leur tour à la mode et monté leur propre magazine d'investigation. Rien n'indique que celles du service public, par exemple, fassent plus de révélations ou se montrent plus irrévérencieuses que TF 1 ?

— Je ne connais pas les chaînes du service public de l'intérieur. Je n'y ai jamais travaillé. Évidemment, nous ne sommes plus à l'époque où Alain Peyrefitte, ministre de l'Information du général de Gaulle, recevait dans son bureau le conducteur, c'est-à-dire le «menu» du journal de la chaîne unique. Mais il suffit d'observer les nominations au sommet pour constater qu'elles ne sont pas toujours justifiées par des critères de pure compétence. Dans le service public aussi, il reste encore des scories d'un journalisme très français, qui est également fait d'allégeance : on préfère toujours la version officielle.

— Les télévisions étrangères parviennent-elles à mieux gérer ces handicaps à l'investigation ?

— Cela peut ressembler à un cliché, mais quand je regarde mes confrères anglo-saxons, j'ai le sentiment que nous sommes des enfants ou des nains. Ils y mettent les moyens, les hommes et le temps qu'il faut. Alors ils trouvent. Et ils diffusent.

— Pourtant, l'un des grands succès cinématographiques de ces dernières années, *The Insider*, montre un grand network américain qui se couche devant le lobby du tabac...

— Mais Al Pacino, qui joue le rôle du journaliste, parvient malgré tout à faire sortir l'affaire, à force de pugnacité. C'est le seul message qu'il faut retenir.

Jean de Maillard : Banques et blanchiment, même combat

Jean de Maillard est magistrat. Auteur d'un livre remarqué, *Un monde sans loi,* qui décrit les circuits financiers occultes, il est devenu l'un des meilleurs experts en matière de blanchiment d'argent sale. Pour lui, il n'y a plus d'étanchéité entre l'économie dite « légale » et le recyclage des milliards du crime.

Sophie Coignard. – Vous qui avez contribué à «populariser», si l'on ose dire, la notion de blanchiment, vous considérez aujourd'hui que c'est un terme dépassé...

Jean de Maillard. – C'est une sorte d'objet conceptuel non identifié. Si l'emploi du mot blanchiment a une signification juridique dont la précision est nécessaire pour poursuivre les pratiques financières condamnables qu'il définit, son utilisation pour analyser des phénomènes plus larges finit par avoir l'effet inverse de celui recherché : il dissimule la bonne façon de poser le problème.

– Pourquoi?

– Dans les années 80, on a découvert le recyclage d'argent provenant d'activités criminelles. On l'a appelé «blanchiment» parce qu'il était encore légitime de penser qu'il existait dans l'économie formelle des mécanismes susceptibles d'être instrumentalisés ainsi que des personnages isolés, à la moralité élastique, mettant leur savoir-faire au service de ce recyclage. Autrement dit, que le système économique et financier n'était que traversé par l'activité criminelle, et qu'il restait intact en dehors du point de contact. Et le blanchiment, c'était ce point de contact entre l'activité criminelle et la société légale.

– Vous estimez qu'il existe désormais, non pas un simple point de contact, mais une sorte de «zone grise» entre les deux?

– Je vais plus loin. Cette représentation de deux mondes séparés est idéologique. Elle ne correspond pas à la réalité. Avec vingt ans de recul, on ne peut plus dire qu'il existe seulement des points de contact. Il existe, en fait, une société crimino-légale. C'est un cataclysme que beaucoup ne sont pas prêts à assumer. Ils préfèrent continuer à dire, la main sur le cœur, que la criminalité, c'est très mal mais c'est les autres. Ce sont les trafiquants de drogue ou les terroristes, là-bas, très loin. Pour moi, ce qu'on appelle blanchiment n'est pas une agression extérieure mais une autoproduction de la société. Je cherche à renverser la perspective : ne pas pointer un comportement criminel, le blanchiment, kyste interne au système légal qu'on pourrait enlever par une opération chirurgicale, mais montrer que le système économique produit lui-même des pratiques financières saines et d'autres qui sont dommageables.

– **Dommageables?**

– Le terme «illégal» est trop restrictif. Les paradis fiscaux sont «légaux» Beaucoup de créations des pays anglo-saxons sont légales mais portent en elles la possibilité d'exercer des activités criminelles.

– **Par exemple...**

– Les trusts anglo-saxons sont une invention diabolique sur le plan juridique. Ils se fondent sur un démembrement ou un dédoublement qui rend insaisissable le droit de propriété, parce qu'il sépare l'*usus* et l'*abusus*. Le propriétaire apparent et le bénéficiaire réel sont dissociés, mais si la constitution du trust n'est pas transparente, seuls le constituant et le bénéficiaire sont au courant. Vous imaginez tout ce qu'on peut en faire.

– **Mais la loi sur les trusts est très ancienne, et le blanchiment est un phénomène nouveau?**

– Jusqu'à présent, les Anglo-Saxons gardaient pour leur usage personnel leurs propres perversités. C'est en les exportant qu'ils deviennent les maîtres du monde.

– **Selon vous, ce phénomène n'épargne aucun pays?**

– Aucun. Le problème a surgi quand le monde politique n'a plus produit de rationalité. Quand, au lieu de produire de la norme, il s'est nourri d'irrationnel et de corruption. Tant que l'État était considéré comme capable de fabriquer de la norme sociale, de la faire accepter et de la faire respecter, tout allait bien. Aujourd'hui, il existe une déconnexion entre le niveau qui produit de la norme, celui où la norme peut s'appliquer, et celui où les manquements à la norme sont sanctionnés.

– **C'est un peu théorique...**

– On peut prendre un exemple: le trafic de drogue. Des

conventions internationales imposent aux États qui les ont ratifiées de lutter contre ces trafics. Mais ces trafics sont mondiaux. Les États ont la charge de la répression mais pas la maîtrise du phénomène. Ils sont également incapables de faire adhérer la population à la norme. Le toxicomane échappe à toute norme. De toute façon l'État, qui ne se sent plus de légitimité à exiger du respect et de la responsabilité individuelle, n'a même plus le courage des mots. Il appelle un toxicomane un « usager de drogue ». Il est délégitimé au-dessus et au-dessous de lui.

Je vais même plus loin. Dans l'ordre symbolique, l'énonciation des interdits sociaux relève des États. Mais chaque individu est aujourd'hui un « citoyen mondial » issu du thème des Droits de l'homme. Il n'est plus un sujet national mais se voit léguer, de facto, un certain nombre de droits qui impliquent que l'État est débiteur et non plus créancier vis-à-vis de l'individu.

– On est loin de la corruption et de l'argent sale.

– J'y viens. Badinter a perdu quand il croyait avoir gagné. Il a donné une valeur à l'homme. Cette valeur devait n'être que philosophique. Mais c'est un homme en or qui en résulte en réalité et que les financiers vont monnayer. Avant, le travail de l'homme avait une valeur. Aujourd'hui, c'est sa vie qui en a une. Les guerres de ces dernières années, de l'ex-Yougoslavie à l'Afghanistan, en offrent un exemple. Les conflits armés provoquent des déplacements de populations. Ces réfugiés ont une valeur marchande. On mobilise de l'argent, des vivres pour leur porter secours. Et qui se charge de gérer tout cela ? Les mafias. Très vite, il se crée des filières de prise en charge des réfugiés, des réseaux de détournements de l'aide qui leur est attribuée. Puis survient le blanchiment de l'argent qui résulte de ce processus.

– Mais enfin, tout cela est très ancien. Pendant l'Occupation en France, il y avait le marché noir. Et on ne parlait pas de blanchiment !

– Il n'y a jamais eu, à cette époque, d'organisation qui ait pris en main la production de beurre-œufs-fromage pour les jeter sur le marché et en récupérer les bénéfices. Désormais, on n'en est plus à la débrouillardise que décrivent des films comme *La Traversée de Paris*, mais on se trouve dans une chaîne continue, dans laquelle il existe une division du travail entre «criminel» et «non criminel». Et la criminalisation des territoires marginaux ou instables (l'Afghanistan aujourd'hui, l'ex-Yougoslavie hier) mobilise l'ensemble du système économique et financier. Dans *Un monde sans loi*, je montrais déjà que plus vous êtes près du lieu de production criminelle, plus la part des bénéfices qui vous sont attribués est marginale. C'est au Luxembourg, en Suisse, dans la City, à Monaco que se font les grosses plus-values.

– Qu'est-ce qui vous permet d'affirmer que le système financier légal et ce qu'on appelle le «blanchiment» sont indissociables et complices, en quelque sorte?

– Toute une série d'observations qui amènent à se demander si l'ensemble du système financier ne s'est pas structuré dans la criminalité. Je crois que dans *Révélation$*[1], Denis Robert a touché un point nodal du système. Le trou noir de la finance est dans ces chambres de compensation qui permettent de faire fonctionner la machine actuellement sans aucune traçabilité. Or, toutes les banques, y compris celles qui ont pignon sur rue, font appel à ces structures. La question est de savoir si ce système mondial n'a pas programmé la disparition volontaire d'un certain nombre d'opérations financières – je vous laisse imaginer lesquelles – que le système lui-même se charge d'escamoter. Si on arrive à l'établir, on aura démontré que les acteurs du système ont organisé les mécanismes de la haute finance mondiale de manière à pouvoir donner un champ maximal aux activités dommageables. Mais ces coulisses sont très difficiles à pénétrer et à appréhender. C'est une sorte de «quatrième dimension», invisible à l'œil nu.

– Si c'est l'ensemble du système qui est en cause, cela signifie que vos collègues, les magistrats anti-corruption, ne

servent à rien en s'échinant à demander de-ci de-là des informations ponctuelles en Suisse, au Luxembourg…

— Ils sont dans l'illusion s'ils croient que ce qu'ils font a une
utilité directe. À quoi ça sert d'enquêter sur Elf? C'est une
entreprise qui n'existe plus. Même chose pour le Crédit lyonnais.
L'importance de leur travail est de mettre au jour des mécanismes
que nous ne pourrions connaître d'une autre manière.

— **Alors que faut-il faire?**

— La seule chose qui pourrait être efficace, ce serait d'essayer
de démanteler des réseaux actifs. Mais personne ne le fait. La
seule institution qui est allée dans le bon sens est l'Olaf (Office
de lutte anti-fraude), l'ancienne Uclaf (Unité de coordination
de la lutte anti-fraude), chargée de la lutte contre l'argent sale à
l'échelon européen. Ses responsables m'avaient demandé une
étude sur ce sujet. J'ai préconisé une action pro-active : faire
du renseignement pour détecter les points d'application de la
criminalité organisée et voir dans quels domaines celle-ci a para-
sité l'économie et la finance. Hélas, l'Olaf lui-même, jusqu'à ce
jour, n'est pas parvenu à mettre sur pied les services d'enquête
qu'il faudrait.

— **Et qu'est-ce qui empêche de le faire?**

— Sur le papier, tout le monde est d'accord. Mais dans la pratique, c'est autre chose…

— **Pourquoi?**

— Pour des raisons qu'on ne peut pas toutes écrire. Qui tiennent
à l'incompétence ou l'hostilité des uns, aux soucis de carrière des
autres sans parler de la résistance à toute innovation que la socio-
logie administrative a mise en évidence depuis longtemps.

— **La « traque » financière autour de Ben Laden devrait être
un élément qui va dans le bon sens. Vous la dénoncez au
contraire…**

— Je crains que trop de gens n'aient aucun intérêt à lever l'ensemble du voile et que cette mobilisation soudaine soit un rideau

de fumée qui permette de dire : « Regardez comme notre système fonctionne bien. Ce n'est pas la peine d'en faire plus. » En fait, je ne suis même plus sûr qu'il y ait véritablement une « traque » financière du système Ben Laden.

– Quel serait l'intérêt des États-Unis de ne pas la mettre en œuvre ?

– Tout le monde sait que la famille Bush est liée à l'Arabie Saoudite, d'une part. Et puis, d'autre part, tous ces mécanismes financiers opaques sont utilisés aussi par certains décideurs du monde politico-économique, qui n'ont aucune envie de les dévoiler, ce qui reviendrait à les rendre inopérants. Quand j'entends par exemple un porte-parole de la Maison-Blanche regretter que « les banques africaines ne collaborent pas », je considère que c'est une plaisanterie. Il suffit d'un coup de fil pour mettre une banque africaine au pas.

– Vous appelez de vos vœux l'émergence d'une autre mondialisation...

– On en viendra inéluctablement à mettre en place des modes de régulation mondiaux du droit, qui permettent aux juges d'enquêter à l'étranger, par exemple. Ou alors, si nous n'y parvenons pas, ce sera la fin de notre civilisation. Mais nous sommes dans une course de vitesse, ou plutôt de lenteur. Il faut que la mondialisation du droit rattrape la mondialisation économique. Sinon, le système explosera.

– Les politiques n'ont aucune volonté en la matière ?

– Les choses bougent un peu en Europe, sauf bien sûr en Italie, pays qui subit une régression démocratique terrible dans l'indifférence générale. Mais il suffit d'un seul pays pour bloquer les mécanismes européens.

– Les Britanniques ne doivent pas être follement motivés non plus...

– Non, bien qu'ils soient mis quelque peu en porte à faux car certaines de leurs « lessiveuses » ont acquis une image détestable.

Mais il est vrai que ce qui compte exclusivement pour eux, c'est leur image. Ils détestent qu'elle soit négative, car c'est mauvais pour les affaires. On peut essayer de jouer sur ce sentiment, même s'il n'est pas des plus nobles.

— **Et la France?**

— Nous, Français, n'avons que des paradis fiscaux provinciaux: Monaco, Andorre, Saint-Martin. Personne ne se fait la moindre illusion sur eux: opérer à Saint-Martin, c'est un peu comme porter un bandeau sur le front où serait inscrit «fraudeur fiscal» ou encore «trafiquant».

Et puis, l'activité des paradis fiscaux n'est pas vitale pour la France. C'est juste une «soupape de sûreté». L'activité de la City est vitale pour les Britanniques, tout comme la finance est le cœur de l'économie luxembourgeoise. Les responsables politiques français ou allemands doivent se dire que ces paradis leur ont rendu de grands services, mais que tout bien pesé, le discours éthique est plus payant électoralement. C'est ce qu'a compris la gauche en France. Pas encore la droite.

Pierre Meneton : La désinformation dans votre assiette

La dissimulation d'informations, l'enterrement de dossiers embarrassants, la désinvolture à l'égard du public n'épargnent pas la recherche scientifique. Pierre Meneton est chercheur à l'Inserm. Spécialiste des maladies cardio-vasculaires, il anime une équipe de recherche sur les facteurs génétiques et environnementaux qui interviennent dans ces affections. Il est également expert auprès de l'Afssa (Agence française de sécurité sanitaire des aliments).

Sophie Coignard. – L'omertà existe aussi dans la recherche publique française?

Pierre Meneton. – Sans aucun doute. On peut même employer le pluriel et parler d'omertàs. Mais à mon sens, le plus grave, le plus scandaleux concerne les problèmes de santé publique. Questions alimentaires avec des pathologies comme l'obésité, l'hypertension et le diabète, et les maladies cardio-vasculaires qui en découlent. Problèmes de pollution de l'air ou de l'eau qui provoquent toutes sortes de maladies. Ces derniers dossiers sont sciemment ignorés parce qu'ils mettent en cause des intérêts économiques très importants.

– Les dangers de la cigarette ne sont pas précisément un sujet caché: les campagnes anti-tabac se succèdent à grand renfort de communication!

– Sur la communication scientifique, le lien entre tabagisme et mortalité, la loi du silence, en effet, a cessé de prévaloir. Mais l'objectif affiché par tous les gouvernements en France depuis le début des années 90 – faire reculer la consommation de tabac – est un échec absolu. Ne parlons pas des adolescents, qui sont toujours plus nombreux à fumer. Les collèges et les lycées figurent parmi les derniers lieux publics où l'interdiction de fumer n'est pas appliquée.

– Pourquoi? Par démagogie? Pour ne pas fâcher les jeunes?

– Je ne crois pas que ce soit un choix individuel délibéré que de fumer à 14 ans. D'ailleurs, en y mettant les moyens, les États-Unis ou la Nouvelle-Zélande sont parvenus à des résultats spectaculaires. Mais en France, le lobbying de l'industrie du tabac continue de s'exercer fortement, notamment sur les parlementaires et les cabinets ministériels. Joël Ménard, ancien directeur général de la santé, qui a vu le système fonctionner de près, est le premier à le dénoncer.

Mais surtout, l'État n'a pas vraiment intérêt à voir la consommation de tabac baisser fortement. En 1995, les rentrées fiscales liées au tabac s'élevaient à environ 30 *milliards* de francs par an. Aujourd'hui, en francs constants, elles ont quasiment doublé, à cause de l'augmentation du prix du tabac censée faire baisser la consommation. Le budget de la prévention, dans le même temps, a lui aussi doublé : il est passé de moins de 100 à moins de 200 *millions* de francs. Vous voyez, le rapport est de 1 à 30. Rappelons que la cigarette est à l'origine de 50 000 à 60 000 morts par an.

– Et sur la pollution de l'air, des tabous aussi ?

– Pour l'automobile, la situation est bien pire que pour le tabac. Les chiffres de mortalité et de morbidité sont du même ordre, un grand nombre d'études épidémiologiques et observationnelles montrent la relation entre taux de pollution et problèmes respiratoires, mais personne ne communique sur le sujet. Et encore, parmi le bestiaire potentiel des polluants, seuls quelques-uns font l'objet d'études, tel le benzène qui joue un rôle dans la cancérogenèse.

– Les chiffres que vous avancez, plusieurs dizaines de milliers de décès par an en France, indiquent que la voiture tue beaucoup plus par la pollution que par les accidents de la route. Pourtant, les pouvoirs publics nous abreuvent de messages de prévention en tous genres sur les accidents, font preuve d'une grande répression à ce sujet, et restent très discrets sur la pollution. Pourquoi ?

– La réponse est malheureusement très simple. Dans un cas, celui des accidents, il s'agit de faire pression sur l'utilisateur. Alors, on l'oblige à porter un casque, une ceinture de sécurité, on lui demande de limiter sa vitesse, on le verbalise, on stigmatise ses mauvais comportements. Cela ne coûte pas cher.

Tandis que sur le dossier de la pollution, il faudrait faire pression sur les constructeurs automobiles, pour les contraindre à fabriquer des moteurs plus propres, par exemple, ou bien sur les pétroliers pour les pousser à mettre sur le marché des carburants moins polluants. Et là, on retrouve l'intrication entre les intérêts économiques et les pouvoirs publics, lesquels font la preuve qu'ils ne se placent pas au service de la population. Les recettes fiscales engendrées par un secteur qui réalise 400 milliards de francs de chiffre d'affaires par an sont énormes, sans parler du chantage à l'emploi…

– Mais pourquoi les médecins, les pneumologues, la communauté scientifique gardent-ils le silence ?

– Pour deux raisons. La première, l'indifférence, est la plus évidente : dans la communauté biomédicale, le niveau de culture générale moyen est en général peu élevé ; on s'intéresse à ses petites études dans son petit contexte. Et ceux qui voudraient le faire ne reçoivent pas toujours un accueil enthousiaste des médias, où les journalistes sont plus enclins à faire parler les stars du milieu, lesquelles évitent d'aborder trop frontalement les sujets sensibles pour ne pas risquer de se faire mal voir de la hiérarchie administrative et politique.

La seconde raison de ce silence est directement liée au fonctionnement de la recherche publique française dont le financement, au contraire de la plupart des pays occidentaux, n'augmente pas et diminue même en francs constants depuis vingt ans. Aujourd'hui, il n'est plus possible de faire de la recherche de haut niveau, dans un laboratoire, avec des moyens publics. Les crédits d'un labo comme le mien seraient totalement épuisés en juin ou juillet de chaque année si nous ne trouvions pas de l'argent privé. D'ailleurs, cette recherche de financements privés est encouragée par les pouvoirs publics dans le cadre du rapprochement entre recherche et industrie.

– Quand on voit l'enfermement de certains chercheurs, ce n'est pas forcément une mauvaise chose…

– En termes de santé publique, je n'y vois que des conséquences négatives. Quand un programme scientifique est financé à 60 % par l'industrie, les résultats, tous les résultats sont-ils communiqués librement? Le lecteur des comptes rendus est-il bien informé de cette source de financement privé et des biais qu'elle peut engendrer? Prenons l'exemple du sel dans l'alimentation. Les seuls experts qui minimisent les dangers de l'excès de sel dans l'alimentation sont justement ceux dont les travaux sont financés par l'industrie du sel, est-ce un hasard?

– Vous dites que toutes les recherches de bon niveau doivent avoir recours à un financement privé. Les scientifiques qui les mènent restent-ils au moins maîtres de leurs sujets ou doivent-ils «s'adapter»?

– Tous les cas de figure coexistent. Certaines entreprises pratiquent réellement un mécénat destiné à améliorer leur image de marque. D'autres dictent le thème d'études qu'elles financent et qui sont donc réalisées par un labo public avec du personnel payé par le contribuable.

– La situation est la même dans tous les pays?

– Pas tout à fait. Aux États-Unis, il existe des organismes de recommandation ou d'expertise financés par de l'argent public ou par des structures à but non lucratif comme les associations de consommateurs. Les résultats de leurs études sont largement rendus publics. Ainsi, sur les dangers du sel, un rapport publié en 1989 par la National Academy of Science démontre la relation entre consommation trop riche en sel et maladies cardiovasculaires. Cela dit, douze ans plus tard, malgré cette information disponible, il ne s'est rien passé, contrairement au dossier du tabac, où la pression des associations a été très forte.

– Comment redonner la parole et l'influence au citoyen en France sur ces questions?

– C'est difficile car le niveau moyen de culture scientifique de la population est faible. Pour se forger un avis, l'opinion s'en remet donc à autrui, aux experts qui, comme on vient de le constater, ne sont pas toujours indépendants.

– Vous êtes défaitiste...

– Non, un cas d'école s'est produit en Suisse en 1997. Dans ce pays, il est possible de lancer des référendums d'initiative populaire quand une proposition reçoit un certain nombre de signatures. Dès lors, la campagne d'information qui doit conduire la population à se déterminer de manière éclairée est financée par les pouvoirs publics. Une association a proposé un vote sur la possibilité d'avoir recours aux OGM, qu'ils soient animaux ou végétaux. Le vote s'est déroulé sept à huit mois plus tard. Entre-temps, les Suisses en avaient beaucoup appris sur la génétique.

– Mais qui les a «informés», sinon les experts qui avaient objectivement intérêt à ce que le «oui» l'emporte?

– Certes. Mais enfin, il s'est produit une incroyable ouverture. Mes collègues de Lausanne organisaient des journées portes ouvertes dans leur labo, se déplaçaient sur les marchés, débattaient dans les journaux. Ce qui est vrai, c'est que l'ombre des grandes sociétés productrices d'OGM n'était pas toujours très loin. Mais on n'échappe pas facilement au chancre des multinationales.

– Nous y voilà : encore la faute à la mondialisation!

– Non. Ce qui me choque, c'est l'inégalité des forces et des chances entre ces grandes sociétés et la société civile. Dans le domaine alimentaire par exemple, dix sociétés multinationales contrôlent 90 % de la nourriture que l'on consomme dans les pays occidentaux. Un groupe comme Nestlé réalise un chiffre d'affaires annuel de près de 300 milliards de francs. C'est plus que le PNB suisse. Il consacre environ 5 milliards de francs par an à la communication et au lobbying. À titre de comparaison, le budget global de l'Inserm, salaires des chercheurs compris, ne dépasse pas les 4 milliards. Il me semble évident qu'il faut instaurer des contre-pouvoirs face à de telles puissances.

– Sinon?

– Sinon, les États seront toujours plus phagocytés par ces intérêts particuliers.

Le baromètre
de l'omertà

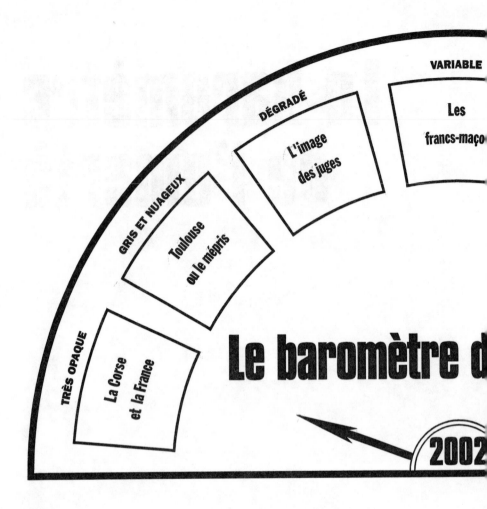

VARIABLE

Les
francs-maço

DÉGRADÉ

L'image
des juges

GRIS ET NUAGEUX

Toulouse
ou le mépris

TRÈS OPAQUE

La Corse
et la France

Le baromètre d

2002

En Corse, c'est entendu, l'omertà est considérée comme une spécialité locale. Mais sur le continent? Il semble bien que l'omertà *sur* la Corse soit devenue une spécialité nationale. Certes, l'île de Beauté a été évoquée régulièrement en cette année 2001 dans nos journaux. À l'occasion de l'assassinat de François Santoni ou du procès dit des «paillotes», par exemple. Difficile, dans ces deux cas, de faire autrement.

Mais il est un sujet dont il n'est plus jamais question ou presque. C'est le terrorisme corse. Parce qu'il n'existe plus? Pas exactement. On dénombrait, en décembre 2001, trente-huit «homicides» commis au cours de l'année. C'est tout de même

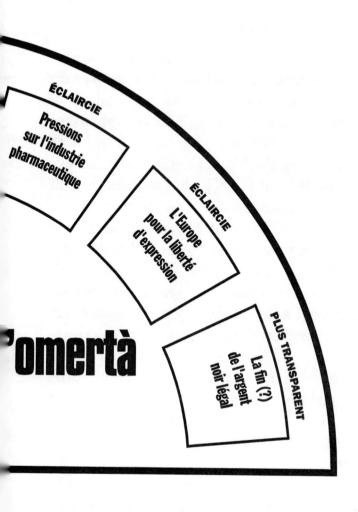

ÉCLAIRCIE
Pressions sur l'industrie pharmaceutique

ÉCLAIRCIE
L'Europe pour la liberté d'expression

PLUS TRANSPARENT
La fin (?) de l'argent noir légal

'omertà

beaucoup. Des «homicides», donc, mais plus de «terrorisme». Voilà au moins un acquis virtuel du fameux processus de Matignon.

Pour se convaincre de cette disparition *journalistique* du terrorisme en Corse, il faut lire *Le Monde*. Le quotidien de référence est très scrupuleux quand il s'agit de rendre compte des faits et gestes du chef nationaliste Jean-Guy Talamoni. Celui-là même qui rend hommage à la lutte des clandestins «quelle que soit la manière» et déclare à un journal irlandais que «la violence et le spectre de la violence [sont] les adjuvants indispensables à la lutte pour l'indépendance[1]».

En revanche, *Le Monde* n'emploie jamais le mot terrorisme appliqué à la Corse. Exemple : le 3 octobre 2001, un certain Fernand Bertini est assassiné près de Bastia. Le lendemain, *Corse-Matin* souligne que «les tueurs n'ont laissé aucune chance à leur victime, l'abattant de quatre balles de calibre 11,43». *Le Monde* du 5 octobre consacre neuf lignes à l'événement. Il arrive même – nous l'avons vérifié – que CNN parle d'attentats commis en Corse dont les médias français ne diront pas un mot.

Autre exemple : dans son édition du 16 octobre, *Le Monde* publie treize (petites) lignes pour relater qu'«une bombe a été lancée dans la cour de la gendarmerie de Petreto-Bicchisano, provoquant peu de dégâts», mais aussi que, «par ailleurs, le hangar d'une villa appartenant à un continental a été endommagé par une explosion à Bastelicaccia», cependant qu'à «Porto-Vecchio, les gendarmes, prévenus par le propriétaire, ont désamorcé une charge sous une voiture». Traduction : deux bombes ont explosé, une troisième a été désamorcée, le tout en l'espace de soixante-douze heures. Mais ce n'est pas du terrorisme. Seulement, peut-être, ce que Jean-Guy T. appelle «le spectre de la violence».

Et quand, dans la nuit du 21 au 22 octobre, une bombe explose à Aléria devant un bâtiment qui abrite une agence de *Corse-Matin*, une agence du Crédit agricole et un bureau des Douanes, *Le Monde* n'en parle pas, mais observe tout de même qu'«un groupe inconnu revendique des attentats en Corse». Pour ne pas effaroucher outre mesure ses lecteurs, le quotidien parle d'un groupe «clandestin» et non d'un groupe «terroriste» (lequel peut, en certaines occasions, se transformer en sympathique groupe «militant»). *Libération*, dans son édition du 23 octobre, publie en revanche un article sur cette explosion, sous le titre : «Une bombinette à Aléria» (en fait de «bombinette», il s'agissait d'«un baril rempli d'un mélange de nitrate et de fuel»). Ce qui est intéressant dans cet article, ce sont surtout les propos d'un gendarme : «Il ne se passe pas un jour sans qu'une ou plusieurs bombes explosent ou sans qu'un type se fasse dessouder.» Et d'ajouter : «Cela ne paraît plus émouvoir grand monde.» Cet homme parle d'or. La terreur journalière sur l'île de Beauté n'existe pas dans les médias où l'on rapporte en revanche que «M. Talamoni *préfère* que M. Vaillant ne vienne pas en Corse[2]». S'il *préfère*, alors...

À peine moins accablant est le cas de Toulouse. Là, l'explosion de l'usine AZF ne pouvait passer inaperçue. Et des morts, des victimes, il a été beaucoup question. Même une fois l'événement «retombé» comme on dit dans les salles de rédaction, les médias se sont fait l'écho de ces Toulousains qui, à l'approche des frimas, n'avaient toujours pas de fenêtres. Pourtant, trois mois après le drame, on ne sait toujours pas ce qui s'est passé. Résultat d'un mal très français : même sur des faits qui n'ont a priori rien à voir avec les sujets tabous comme l'argent qui corrompt ou les illégalités de l'État, impossible de connaître la vérité rapidement. Impossible aussi de voir l'enquête avancer sans que les intérêts particuliers du gouvernement (qui souhaite éviter la psychose de l'attentat), de Total (qui voit quelque avantage à ce que la responsabilité soit occultée par un «geste criminel»), ou que la guerre des polices chargées des investigations ne transforment cette tragédie en navrante pochade à la française.

Nuages aussi sur l'image des juges chargés des affaires politico-financières. Les relaxes, à quelques jours d'intervalle, de Dominique Strauss-Kahn dans le dossier de la Mnef, et de Robert Hue dans celui du financement du Parti communiste, même si elles sont de nature différente, ont réveillé les ardeurs des «étouffeurs» qui rêvent de clouer au pilori les magistrats instructeurs français. Ils regardent avec envie du côté de l'Italie, où l'on est passé en quelques années de la vénération du juge

Di Pietro à celle d'un de ses principaux «clients» de la grande époque, Silvio Berlusconi. Certains juges, en France, en ont sûrement fait un peu trop. Parmi eux, quelques-uns se sont, à l'image de leurs collègues italiens, surexposés médiatiquement; posture dangereuse. Mais la dégradation de leur image n'est pas une bonne nouvelle dans un pays où l'enterrement judiciaire est une coutume trop installée pour ne pas resurgir à la première occasion.

Mais, dira-t-on, il est des sujets où la «transparence», que d'aucuns nous décrivent comme une tyrannie terrifiante, a gagné. Les francs-maçons par exemple. Jamais on n'avait vu les Grands Maîtres et leur aréopage se livrer à ce point sur nos écrans. Secret de l'initiation bien sûr mais aussi secret de l'appartenance, ce qui est plus problématique, notamment pour les «frères» policiers ou magistrats. Et alors? Alors on en parle, c'est vrai. Alain Bauer, Grand Maître du Grand Orient de France, a même lancé un débat sur le secret maçonnique. Il se montre très ouvert: révéler son appartenance, quelle bonne idée! Il faut être fier d'être maçon. Et puis voilà. On en a parlé. Et rien n'a changé. Le secret est toujours là. Celui de l'initiation comme celui de l'appartenance. Et les procès intentés par les maçons aussi.

Au travers des nuages, il est toutefois possible d'entrevoir quelques éclaircies. L'industrie pharmaceutique, par exemple, a longtemps maintenu une chape de plomb sur la vraie nature de ses médicaments ou sur ses méthodes de marketing parfois très agressives. Et puis là, que de pressions qui s'abattent sur sa toute-puissance: les grandes revues spécialisées veulent savoir si les scientifiques qu'elles publient ont des liens avec les grands labos, tandis que John Le Carré fait un best-seller avec un livre qui critique les méthodes des «big pharmas» jusqu'à la caricature.

Un vent frais nous vient aussi de l'Europe. Plus précisément de Strasbourg, où la Cour européenne des Droits de l'homme commence à imposer ses vues à la France quant au respect de la liberté d'information, que les juges tricolores sont priés de prendre en considération avant de scalper journalistes et éditeurs, ces diffamateurs en puissance.

Mais la plus grande avancée a été réalisée sur le terrain de tous les tabous et de tous les abus: l'argent. Argent gris, argent noir, argent clandestin. Ce sont les fonds spéciaux qui ont rendu l'âme avec une rapidité imprévisible. C'est la questure de la ville de Paris, cette sympathique caisse noire qui échappait au regard de tous les organismes de contrôle, qui a été supprimée par la nouvelle équipe municipale. Une avancée qu'il convient de saluer comme il se doit. En gardant, par méthode, cette question pour l'année prochaine: par quoi l'argent liquide légal, qui coulait au sommet de l'État, sera-t-il remplacé?

Notes

Le journal de l'année 2001

1. L'Institut français pour la recherche sur les administrations publiques (Ifrap), fondé par Bernard Zimmern, un énarque reconverti dans les sociétés de haute technologie, publie régulièrement des analyses et des enquêtes très documentées sur l'administration française et la sphère étatique (tél.: 01 42 33 29 15).
2. *Le Nouvel Observateur*, 24 mai 2001.
3. *Courrier international*, 12 juillet 2001.
4. *Le Nouvel Observateur*, 12 juillet 2001.
5. *Le Point*, 9 novembre 2001.
6. *Le Monde*, 15 novembre 2001.

Au pays des étouffeurs

1. *Le Canard enchaîné*, 24 octobre 2001. En fait, le Conseil supérieur de la magistrature, organe disciplinaire des magistrats, sera finalement saisi de l'affaire: mieux vaut tard que jamais.
2. On peut se procurer ces rapports à la Direction des *Journaux officiels*, 26, rue Desaix, 75015 Paris.
3. Conseil supérieur de la magistrature, *Rapport d'activité 1999*, publié par la Direction des *Journaux officiels*.
4. *Ibid.*
5. Le bulletin n° 2 du casier judiciaire est accessible aux seules administrations. Il leur permet de vérifier que les candidats à des postes de fonctionnaires n'ont jamais été condamnés.
6. *Ibid.*
7. «Émancipation: acte par lequel un mineur est affranchi de la puissance paternelle ou de la tutelle, et acquiert, avec le gouvernement de sa personne, une capacité limitée par la loi» (*Le petit Robert*).
8. Conseil supérieur de la magistrature, *Rapport d'activité 2000*, Direction des *Journaux officiels*.
9. *Ibid.*
10. Anne Crenier, «Les chausse-trapes du débat sur la responsabilité des magistrats», *Justice pour tous*, éd. La Découverte, 2001.
11. *Ibid.*
12. Philippe Even, *Les Scandales des hôpitaux de Paris et de l'hôpital Pompidou*, Le Cherche-Midi éditeur, 2001.
13. «Les personnels employés par une association créée avant la date de promulgation de la présente loi dont la dissolution résulte du transfert intégral de

son objet et des moyens corrélatifs à une collectivité territoriale, à un établissement public de coopération intercommunale ou à un syndicat mixte, et qui sont recrutés par cette collectivité, cet établissement ou ce syndicat pour la gestion d'un service public administratif, peuvent continuer à bénéficier des stipulations de leur contrat de travail antérieur lorsqu'elles ne dérogent pas aux dispositions légales et réglementaires régissant les agents non titulaires de la fonction publique territoriale. »

14. Entre autres péripéties, Patrick Balkany a été condamné, le 5 février 1996, à la bagatelle de quinze mois de prison avec sursis, assortis d'une amende de 200 000 francs et de deux ans de privation des droits civiques, pour avoir employé à des fins personnelles (comme petit personnel domestique) trois membres du personnel municipal rémunérés par la mairie de Levallois-Perret.

Chroniques de la censure douce

1. Par l'«arrêt Goodwin».
2. Jean-Claude Laumond, *Vingt-cinq ans avec lui*, Ramsay, 2001.
3. *Paris Match*, 16 août 2001.
4. *Gala*, 9 août 2001.
5. *Paris Match*, 26 avril 2001.
6. *Paris Match*, 30 août 2001.
7. *Paris Match*, 17 mai 2001.
8. *Paris Match*, 23 août 2001.
9. *Paris Match*, 2 août 2001.
10. *Le Point*, 10 août 2001.
11. *Paris Match*, 6 septembre 2001.
12. *Ibid.*
13. *Paris Match*, 28 juin 2001.
14. *Gala*, 13 septembre 2001.
15. *Paris Match*, 31 mai 2001.
16. Bernard Bonnet, *À vous de juger*, Flammarion, 2001.
17. *La République du Centre*, 3 septembre 2001.

Jolies histoires pour « vraies gens »

1. Syndicat des industriels et des professionnels des énergies renouvelables, qu'il transformera en Ser, Syndicat des énergies renouvelables.
2. *Le Monde*, 30 novembre 2000.

3. *Le Monde*, 31 janvier 2001.
4. Cf. la préface d'Alain Bentolila à Jean-Philippe Rivière, *Illettrisme, la France cachée*, Folio Actuel. Cette estimation est située dans le bas d'une fourchette très large qui, selon les experts, va de 10 à 40 %...
5. *Le Monde*, 7 février 2001.
6. Le «business sympa»: on se tutoie, on vient travailler en baskets et on amène son chien.
7. Littéralement, «premier mardi»: le premier mardi de chaque mois se tenait, dans une ambiance festive, une sorte de meeting où pouvaient se rencontrer jeunes créateurs d'e-entreprises et financiers.

Récits d'initiés

1. Denis Robert et Ernest Backes, *Révélation$*, éd. Les Arènes, 2000. Ce livre dissèque le mode de fonctionnement d'une chambre de compensation.

Le baromètre de l'omertà

1. Citations puisées dans Jean-Pierre Chevènement et Robert Colonna d'Istria, *La République prend le maquis*, éd. Les Mille et Une Nuits, 2001.
2. *Le Monde*, 24 octobre 2001.

Table

Cet ouvrage a été réalisé par la
SOCIÉTÉ NOUVELLE FIRMIN-DIDOT
Mesnil-sur-l'Estrée
pour le compte des Éditions Albin Michel
en janvier 2002

Imprimé en France
Dépôt légal : février 2002
N° d'édition : 20223 – N° d'impression : 58295